Kunst kaufen

Ruth Polleit Riechert

Kunst kaufen

Den Kunstmarkt verstehen, Wissen aufbauen und klug investieren

2., aktualisierte und überarbeitete Auflage

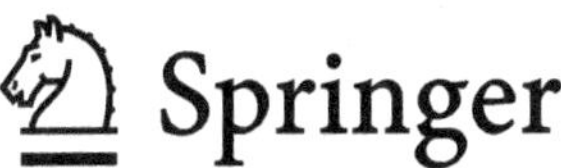 Springer

Ruth Polleit Riechert
Königstein im Taunus, Deutschland

ISBN 978-3-658-40934-0   ISBN 978-3-658-40935-7   (eBook)
https://doi.org/10.1007/978-3-658-40935-7

Die Deutsche Nationalbibliothek verzeichnet diese Publikation in der Deutschen Nationalbibliografie; detaillierte bibliografische Daten sind im Internet über http://dnb.d-nb.de abrufbar.

Covermotiv: Bernhard Adams, Adams.Star#2 (Ausschnitt), 2022, NFT, Sammlung Faßbender
Design und Grafiken: Ulrike Rogies, rogies:design Hamburg
Außenlektorat: Sarah Schugk, Ulrike Schäfer
Korrektorat: Bianca Weirauch

Planung/Lektorat: Imke Sander
Springer ist ein Imprint der eingetragenen Gesellschaft Springer Fachmedien Wiesbaden GmbH und ist ein Teil von Springer Nature.
Die Anschrift der Gesellschaft ist: Abraham-Lincoln-Str. 46, 65189 Wiesbaden, Germany

**DIESES BUCH IST FÜR SIE – UND FÜR ALLE MENSCHEN,
DIE IHR LEBEN MIT KUNST VERSCHÖNERN
UND BEREICHERN MÖCHTEN.**
Dr. Ruth Polleit Riechert

INHALT

Vorwort 5
Über die Autorin 10

1 EINFÜHRUNG **12**
Die Transformation des Kunstmarktes zu Ihrem Vorteil 15
Warum der Kunstmarkt anders ist, als Sie denken 24
Was Sie aus diesem Kapitel mitnehmen 31

2 DEN KUNSTMARKT BESSER VERSTEHEN **34**
Wichtige Grundlagen in Kürze 37
Welche Marktteilnehmer gibt es? 44
Wie Preise entstehen 61
Alles Wissenswerte rund um Gattungen, Epochen,
    Stile, Genres und Techniken 77
Was Sie aus diesem Kapitel mitnehmen 101

3 KUNST KLUG KAUFEN – MIT DER RPR ART® METHODE **106**
Warum eine Strategie beim Kunstkauf sinnvoll ist 109
Warum Qualität in der Kunst so schwer zu bestimmen ist 111
Wie Sie gute Kunst erkennen und welche
    Qualitätskriterien Ihnen helfen 116
Wie Sie Preise richtig einschätzen 135
Wie Sie auf Auktionen vorgehen – analog und digital 140
Sieben Schritte zum Kunstkauf 146
Wie die neuen Technologien Ihnen beim Kunstkauf helfen 159
Was Sie aus diesem Kapitel mitnehmen 173

4 KUNST ALS GELDANLAGE **176**
Eignet sich Kunst als Investment? 179
Kunst kaufen – nach einer Anlagestrategie
   aus der Finanzwelt 191
Anlagemöglichkeiten: Junge Kunst versus Klassiker 198
Neue Investment-Optionen: Tokenisierte Klassiker,
   digitale Kunstfonds (Art Fractioning)
   und Börsen für Kunst-Aktien 211
Kunst und Recht 216
Was Sie aus diesem Kapitel mitnehmen 220

5 SO GEHT ES WEITER **224**
Wie Sie Ihr neues Wissen nutzen können 227
Weitere Angebote zu Ihrer Unterstützung 230
Zum Weiterlesen: Literaturempfehlungen 233
Hilfreiche Adressen: Eine Auswahl 237

6 ANHANG **242**
Glossar 245
Dank 252

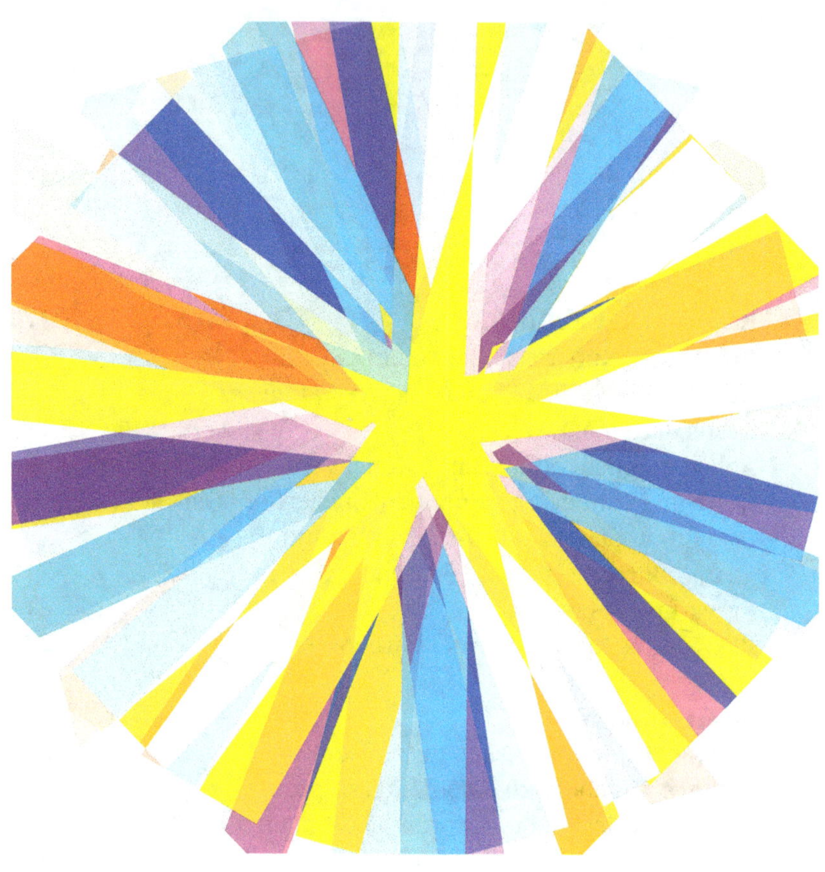

Covermotiv: Bernhard Adams, Adams.Star#2 (Ausschnitt), 2022, NFT, Sammlung Faßbender. Eines von drei NFTs, die weltweit erstmalig zu einem Kirchenfenster entwickelt wurden: www.evangelische-kirche-koenigstein.de

**DIE NORMALITÄT IST EINE GEPFLASTERTE STRASSE:
SIE IST BEQUEM ZU GEHEN,
ABER AUF IHR WACHSEN KEINE BLUMEN.**
Vincent van Gogh

VORWORT

»Ich interessiere mich für ein Kunstwerk, traue mich aber nicht, es zu kaufen. Ich kenne mich einfach nicht gut genug aus.« Kommt Ihnen diese Situation bekannt vor? Vielleicht haben Sie etwas Ähnliches auch schon erlebt?

Die Zurückhaltung vieler Menschen beim Kauf von Kunst ist berechtigt. Denn instinktiv spüren sie, dass der Kunstmarkt nicht wie jeder andere Markt funktioniert: anschauen, anfassen, vergleichen, kaufen. Mir erging es da nicht anders.

WIE ALLES BEGANN UND WARUM

In dem kleinen Ort, in dem ich aufgewachsen bin, gab es weder eine Galerie noch ein Museum. Meine Eltern haben mich immer ermutigt, viel zu lesen, daher hielt ich irgendwann ein Buch über Wassily Kandinsky aus der örtlichen Bücherei in den Händen. Der Farbrausch ließ mich nicht mehr los und ich fing an, mich immer weiter mit Kunst zu befassen. Ich studierte dann Kunstgeschichte – in Deutschland und in England. Das Studium in Deutschland fand ich sehr theoretisch, und wie der Kunstmarkt funktioniert, erschloss sich mir nicht wirklich. Um mir selbst ein umfangreiches Bild zu machen, arbeitete ich bei Museen, Auktionshäusern, Galerien und Messen und darüber hinaus in der Finanzindustrie sowie in der Unternehmensberatung.

Der Kunstmarkt und die Vermarktung von Kunst haben mich von Anfang an ganz besonders interessiert: Welche Künstler haben Erfolg – und warum? Wie entstehen Preise? Wie hängen Marketing und Preisentwicklung zusammen? Dazu habe ich dann schließlich auch meine Doktorarbeit geschrieben.

Schon während meiner Tätigkeit in der freien Wirtschaft bin ich häufig von Kollegen um Rat gefragt worden: Sie würden gerne Kunst erwerben, wussten jedoch nicht, wo sie suchen und was sie kaufen sollten. Sie fühlten sich bei Vernissagen unwohl oder trauten sich nicht, Galerien zu besuchen. Für Kunst in allen Preisklassen, und besonders bei hochpreisigen Klassikern, wurde ich häufig um neutrale Einschätzungen gebeten. Nicht selten waren die aufgerufenen Preise viel zu hoch und ich musste meine Bekannten vor Überbezahlung schützen. So merkte ich schnell, dass es vielen Menschen in Deutschland an Wissen über den Kunstmarkt fehlt und sie deshalb auch oft zurückhaltend oder unwissend beim Kauf sind. All das hat mich geärgert und gleichzeitig motiviert, eine unabhängige Kunstberatung anzubieten.

In Großbritannien, Asien und den USA gehen die Menschen mit Kunst weniger akademisch und deutlich entspannter um als in Deutschland. Zudem ist Kunst dort häufig fester Bestandteil einer Geldanlage und gehört zu einem ausgewogenen Portfolio dazu. Hierzulande werden Kunst und Geld ungern in einem Atemzug genannt.

Ein weiterer Grund für die Zurückhaltung beim Kunstkauf ist die mangelnde Transparenz am internationalen Kunstmarkt. Das ist kein Zufall, sondern gezielt gesteuert, wie ich später noch näher erläutern werde.

Immer mehr wuchs in mir das Bedürfnis, Kunstinteressierte darüber aufzuklären, dass gute Kunst nicht teuer sein muss und für jeden zugänglich sein kann, der sich ein wenig mit dem Thema befasst.

WAS SIE IN DIESEM BUCH ERFAHREN

Unmittelbar nach meinem Studium wusste ich viel über Kunst, ihre Geschichte und ihre Deutung, aber so gut wie nichts darüber, wie man Kunst sinnvoll kaufen kann. Daher beobachtete ich über viele Jahre, welche Kriterien Qualität ausmachen und vor allem welche Merkmale den Marktpreis von Kunst bestimmen. Kurz: worauf es wirklich ankommt, wenn es darum geht, Kunst zu kaufen.

Mich beschäftigte zudem die Frage, wie ich dazu beitragen konnte, den Kunstmarkt für jeden Interessenten zugänglicher zu machen, und ob ich eine strategische Methode entwickeln kann, die es jedem ermöglicht, Kunst klug zu kaufen. Es war ein langer Weg. Ich führte viele Gespräche mit Künstlern, Kunstinteressierten, Sammlern, Museumskuratoren, Galeristen, Auktionatoren und Journalisten.

All diese Berichte und Erfahrungen haben mich ermutigt, über viele Jahre hinweg eine Strategie für einen erfolgreichen Kunstkauf zu erarbeiten: die RPR ART® Methode.

Mein erprobter Ansatz setzt zum einen auf die fachgerechte Beurteilung der Qualität von Kunst und der kunsthistorischen Einordnung anhand von ausgewählten Kriterien und zum anderen auf die Kenntnis des Marktes und der Preisentwicklungen. Dabei konzentriere ich mich auf zeitgenössische Kunst und ihren Markt – hier liegt mein persönlicher Interessenschwerpunkt – jedoch ist die Strategie auch auf andere Stilrichtungen im Kunstmarkt anwendbar.

Sicher möchten Sie auch wissen, ob sich Kunst als Kapitalanlage eignet? Gerade in Zeiten von steigender Inflation wird die Frage häufiger gestellt. Die Antworten müssen differenziert ausfallen: Es gibt durchaus Kunstwerke, die sich als Anlage eignen. Hier bedient der Markt die ganze Bandbreite: Es gibt Werke, die sich als Inflationsschutz anbieten und die ihrem Besitzer zudem eine gewisse Wertsteigerung in Aussicht stellen. Aber es gibt auch Kunst, die das nicht leisten kann.

All das sollten Sie vor einem Kauf wissen und entscheiden, welche Absicht Sie mit Ihrem Kauf verfolgen.

Mir hat es sicherlich geholfen, dass ich aus einer Familie mit viel Finanzexpertise stamme und selbst sowohl im Kunstmarkt als auch in der Finanzindustrie gearbeitet habe, um das Thema »Kunst als Kapitalanlage« für mich zu einem Kompetenzschwerpunkt werden zu lassen.

Deswegen mache ich Sie mit grundlegenden Überlegungen des Value Investings von Investorenlegende Warren E. Buffett vertraut und zeige Ihnen, wie Sie diese auch bei Kunstinvestments anwenden können. Dazu gebe ich Ihnen noch eine Empfehlung zur Vorgehensweise beim Kauf von Kunstwerken junger Künstler genauso wie zu Werken von weltweit bekannten Klassikern.

Aber beim Kunstkauf sollte es nicht ausschließlich nur ums Geld gehen – wenn Sie Kunst erwerben möchten oder in Kunst investieren wollen, ist das keine rein rationale Entscheidung, sondern vor allem auch eine emotionale: Denn Kunstwerke sind nicht einfach Aktien, anonyme Anteilsscheine an Firmen oder Rentenfonds; Kunst berührt die Sinne und die Seele. Sie kann inspirieren und zu Ihrem Wohlbefinden beitragen.

Bevor Sie also darüber nachdenken, ein Bild oder Kunstobjekt zu kaufen, lege ich Ihnen ans Herz, zuallererst Ihrem Geschmack zu vertrauen und erst dann mithilfe der richtigen Kriterien die passende Kunst für sich zu finden. Wählen Sie Kunst so aus, dass Sie Ihnen ganzheitlich entspricht: Ihrem Geist, Ihrer Seele und Ihrem Budget. Nur dann wird sie Ihnen auch langfristig Freude bereiten.

WAS ICH FÜR SIE ERREICHEN MÖCHTE

Mir liegt am Herzen, Menschen zu ermutigen, Kunst als Bereicherung ihres Lebens zu entdecken und ihnen den Zugang zum Kunstmarkt über das in diesem Buch bereitgestellte Wissen mit meinen unabhängigen Einschätzungen zu vereinfachen.

Mein Ziel ist es, dass Sie nach dem Lesen dieses Buches in der Lage sind, einzuschätzen, ob ein Kunstwerk gute Qualität zum fairen Preis bietet – und Sie auf dieser Grundlage eine sichere Kaufentscheidung treffen können, mit der Sie auch nach Jahren noch zufrieden und glücklich sind.

Nach der Lektüre werden Sie, so hoffe ich, bestens vorbereitet sein auf ein Leben mit Kunst und können ohne weitere Vorbehalte als Käufer in den Markt einsteigen.

Im Anhang finden Sie ein Glossar zu wichtigen Begriffen, die auf dem Kunstmarkt immer wieder verwendet werden. Wörter, die Ihnen aus Ihrem Alltag vielleicht nicht unbedingt geläufig sind, finden Sie im Buch kursiv gedruckt und im Glossar erklärt.

Lassen Sie sich von und für Kunst begeistern: Kunst ist dazu da, um Ihnen Freude in Ihr Leben zu bringen, neue Denkanstöße zu geben und Ihren Horizont zu erweitern.

Jetzt Kunst zu kaufen – dazu möchte ich Sie ermutigen.

Eine spannende Reise durch die Welt der Kunst und viele neue Erfahrungen wünscht Ihnen Ihre

Ruth Polleit Riechert

ÜBER DIE AUTORIN

Dr. Ruth Polleit Riechert hat Kunstgeschichte in Deutschland (Universitäten Marburg, Bochum und Berlin) sowie in Großbritannien (Goldsmiths College, University of London) studiert. Promoviert hat sie 2012 zum Thema »Marketing und Preisentwicklung zeitgenössischer Kunst von 2000 bis 2007« an der Düsseldorfer Heinrich-Heine-Universität.

Ruth Polleit Riechert war im Kunstmarkt und im Marketing der Finanzindustrie viele Jahre international tätig – unter anderem für das Auktionshaus Christie's, Ketterer Kunst, die Deutsche Bank, McKinsey & Company, UBS Art Banking und die LGT Bank – Privatbank des Fürstenhauses von Liechtenstein.

Seit 2017 berät sie Privatinvestoren, Firmen und öffentliche Institutionen in Kunstfragen. Sie publiziert regelmäßig Künstlerinterviews, Beiträge zum aktuellen Kunstmarkt und zu Kunstinvestments. Ihre Website ist www.ruthriechert.com.

Ihr Anliegen ist es, Menschen zu ermutigen, sich mit Kunst zu befassen und als Bereicherung ihres Lebens zu entdecken. Durch Vermittlung von Wissen möchte sie den Zugang zum Kunstmarkt für jeden ermöglichen und vereinfachen. Sie setzt sich für neue Technologien und Preistransparenz am Kunstmarkt ein und entwickelt innovatives Kunstmarketing sowie Strategien für Kunstsammlungen und Kunstinvestments.

Foto: Anne Simon

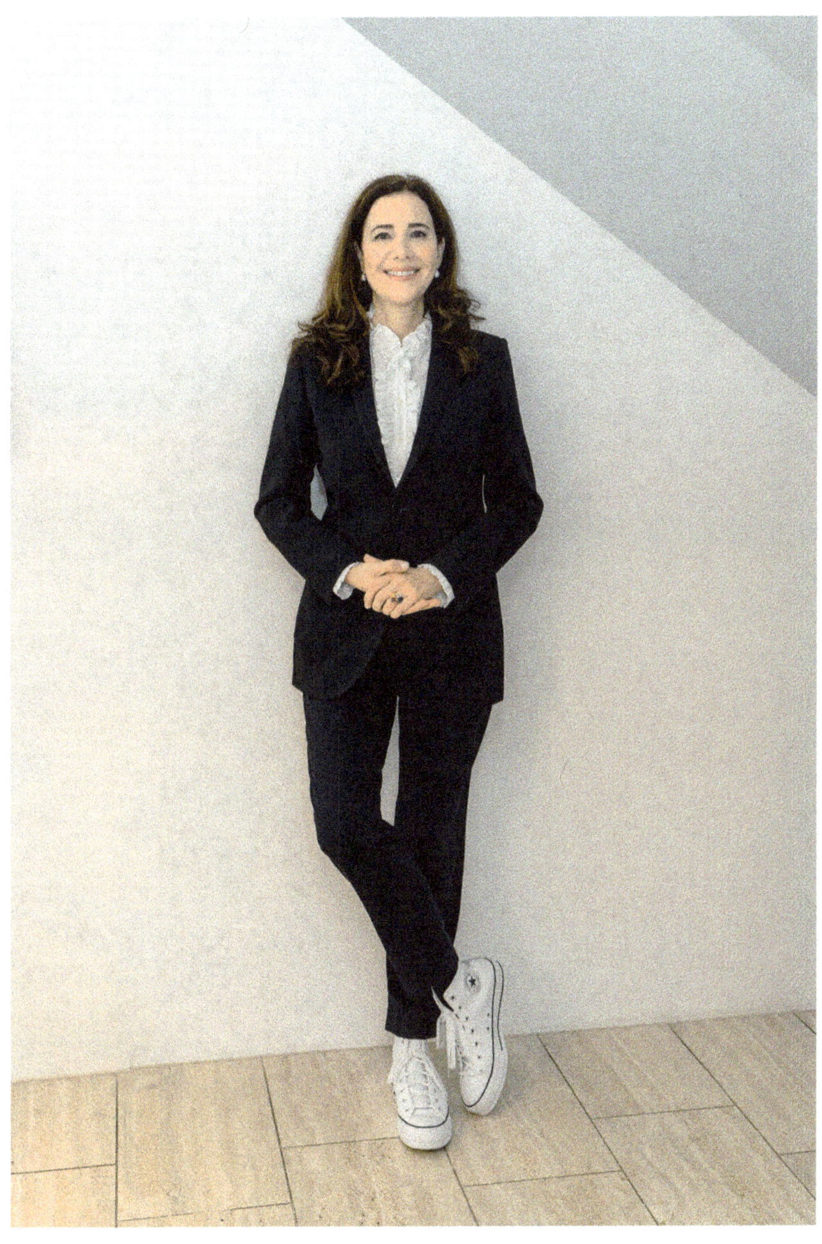

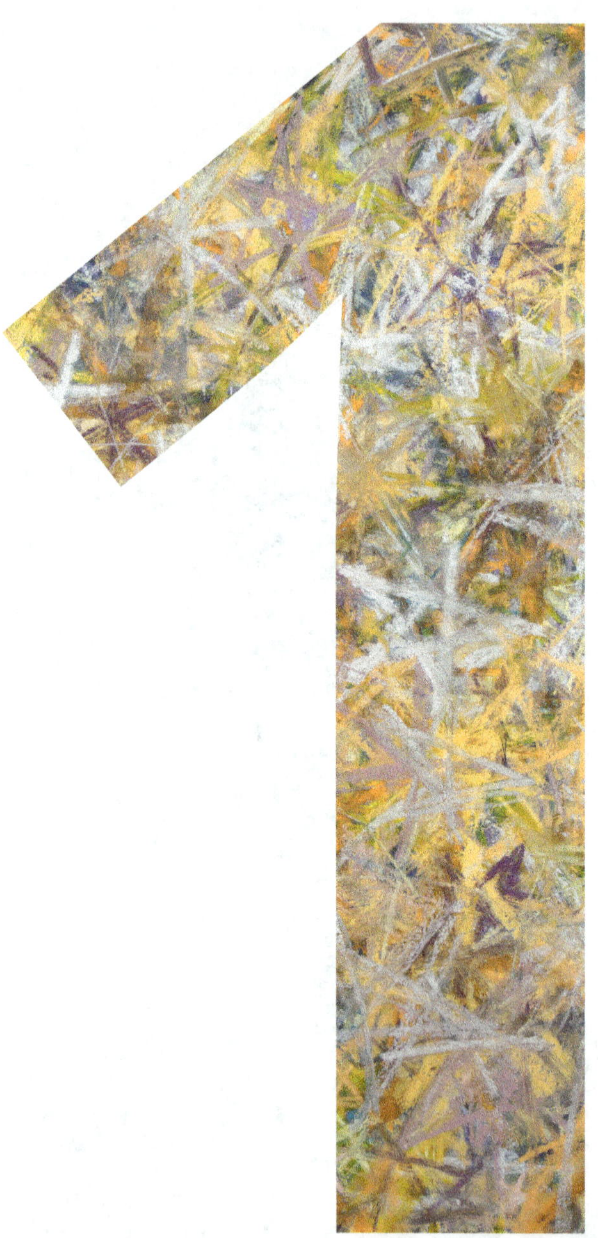

EINFÜHRUNG

IN DIESEM KAPITEL ERFAHREN SIE

- wie der Kunstmarkt digital transformiert wird und welche Vorteile Sie davon haben
- welche Bedenken sich durch diese Transformation langfristig auflösen werden
- welche Annahmen zum Kunstmarkt berechtigt oder unberechtigt sind

Foto links: Bernhard Adams, Deepfield XXVIII (Detail), 2021

© Springer Fachmedien Wiesbaden GmbH, ein Teil von Springer Nature 2023
R. Polleit Riechert, *Kunst kaufen*, https://doi.org/10.1007/978-3-658-40935-7_1

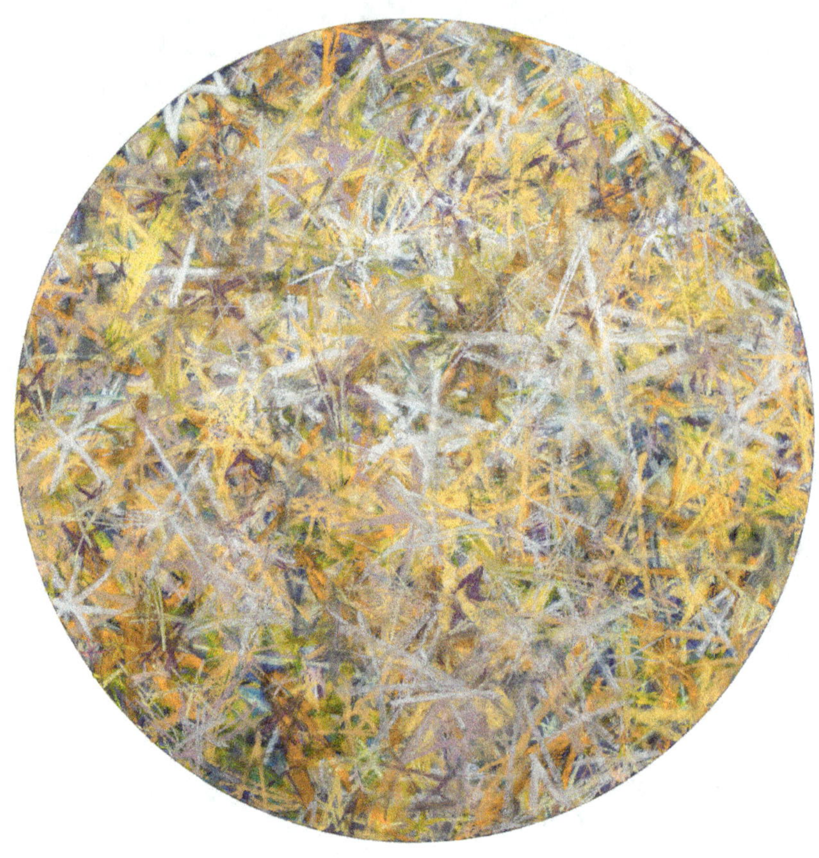

Bernhard Adams
Deepfield XXVIII, 2021, ø 140 cm, Acryl und Öl auf Polyester

DIE TRANSFORMATION DES KUNSTMARKTES ZU IHREM VORTEIL

Die Zeiten könnten nicht besser sein, um mit dem Kauf von Kunst zu beginnen. Der jahrhundertelange elitäre Vorhang fällt, der exklusive Klub ist geöffnet. Kunst wird zugänglich für Sie und für alle, die sich dafür interessieren. Die Digitalisierung macht vieles transparenter: Sowohl Qualitätsmerkmale als auch Preissteigerungen können nachvollzogen und Vergleiche angestellt werden. Viele Technologieanbieter helfen Ihnen dabei. Dies kommt Ihnen entgegen, besonders dann, wenn Sie sich für Kunst als Geldanlage interessieren. Die Inflation lässt viele Anleger nach Alternativen suchen. In Asien gehört bei vielen jungen Leuten Kunst mit bis zu 20 Prozent in den Bestand von Investitionen. In Europa sind es bei professionellen Anlegern eher fünf bis zehn Prozent. Gleichzeitig tun Sie mit Ihrem Kunstkauf insbesondere von junger Kunst etwas Gutes: Sie helfen Künstlern dabei, weiterzumachen. Wenn Sie sich dann noch an den Werken erfreuen, haben Sie alles richtig gemacht.

Die Auswirkungen der Coronavirus-Pandemie haben weite Kreise gezogen und auch den internationalen Kunstmarkt schwer getroffen. Museen, Auktionshäuser, Messen und Galerien mussten ihre Veranstaltungen absagen. Der Umsatzeinbruch betrug im Jahr 2020 weltweit geschätzte 22 Prozent, in Deutschland bei Galerien vermutlich sogar über 30 Prozent (Deutscher Bundestag 2021).

Dem Kunstmarkt stand eine Bereinigung ins Haus. Profitiert haben die Akteure, die frühzeitig Online-Verkaufsplattformen aufgebaut haben. In Schwierigkeiten kamen diejenigen, die sich hartnäckig gegen neue Technologien und Markttransparenz gesträubt haben. Marktteilnehmer wie Auktionshäuser, die rasch auf Online-Optionen umgestiegen sind, konnten kurzfristig gestärkt aus der Pandemie hervorgehen. Der Kunstmarkt sortiert sich neu und stellt sich breiter auf: Der exklusive herkömmliche Kunstbetrieb wird transformiert (Ullrich 2021/Boll 2020). Die Pandemie hat die Kunstbranche umdenken lassen.

Was hat dies nun mit Ihrem Interesse am Thema »Kunst kaufen« zu tun? Vieles! Lassen Sie es mich erklären:

EIN UNTERENTWICKELTER MARKT

Der Kunstmarkt ist ein internationaler Markt, und er weist einige Besonderheiten auf. Zum einen ist er ein vergleichsweise kleiner Nischenmarkt. 2019 belief sich der Umsatz auf lediglich geschätzte 64 Milliarden US-Dollar. Zum Vergleich: Allein im 3, Quartal 2022 betrug der Umsatz des amerikanischen Unternehmens Apple knapp 83 Milliarden US-Dollar (Apple 2022).

Zum anderen wächst der internationale Kunstmarkt nur mit geringen Raten: Von 2008 bis 2018 betrug der Umsatzanstieg etwa neun Prozent – während in dieser Zeit die Wirtschaftsleistung in den USA um 42 Prozent zulegte und sich das Vermögen der sogenannten »High Net Worth Individuals (HNWI)« mehr als verdoppelte.

Wie lässt sich nun diese sogenannte Underperformance des internationalen Kunstmarktes erklären? An mangelndem Interesse an der Kunst kann es nicht liegen. Auch wenn nur wenige Menschen

Kunst kaufen, so sind doch viele an Kunst interessiert, erfreuen sich an ihr, wollen sich mit ihr umgeben. Die Statistik bestätigt das: In den Jahren vor der Pandemie stieg die Zahl der *Kunstmessen* deutlich und die Besucherzahlen von Museen sind auf hohem Niveau stabil geblieben. Was also ist es, das die Menschen vom Kauf eines Kunstwerkes abhält?

MANGELNDE PREISTRANSPARENZ

Einer der wichtigsten Gründe dafür ist die mangelnde Transparenz von Preisen und Qualitäten.

Verglichen mit dem Aktienmarkt schneidet der Kunstmarkt hier sehr schlecht ab. Die Informationen, die einem Kunstinteressenten zugänglich sind, sind auf ein Minimum beschränkt.

Dazu einige Beispiele: Für Außenstehende ist nicht ersichtlich, welche Künstler mit welchen Werken in Galerien und Messen Zutritt zum Kunstmarkt erhalten. Und auch nicht, wer bestimmt, welche Künstler mit welchen Werken auf Ausstellungen und in Museen in Erscheinung treten dürfen.

Vor allem aber wissen viele Kunstliebhaber nicht, wie sich die Preise für Kunstwerke tatsächlich zusammensetzen (Picinati de Torcello; Pettersen 2019, S. 80).

WEM DIE PREISINTRANSPARENZ NÜTZT

Während der Kunstliebhaber und -interessent also vollkommen im Nebel stochert, profitieren wiederum andere von der Intransparenz des Marktes. Hier sind vor allem die großen Akteure zu nennen: berühmte Galerien in New York, die sogenannten Mega-Galerien, die mit einem Netzwerk bekannter Museen zusammenarbeiten. Dies ergab die Untersuchung der Karrieren von 500.000 Künstlern (Fraiberger et al. 2018).

Ähnlich wie früher der Kaiser im alten Rom bei einem Gladiatorenkampf den Daumen hob oder sinken ließ, legen die Mega-Galerien mit ihrer Auswahl unwiderruflich fest, was gute und was schlechte Kunst ist und für wen die »Spiele« weitergehen: also welche Künstler Karriere machen und welche nicht; welcher Preis für die Kunstwerke der »richtige« ist und wie dieser sich im Laufe der Zeit entwickeln wird.

Andy Warhol brachte das schon in den 1970er-Jahren auf den Punkt: »Being good in business is the most fascinating kind of art. Making money is art and working is art and good business is the best art.« (Warhol 1975, loc. 916, kindle edition)

Wie konnte sich eine solche Marktdominanz entwickeln? Museen sind auf finanzielle Zuwendungen angewiesen. Reiche Galerien finanzieren daher Ausstellungen in Museen.

Diese vergrößern den Bekanntheitsgrad von Künstlern der jeweiligen Galerien und steigern so deren Marktwert. Zudem verleihen ausgewählte Kritiker und Kunstmagazine mit ihren Rezensionen der Kunst ein elitäres, exklusives Image beim Publikum. All dies zieht eine kaufkräftige Kundschaft von Milliardären an. Davon wiederum haben die Galeristen profitiert. Sie können nun die Preise bestimmen. Eine perfekte Symbiose.

Das Händleroligopol am Kunstmarkt wird auch von der bekannten Kunstsammlerin Ingvild Goetz im Interview mit der deutschen Wirtschaftszeitschrift Manager Magazin kritisiert (Freisinger; Böschen 2021): Es habe die Intransparenz bei der Preisbildung gefördert und viele potenzielle Kunstkäufer abgeschreckt.

Das Interesse an Kunst nimmt jedoch deutlich zu. So begeistert sich einer Studie zufolge die jüngere Generation (63 Prozent) der Millennials, die um die Jahrtausendwende geborene Generation, deutlich stärker für Kunst als die Generation der Baby Boomer (34 Prozent), die nach dem zweiten Weltkrieg geborene Generation (Gallery 2018).

Doch obwohl die Anzahl der Kunstinteressierten steigt, ist die Zahl der potenziellen Käufer rückläufig.

Seit Jahren geht die Menge der verkauften Werke zurück und ist zwischen 2007 und 2017 sogar um 20 Prozent gesunken. Geschätzte 30 Prozent aller Galerien, vor allem kleine, machen Verlust. Wie in anderen Märkten auch: Die großen Adressen werden immer reicher und die kleinen Galerien finden keine Käufer, obwohl sie oft Künstler aufbauen, die dann aber zu größeren Galerien wechseln, weil sie ihnen mehr Möglichkeiten bieten.

Abb. 1.1 | Entwicklung der Besucherzahlen in deutschen Museen, 1990 – 2019

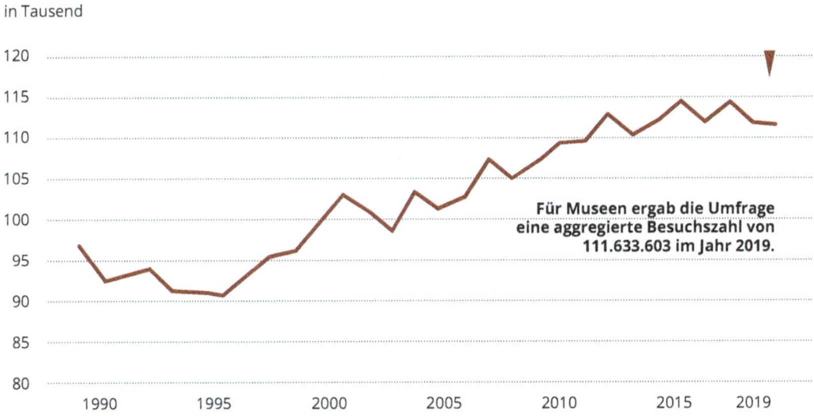

in Tausend

Quelle: Institut für Museumsforschung (2021)

Die Transformation des Kunstmarktes hat begonnen, denn ausgerechnet die Hoch-Zeit der Pandemie hat dieses ganze Konstrukt durcheinandergewirbelt – und den Markt gezwungen, eine Veränderung zu mehr Transparenz mithilfe der Digitalisierung herbeizuführen.

Zeitweise konnten keine großen Events, keine kleineren *Vernissagen* mehr stattfinden, die zum Lifestyle der wichtigsten Kunstkäuferklientel dazugehören wie die Perlen in den Champagner, und deren hohe Zahlungsbereitschaft den Kunstmarkt bisher in Gang gehalten hat. Das Internet musste quasi über Nacht die Vernissage ersetzen. Neue Vermarktungstechnologien und neue Vertriebskanäle hielten Einzug und brachen alte Strukturen auf – zum Vorteil von vielen Kunstinteressenten und Händlern.

Und auch den Künstlern selbst eröffnen sich neue Möglichkeiten der Vermarktung. Statt ihre Kunstwerke durch das Nadelöhr der Galerien dem Publikum nahezubringen, können sie ihre Werke im Internet jetzt selbst anbieten. Sie können so direkt mit potenziellen Interessenten in Kontakt treten und Transaktionen einleiten, endlich unabhängig vom Diktat aus New York!

KI am Kunstmarkt – Trend oder weiterer Indikator für den Wandel?
Künstliche Intelligenz (KI) oder Artificial Intelligence (AI) ist die Fähigkeit einer Maschine, menschliches Denken und Handeln zu imitieren. Künstler können so per Texteingabe und Programmierung via Algorithmen Bilder generieren, ohne jemals Farbe und Pinsel in die Hand zu nehmen – ein neues Werkzeug für die Fortentwicklung von digitaler Kunst. Der im Buch mit einem Werk vorgestellte Künstler Raphael Brunk arbeitet bereits seit Jahren mit Algorithmen zur Erstellung seiner Kunstwerke (siehe auch Seite 244). Der britische Künstler Damien Hirst hat KI genutzt, um seine bekannten rotierenden Farbscheiben mit einem Bildgenerator am Computer erstellen zu lassen. Die Werke sind auf der Plattform HENI zu erwerben – wahlweise mit oder ohne NFT. KI kann nicht nur als kreatives Werkzeug dienen, sondern auch beim Identifizieren von Fälschungen helfen – mittels Softwareprogrammen wie Art Recognition oder der Fracture-App. Bei deutschen Behörden wird eine App namens KIKu getestet, die mit Hilfe von KI illegal gehandelte Kulturgüter erkennen soll. Anhand von Fotos eines fraglichen Objektes werden dessen Alter und Herkunftsland bestimmt. Auch für Käufer kann KI hilfreich sein, etwa indem mit Hilfe von chat.openai.com nach Anbietern und Preisen für bestimmte Werke gefragt wird. Welche Werkzeuge und Funktionen sich letztlich etablieren, wird der Markt zeigen.

DIGITALISIERUNG FORCIERT DEMOKRATISIERUNG

Die Auswirkungen der Digitalisierung haben den Kunstmarkt transparenter gemacht, die Deutungshoheit der bisherigen Meinungsführer, vor allem der Mega-Galerien, hat sich dadurch verschoben. Mehr und mehr Informationen über Künstler, ihre Werke, die erzielten Preise ihrer Kunstwerke sind via Internet öffentlich zugänglich und durchschaubarer. Das dürfte auch Kunstinteressenten ermutigen, in den Kunstmarkt einzusteigen. **Nicht mehr das Diktat einiger weniger, sondern die Wertschätzung von vielen könnten zukünftig die Preise bestimmen.**

Ohne jeden Zweifel: Das Herausbilden eines transparenten, ausdifferenzierten internationalen Kunstmarktes, in dem der Künstler, sein Werk und dessen Käufer im Mittelpunkt stehen, wäre wirklich etwas Großartiges – etwas in dieser Form noch nie Dagewesenes. Denn Kunst als »Vermittlerin des Unaussprechlichen« (Johann Wolfgang von Goethe, 1749 bis 1832) bringt Menschen zusammen, schafft Gemeinsamkeiten und Verbundenheit. (Goethe 2013, S. 42)

Die zunehmende Digitalisierung hat die Chance eröffnet, dieses einzigartige Potenzial durch mehr Transparenz im Markt für Kunst zu heben. (Polleit Riechert, focus.de 2020)

Damit kann auch endlich der elitäre Vorhang fallen, der exklusive Klub des Kunstmarktes aufgebrochen werden und Neues entstehen: **Der Zugang zum Kunstmarkt wird für alle Interessierten möglich.**

Es wird weiterhin große, einflussreiche Galerien geben, die Museen finanzieren und ein zahlungskräftiges Publikum bedienen, aber der Kunstmarkt wird darauf nicht mehr beschränkt sein. Das Ausweiten des Angebots und die Zunahme der Preistransparenz machen den Zugang zum Markt jetzt auch für ein breiteres Publikum attraktiv.

Die Zeichen der Zeit sind unübersehbar: **Der Kunstmarkt richtet sich neu aus, er wird kommerzieller.**

Der traditionellen Kunstwelt fiel es bislang schwer, sich »anzupassen, vor allem, wenn der Umbruch eine Verschiebung der Player und der ›Gatekeeper‹, die ihn kontrollieren, mit sich bringt. Anstatt sich auf ein völlig neues Sammleruniversum (die Techies) einzulassen und den Staffelstab an eine Generation von Digital Natives weiterzureichen, würden viele lieber am Status quo festhalten«, so Kunstkritiker, Kurator und Künstler Kenny Schachter in einer Stellungnahme zur Ausstellung digitaler Kunst in der Galerie Nagel Draxler. (Schachter 2021)

Jedoch werden sich neue technologische Möglichkeiten durchsetzen, Kunst zu erwerben. **Der Kunstmarkt wird das Beste aus beiden Welten – der analogen und der digitalen – für Sie bereithalten.** Und Sie dürfen wählen – in der Bildung auf öffentlichen analogen und digitalen Kanälen, als Erwerb für zu Hause oder Ihr Büro und als Geldanlage.

Der Kunstmarkt wird interessanter für Anleger. Denn die neuen Technologien machen es möglich, dass der Eigentümer, die Echtheit und der Kaufpreis für jedes Kunstwerk digital zertifiziert werden können. Auch Anteile an Meisterwerken können so verbrieft werden. Kunst ist damit leichter handelbar – das macht sie noch attraktiver als alternative Geldanlage. Ein Kunstinvestment wird auch für eine weniger gut betuchte Klientel erschwinglich. Der Handel wird einfacher und der Markt liquider.

Die Demokratisierung ist in vollem Gange: Die Kräfte- und Machtverhältnisse im Kunstmarkt werden neu verteilt. Es werden fortan nicht nur Experten oder große Galerien bestimmen, was Kunst ist und wie viel sie kostet, sondern die Einschätzungen zu Qualität und Preis werden an die große Zahl der kunstinteressierten Menschen überreicht. Ihnen obliegt es nun, über neue Online-Marktplätze ihren Daumen zu heben oder zu senken, zu kaufen und zu verkaufen und die Preise für Kunst zu beeinflussen. Endlich werden der Markt sowie die Wertschätzung vieler Menschen und nicht mehr die Auswahl weniger Entscheider bestimmen, was kunstgeschichtlich relevant ist und in Museen gezeigt wird. Und damit ist ein ganz neues Kapitel im Kunstmarkt und in der Kunstgeschichte aufgeschlagen.

Kunst im Sinne von Andy Warhol und Keith Haring: Nicht nur Pop und Street Art sind für alle da

Andy Warhol (1928 bis 1987) ist wohl die bekannteste Figur der Pop-Art-Bewegung. In den frühen 1960er-Jahren begann er mit Reproduktionen zu experimentieren, die auf massenproduzierten Bildern aus der Populärkultur wie Campbell's-Suppendosen und Coca-Cola-Flaschen basierten. 1962 schuf Warhol sein wohl berühmtestes Kunstwerk: das vielfach duplizierte Porträt der Schauspielerin Marilyn Monroe (1926 bis 1962), das auf Grundlage von ein und demselben Werbefoto geschaffen wurde. Warhols Experimente mit massenproduzierten Bildern brachten seine demokratische Überzeugung zum Ausdruck, dass »Kunst für jeden verfügbar sein sollte.«

Ein weiterer bekannter Künstler des Pop-Art-Moments und der Street Art ist Keith Haring (1958 bis 1990). Im Jahr 1989 kam Haring nach Chicago und arbeitete mit 500 Schülern der Chicago Public School zusammen, um ein Wandgemälde von 488 Fuß Länge zu schaffen, das sich über den gesamten Rand von Chicagos Grant Park erstreckte. Das riesige Kunstwerk entstand in nur fünf Tagen, vom 15. bis 19. Mai, die die Stadt Chicago offiziell zur »Keith-Haring-Woche« erklärte. Und es spiegelt eine seiner vielen Ansichten über Kunst und Zugänglichkeit wider, dass Kunst für alle da ist. – »Art is for everybody« (Keith Haring Journals 2010, S. 17) »The public needs art – and it is the responsibility of a ›self-proclaimed artist‹ to realize that the public needs art, and not to make bourgeois art for a few and ignore the masses.« (Keith Haring Journals 2010, S. 17) »My support network is not made up of museums and curators but of real people. And that's good because everything I have ever tried to do was cut through all that bullshit anyway.« (Gruen 1991, S. 193) In einem Interview mit dem Sender CBS sagte er: »You don't need to know anything about art to appreciate it. There aren't any hidden secrets or things that you are supposed to understand.« (Osgood 1982)

WARUM DER KUNSTMARKT ANDERS IST, ALS SIE DENKEN

Folgende Bedenken, die ich im Laufe der Zeit von Außenstehenden gehört habe, haben sicher erheblich dazu beigetragen, dass Menschen sich zwar für Kunst interessieren, vor einem Kauf aber oft zurückschrecken. Ich zeige Ihnen, warum das gar nicht nötig ist.

VORURTEIL NR. 1 / KUNST IST ETWAS SEHR ANSPRUCHSVOLLES

Oft wird ein Bild oder eine Skulptur im privaten Bereich gezeigt. Gäste sind dann verunsichert, wenn sie nicht wissen, was sie sagen sollen. Sie kennen den Künstler nicht oder das Werk spricht sie nicht an. Der Kunstwissenschaftler Christian Saehrendt sagt: »Wir befürchten, Bildungslücken zu offenbaren, etwa, wenn wir die Namen von Künstlern nicht kennen oder falsch aussprechen, wenn wir nicht in der Lage sind, ein Kunstwerk eindeutig zu identifizieren« (Saehrendt, nzz.ch 2018).

Wenn sich ein Kunstwerk nicht gleich für Sie erschließt, heißt das nicht, dass Sie ungebildet sind. Sie dürfen sagen, was Ihnen gefällt und was nicht. In der Betrachtung von Kunst gibt es kein Richtig oder Falsch. Entweder ein Werk spricht Sie an oder auch nicht, unabhängig von Ihren Vorkenntnissen. Und: Wenn sich ein Kunstwerk für Sie nicht erklären lässt, hat vielleicht auch der Künstler keinen guten Job gemacht. Die beliebtesten und erfolgreichsten Künstler haben Werke geschaffen, die für sehr viele Menschen verständlich waren und es auch immer noch sind. Darum sind sie auch so populär. Aber ehrlich gesagt: Oftmals haben sich die Künstler gar nicht so viel dabei gedacht. Sie haben einfach gemalt, weil es ihre Leidenschaft war.

Nicht anders ist es doch bei einem Song, der erfolgreich ist. Da ist die Hemmschwelle zu sagen, dass einem das Lied nicht gefällt, allerdings viel geringer. Warum? Haben Sie in der Musik jemals jemanden sagen gehört: Ich interessiere mich dafür, aber ich kenne mich nicht aus? Eher nicht. Niemand fühlt sich unwohl dabei zu sagen, welches Musikstück oder Lied ihm gefällt, Musik herunterzuladen und zu kaufen oder eben nicht. Oder ein Konzert zu besuchen – alles ohne Vorkenntnisse. Wenn sich jemand für einen Musiker interessiert, sammelt er weitere Informationen – aber nur, wenn er Spaß daran hat. Niemand erwartet das von ihm oder denkt, dass dies notwendig sei.

Die Kritiker und Kunsthistoriker sind meist diejenigen, die Kunst interpretieren und ausschmücken. Das ist gut für die Künstler, aber muss nicht unbedingt deren Überlegungen entsprechen. Es sei denn, es gibt Aussagen der Künstler zu den entsprechenden Werken, was aber nicht oft der Fall ist. Wir müssen, können und dürfen da viel entspannter werden. Nur beim Erwerb von Kunst ist es erforderlich, dass Sie über bestimmte Mechanismen im Markt VORAB informiert sind.

VORURTEIL NR. 2 / KUNST IST TEUER

Bei den Preisen für Kunst herrscht große Unsicherheit. Und das zu Recht. Denn in keinem anderen Markt werden Sie einerseits von Rekordpreisen geblendet und andererseits über das Preissystem so sehr im Unklaren gelassen wie auf dem Kunstmarkt.

Dabei geht leider komplett verloren, dass es auch gute Kunst für kleines Geld gibt. Wie Sie gute Kunst zu einem fairen Preis bekommen, werden Sie im Verlauf des Buches noch erfahren.

Aber Sie sollen wissen: Kunst kann teuer sein, aber das ist nur ein sehr kleiner Teil. Es gibt sehr viel Kunst unter 10.000 US-Dollar und noch mehr Kunst unter 5.000 US-Dollar von vielversprechenden jungen Künstlern. Nur Künstler, die eine Akademieausbildung absolviert und bereits gut verkauft und ausgestellt haben, können für mittelgroße Leinwände um die 5.000 US-Dollar verlangen. Tatsächlich liegen die Preise für Kunstkäufe in Europa je nach Land zwischen 2.000 und 4.000 US-Dollar im Durchschnitt (Jantschek 2021).

Und jetzt kommt die Überraschung: Auch von ganz bekannten Künstlern wie Pablo Picasso (1881 bis 1973) gibt es Werke im Bereich bis zu 5.000 US-Dollar. Denn all diese Künstler haben nicht nur Gemälde erstellt, sondern auch Grafiken gedruckt und Editionen herausgegeben. Das sind Werke, die nicht nur einmal – wie etwa Gemälde –, sondern in größerer Auflage auf den Markt gegeben werden. Das bedeutet zwar, dass auch noch jemand anderes ein solches Werk besitzen kann. Jedoch sind die Auflagen meist limitiert.

Im Unterschied dazu ist die Wahrscheinlichkeit, dass jemand aus dem Bekanntenkreis ein teures Dekorationsobjekt oder Designermöbel – ohne Limit auf dem Markt – besitzt, sehr viel höher.

VORURTEIL NR. 3 / BEIM KUNSTKAUF GIBT ES KEINE KLARE PREISSTRUKTUR

Das stimmt. Vielleicht haben Sie Ähnliches schon erlebt: Sie gehen in eine Galerie. Die Bilder gefallen Ihnen. Sie möchten wissen, wie viel sie kosten. Sie finden keine Preisschilder neben den Bildern und auch keine Liste. Sie versuchen die Aufmerksamkeit der Person, die sich hinter dem weißen Tresen und einem Bildschirm geschäftig versteckt, auf sich zu ziehen. Die Person deutet auf eine Liste, die in einer entfernten Ecke auf einem Tisch liegt. Sie studieren die Preise und möchten vielleicht eines der Bilder erwerben. Sie bemühen sich wieder um die Aufmerksamkeit der Assistenz. Diesmal wird angekündigt, dass der Direktor der Galerie hinzugerufen wird. Er erscheint, aber leider nur, um Ihnen mitzuteilen, dass das Werk schon reserviert sei.

Oder Sie sind digital unterwegs. Auf einer Plattform haben Sie einige interessante Werke entdeckt. Sie möchten wissen, was diese kosten. Es sind keine Preise angegeben und Sie müssen eine E-Mail schreiben. Das möchten Sie aber nicht, da es Ihnen zu aufwendig ist und Sie auch Ihre Kontaktadresse nicht weitergeben möchten. Sie geben frustriert auf.

Der wichtigste Grund für mangelndes Vertrauen in den Kunstmarkt im Unterschied zu anderen Märkten ist die Undurchsichtigkeit von Preisen. Allerdings ist Besserung in Sicht: Es werden immer mehr Preise veröffentlicht, da die Technologie offenbart hat, was Sie bereits wissen: Die Wahrscheinlichkeit, dass ein Kunstwerk gekauft wird, ist viel höher, wenn der Preis angegeben ist, als wenn dies nicht der Fall ist. Es wird auch immer mehr Datenmaterial gesammelt, sodass Sie auf Datenbanken oder Plattformen Preise vergleichen können.

Natalie Radziwill, Repräsentantin von Christie's in Frankfurt, habe ich per E-Mail gefragt, was sie neuen Kunstkäufern empfiehlt:

Jeder Mensch sollte beim Kauf von Kunst auf seine Intuition, Leidenschaft und seinen Geschmack hören. Das Wichtigste bleibt immer, dass man selbst ein Kunstwerk liebt und mit ihm leben möchte.
Dazu ist es gut, sich so viel wie möglich anzusehen in Museen und Galerien, alte und neue Kunst, auch online, aber vor allem im Original, und sich mit anderen Menschen darüber zu unterhalten, was man gesehen hat und was einem gefällt. Und ruhig auch nach Preisen fragen und diese vergleichen. So entwickelt man ein Gefühl dafür, was es überhaupt gibt, was es schon gab und was einem besonders erscheint, was einen bewegt und was einem etwas wert sein könnte. Man kann viel über Künstler erfahren, den direkten Kontakt suchen oder auch für sich insgeheim schauen, wie er arbeitet, mit wem er arbeitet, welche Vorbilder er hat und was ihm wichtig ist.

Oft ergeben sich dann Überschneidungen mit Kunst, die man bereits kennt und auch verfolgt. Wenn man dann auf ein Werk stößt, das einen begeistert, vielleicht sogar umhaut, und bei dem man das Gefühl bekommt, es unbedingt um sich haben zu wollen, sollte man sich noch ein wenig Zeit lassen und sich mit dem Verkäufer etwas intensiver unterhalten, um sowohl Fakten als auch ein Gefühl zu bekommen. Vielleicht noch eine Nacht darüber schlafen, guten Freunden erzählen und dann: nicht mehr zögern, es tun und kaufen. ■

VORURTEIL NR. 4 / AUKTIONSREKORDE ZEIGEN, DASS MENSCHEN VIEL GELD FÜR KUNST AUSGEBEN

Das ist nur teilweise richtig. Auktionsrekorde sind keine Zufälle. Sie werden oftmals initiiert, um damit Marketing zu betreiben.

Die Rekorde sind nämlich sehr lukrativ – vor allem für das Auktionshaus, den Verkäufer und den Käufer. Denn *Auktionshaus* und Verkäufer profitieren nicht nur vom hohen Verkaufspreis, sondern erhalten – wie auch der Käufer – eine weltweite Berichterstattung, und das völlig kostenlos. So wurde Banksys »Girl with Ballon« bei Sotheby's im Jahr 2019 während der Versteigerung geschreddert – die Nachricht ging um die ganze Welt und entwickelte sich zu einer »tollen PR-Aktion für Künstler wie für den Auktionator«, sagt Henrik Hanstein, Präsident des Europäischen Versteigererverbandes (EFA). (Dege 2019)

2017 wurde ein Gemälde des amerikanischen Künstlers Jean-Michel Basquiat (1960 bis 1988) für 110,5 Millionen US-Dollar versteigert. Gekauft hatte es der japanische Geschäftsmann Yusaku Maezawa, der mit seinem Mode-Onlinehandel ZoZoTown zum Milliardär wurde. Die Nachricht verbreitete sich weltweit wie ein Lauffeuer. Jeder kannte nun den Käufer und sein Geschäft. Eine bessere Marketingaktion hätte sich niemand ausdenken können. Ob das Zufall war? Sehr unwahrscheinlich. (Woeller 2017)

Auktionsrekorde haben mit dem täglichen Geschäft am Kunstmarkt nichts zu tun. Sie machen nur einen winzigen Bruchteil des gesamten Kunstmarktes aus. Leider verzerren sie das Bild für den interessierten Laien.

VORURTEIL NR. 5 / FÄLSCHUNGEN GIBT ES NUR AUF ONLINE-VERKAUFSPLATTFORMEN

Leider nein. Im Unterschied zum Wohnungs- oder Autokauf, wo es durchaus üblich ist, sich vorab ein Gutachten einzuholen, war es bis vor einigen Jahren im Kunstmarkt durchaus gang und gäbe, Werke für zehn Millionen US-Dollar ohne ausreichende Prüfung zu erwerben.

Im Jahr 2014 stellte ein Bericht des Schweizer Fine Art Expert Institute (FAEI) fest, dass mindestens die Hälfte der auf dem Markt zirkulierenden Kunstwerke Fälschungen sind (news.artnet.com 2014). Andere gehen wiederum von einem niedrigeren Prozentsatz aus. Dennoch lässt sich behaupten, dass unter Sammlern und Museen einiges an Geld unbedacht investiert worden ist.

Wenn wir uns allein die wenigen Regularien im Kunstmarkt und nur die bekanntesten Fälle von Fälschungen und Kopien ansehen, erscheint die Zahl von 50 Prozent schon gar nicht mehr so unwahrscheinlich. Sogar die meisten Kunstmarktteilnehmer selbst gehen von circa 30 Prozent aus.

Zu keiner Zeit zuvor oder danach wurden Fälschungen in solchen Mengen produziert wie im späten 20. und frühen 21. Jahrhundert. Sie haben sich inzwischen zu einem Hauptproblem des internationalen Kunstbetriebs entwickelt (Butin 2020, S. 361).

Und solange nicht alle Händler, Museen, Auktionshäuser und Sammler bereit sind, wissenschaftliche Analysen und Expertengutachten einzuholen und dafür zu bezahlen, gibt es keine Möglichkeit, den Markt von Fälschungen zu befreien. Darüber hinaus sind viele

Beglaubigungsinstanzen und Kunstexperten immer weniger bereit, eine Expertise zu erstellen, da sie Gefahr laufen, für eine falsche Zuschreibung verklagt zu werden. Viele weigern sich sogar, ein Werk überhaupt zu begutachten. Bei Werken, die Fälschungen sein könnten und sich in Museen, privaten Sammlungen oder Depots befinden, hat niemand ein Interesse, dies aufzudecken, denn allen Beteiligten wird geschadet: dem Käufer, dem Verkäufer und dem Künstler.

Nun sollte man meinen, dass Kopien und Fälschungen nicht bei jungen Künstlern vorkommen, deren Werk direkt aus dem Studio erworben wird. Und dass Kopien und Fälschungen nur im großen Stil am Kunstmarkt vorkommen. Leider muss ich Sie enttäuschen. Denn es gibt auch junge Künstler, die zum Beispiel eine Schaffenskrise haben und denen nichts einfällt. Es kann durchaus passieren, dass dann Werke kopiert und als die eigenen ausgegeben werden. Und hier spreche ich nicht von Einflüssen anderer Künstler, die weiterentwickelt werden, sondern tatsächlich von Eins-zu-eins-Kopien. Solche speziellen Fälle von »Raubkopien« können leider immer noch nicht vom Computer mit einer Bilderkennung entdeckt werden.

> **Kunstfälscher im großen Stil**
> *Der Kunstfälscher Wolfgang Beltracchi (geb. 1951) hat nach eigener Aussage 300 Werke großer Meister gefälscht. Davon wurden lediglich 70 vom Markt genommen, alle anderen sind noch im Umlauf. Sie befinden sich im Privatbesitz, in großen Sammlungen und in Museen. Beltracchi wurde 2010 verhaftet und 2011 zu einer Gefängnisstrafe von sechs Jahren verurteilt. 2015 wurde er wegen guter Führung entlassen (Albrecht und Schütz 2018). Im Mai 2021 erschien ein Podcast mit ihm, in dem seine Frau Helene Beltracchi, die mit ihm zusammenarbeitet, berichtet: »Du hast eine Nachfrage für ein Produkt, das nur du herstellen kannst. Und die Nachfrage ist endlos.« (Thimm 2021)*

WAS SIE AUS DIESEM KAPITEL MITNEHMEN

Bisher dominierte eine kleine Gruppe von Kunsthändlern den Kunstmarkt und bestimmte die Auswahl von Kunstwerken in namhaften Museen und Galerien.

Fehlende Informationen zu Künstlern und Kunstwerken, Preisintransparenz, Rekordpreise in Auktionshäusern und Fälschungen auf dem Kunstmarkt führten zu mangelndem Vertrauen sowie stagnierendem Umsatz und Wachstum des Kunstmarktes. Das elitäre Image von Kunst hielt Kunstinteressenten, die nicht vermögend waren, vom Kunstkauf ab – und genau diese Tatsache muss dringend revolutioniert werden, um den Kunstmarkt wieder aufleben zu lassen und die Qualitätsbestimmung und die Auswahl von Kunstwerken zu demokratisieren.

Die Corona-Pandemie hat dem Kunstmarkt nun genau diese Chance eröffnet: hin zur Digitalisierung des Marktes und damit zur Verbesserung des Informationsaustauschs und der Preistransparenz zum Vorteil von Kunstinteressenten, Künstlern und Händlern. Der Kunstmarkt kann auf diese Weise wieder wachsen und ermöglicht es wirklich jedem, sich an Kunst zu erfreuen.

QUELLEN

Albrecht, Philipp, und Dirk Schütz. 2018. Meisterfälscher Wolfgang Beltracchi: Ich bin einfach der Beste. handelszeitung.ch. 10. Januar. Zugriff am 25. Februar 2021. https://www.handelszeitung.ch/panorama/meisterfalscher-wolfgang-beltracchi-ich-bin-einfach-der-beste.

Boll, Dirk. 2020. Was ist diesmal anders. Wirtschaftskrisen und die neuen Kunstmärkte. Berlin: Hatje Cantz.

Butin, Hubertus. 2020. Kunstfälschungen. Berlin: Suhrkamp.

Dege, Stefan. 2019. Superreiche kapern den Kunstmarkt: Warum zu viel Geld die Kunst kaputt macht. 14. Februar 2019. Zugriff am 27. Juli 2021. https://www.dw.com/de/superreiche-kapern-den-kunstmarkt-warum-zu-viel-geld-die-kunst-kaputt-macht/a-47523836.

Deutsche Börse. 2021. Zugriff am 16. November 2021. https://www.xetra.com/xetra-de/.

Deutscher Bundestag. 2021. Auswirkungen der Maßnahmen zur Bekämpfung der COVID-19-Pandemie auf das kulturelle Leben in Deutschland. Entwicklungen des Kultur- und Kreativsektors in den Jahren 2020–2021.

Fraiberger, Samuel P. und Roberta Sinatra, Magnus Resch, Christoph Riedl, Albert-László Barabási. 2018. Quantifying reputation and success in art. Science Magazine 10.1126.

Freisinger, Gisela Maria, und Mark Böschen. 2021. Spitzensammlerin über die Manipulation am Kunstmarkt. manager-magazin.de. 14. Mai. Zugriff am 14. Mai 2021. https://www.manager-magazin.de/finanzen/geldanlage/ingvild-goetz-kritisiert-manipulation-am-kunstmarkt-a-b7b0747e-dab9-4261-aef5-b5a6d79d0812.

Gallery, Park West. 2018. Are Millenials Interested in Art? 25. September. Zugriff am 19. Februar 2021. https://www.prnewswire.com/news-releases/are-millennials-interested-in-art-yes-new-park-west-gallery-study-finds-300718490.html.

Goethe, Johann Wolfgang von. 2013. Maximen und Reflexionen. CreateSpace Independent Publishing Platform.

Gruen, John. 1991. Keith Haring. The Authorized Biography. New York: Fireside.

Jantschek, Thorsten. 2021. Da geht noch was. Deutschlandfunk Kultur, Deutschlandradio. TACHELES Beitrag vom 12. Juni. Zugriff am 27. Juli 2021. https://www.

deutschlandfunkkultur.de/christie-s-chef-ueber-kunstmarkt-und-corona-da-geht-noch-was.990.de.html?dram:article_id=490542.

Keith Haring Journals. *2010. New York: Penguin.*

news.artnet.com. *2014. Over 50 Percent of Art is Fake. 13. Oktober. Zugriff am 25. Februar 2021. https://news.artnet.com/market/over-50-percent-of-art-is-fake-130821.*

Osgood, Charles. *1982. From 1982: Keith Haring. CBS Sunday Morning. 20. Oktober. Zugriff am 30. Oktober 2021. https://www.youtube.com/watch?v=8Nscsx9NldA&t=2s.*

Picinati di Torcello, Adriano und Anders Pettersen. *2019. Art & Finance Report 2019. Deloitte Luxembourg and ArtTactic.*

Polleit Riechert, Ruth. *2020. Die Corona-Krise wird für eine Revolution am Kunstmarkt sorgen. focus.de. 4. Mai. Zugriff am 28. Mai 2021. https://www.focus.de/finanzen/boerse/experten/machtstellung-der-museen-wird-gebrochen-die-corona-krise-wird-fuer-eine-revolution-auf-dem-kunstmarkt-sorgen_id_11952333.html.*

Saehrendt, Christian. *2018. So viel schlechte Kunst! Aber woran soll man sie erkennen? NZZ. 10. Juni. https://www.nzz.ch/feuilleton/so-viel-schlechte-kunst-ld.1392254.*

Saehrendt, Christian. *2018. Bin ich blöd, wenn ich mich im Museum langweile? nzz.ch. Zugriff am 11. Februar 2021. https://www.nzz.ch/feuilleton/bin-ich-bloed-wenn-ich-mich-im-museum-langweile-ld.1330092.*

Schachter, Kenny. *2021. Breadcrumbs: Art in the age of NFTism curated by Kenny Schachter. Pressemitteilung Galerie Nagel Draxler. Köln 2021.*

Thimm, Natalie Maxine. *2021. Fälscher-Ehepaar Beltracchi: Wir hatten kein schlechtes Gewissen. capital.de. 18. Mai. Zugriff am 31. Mai 2021. https://www.capital.de/karriere/faelscher-ehepaar-beltracchi-wir-hatten-kein-schlechtes-gewissen.*

Ullrich, Wolfgang. *2021. Der Kunstmarkt wird gerade neu erfunden. In: WirtschaftsWoche, 14. August. Zugriff am 18. August 2021. https://www.wiwo.de/my/finanzen/geldanlage/essay-der-kunstmarkt-wird-gerade-neu-erfunden/27505360.html?ticket=ST-615773-t15ZTJEixKQmV5Uuekkj-ap4.*

Warhol, Andy. *1975. The philosophy of Andy Warhol. From A to B and back again. New York: Houghton Mifflin.*

Woeller, Marcus. *2017. Darum zahlte ich 110 Millionen Dollar für ein Bild. welt.de. 9. Juni. Zugriff am 29. Mai 2021. https://www.welt.de/kultur/kunst/article165391528/Darum-zahlte-ich-110-Millionen-Dollar-fuer-ein-Bild.html.*

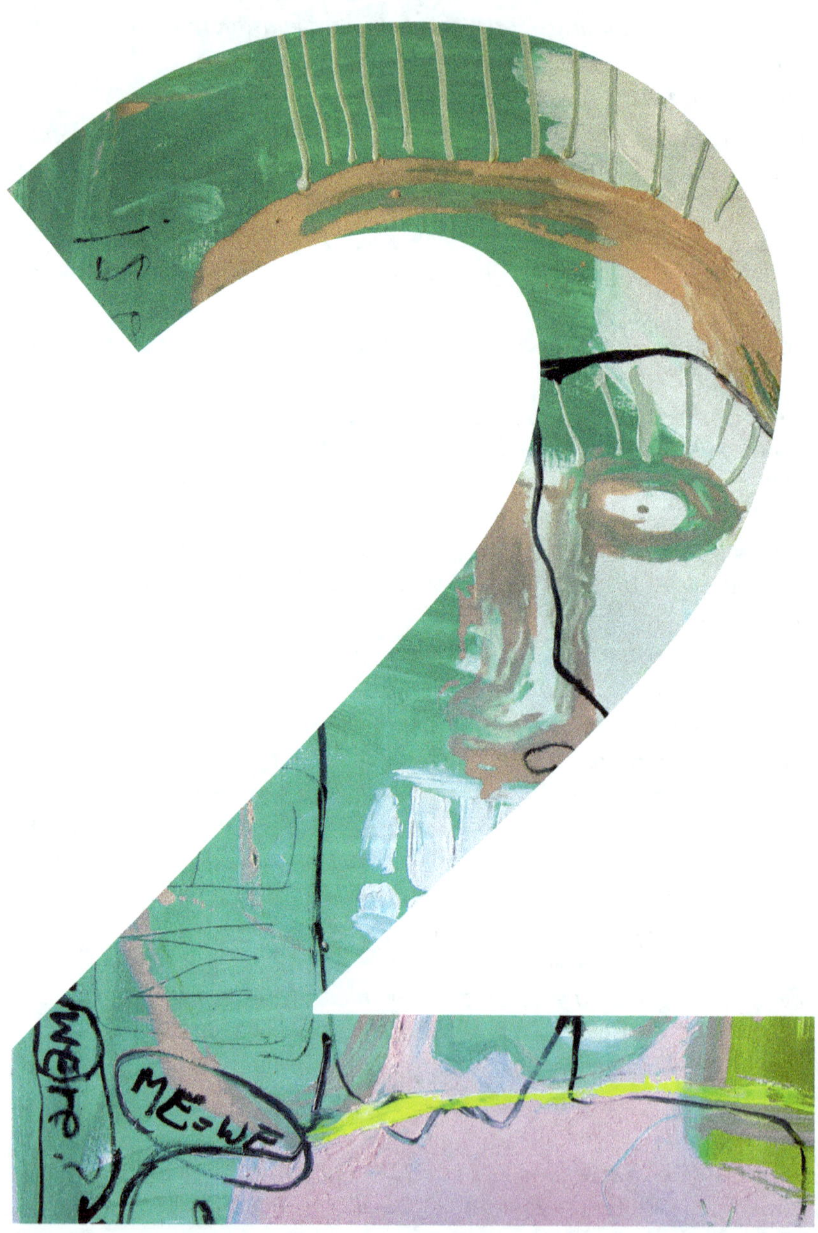

DEN KUNSTMARKT BESSER VERSTEHEN

IN DIESEM KAPITEL ERFAHREN SIE

- alles, was Sie über den Kunstmarkt wissen sollten
- mit wem Sie es dort zu tun haben
- wie Preise entstehen
- welche Kunstformen und Begriffe Sie kennen sollten – von klassischen Ölgemälden bis hin zu digitaler Kunst, Kryptokunst und NFTs

Foto links: Johanna Clara Becker, Ohne Titel (Detail), 2021

© Springer Fachmedien Wiesbaden GmbH, ein Teil von Springer Nature 2023
R. Polleit Riechert, *Kunst kaufen*, https://doi.org/10.1007/978-3-658-40935-7_2

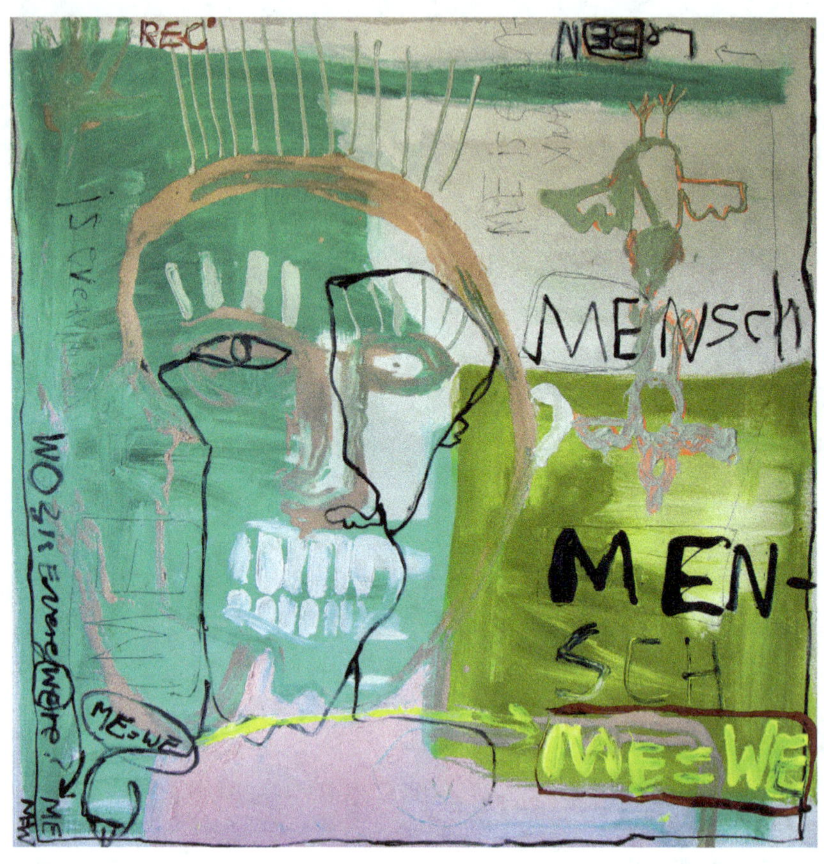

Johanna Clara Becker
Ohne Titel, 2021, 130 x 130 cm, Mischtechnik auf Leinwand

**FANTASIE IST WICHTIGER ALS WISSEN,
DENN WISSEN IST BEGRENZT.**
Albert Einstein

WICHTIGE GRUNDLAGEN IN KÜRZE

Der Kunstmarkt befindet sich im Wandel. Grenzen werden aufgebrochen, scheinbar starre Geschäftsmodelle verschieben sich. Auktionshäuser bieten beispielsweise verstärkt Privatverkäufe an, Galerien tun sich zusammen, um neue Dienstleistungen anzubieten, oder organisieren regionale Messen, um neue Marktanteile zu gewinnen. Denn Kunst verkaufen können auch die neuen Verkaufsplattformen: Click & Buy. Doch was ist der Kunstmarkt genau? Wie setzt er sich zusammen?

Der Kunstmarkt lässt sich klassischerweise in einen Primärmarkt und einen Sekundärmarkt unterteilen. Im Primärmarkt wird ein Kunstwerk erstmalig verkauft. Marktteilnehmer sind Künstler, Galeristen und Käufer. Wird das Kunstwerk ein zweites Mal gehandelt und wechselt seinen Besitzer, tritt es in den Sekundärmarkt ein. Dies kann erneut im Kunsthandel oder auch durch Auktionen erfolgen. Der Künstler ist nun nicht mehr beteiligt. Auktionshäuser sind die Hauptakteure im Sekundärmarkt.

Darüber hinaus besteht der Kunstmarkt aus verschiedenen Märkten räumlicher und zeitlicher Art, etwa unterschieden nach Stilrichtungen, die vollwertig nebeneinander bestehen, wie beispielsweise alte Meister und zeitgenössische Kunst. (Karasek 2004, S. 5/Hollein 1999, S. 108)

Wichtig dabei ist zu wissen, dass der gesamte Umsatz mit Kunst nur geschätzt werden kann. Er setzt sich zusammen aus den verkauften Werken im Handel von Galerien und Kunsthändlern sowie auf Auktionen. Galerien und Kunsthandlungen veröffentlichen ihren Umsatz nicht.

Lediglich die Auktionsdaten werden über verschiedene Datenbanken sowie über die Auktionshäuser selbst herausgegeben. Insofern können alle Reports nur als annähernde Schätzungen betrachtet werden. Ein verlässliches Zahlenwerk zum gesamten Kunstmarkt zu erstellen, ist so gut wie unmöglich.

Als eine etablierte Studie gilt der »Art Market Report« der Kunstökonomin Clare McAndrew, der von der Art Basel und der Schweizer Bank UBS herausgegeben wird. Die Methodik wird seit dem Jahr 2008 angewendet und die Vergleichszahlen bieten somit einen einigermaßen verlässlichen Bezugsrahmen.

Für den zu schätzenden Umsatz im Handel versendet McAndrew Umfragen an internationale Galerien. (McAndrew 2021, S. 355)

> *Verkaufspreise*
> *Veröffentlichte Daten im Kunstmarkt sind lediglich die Preise, die auf Auktionen erzielt werden. Alle anderen Verkaufspreise werden anhand von Umfragen geschätzt.*

Der Kunstmarkt ist ein kleiner Markt. Auch wenn die zunehmende Globalisierung, insbesondere in Asien, dazu beigetragen haben mag, die Nachfrage nach Kunst zu steigern und somit das Kunstpreisniveau in den vergangenen Jahrzehnten insgesamt zu erhöhen, bleibt der Kunstmarkt ein sehr überschaubarer Markt. Mit gerade einmal durchschnittlichen geschätzten 64 Milliarden US-Dollar

Jahresumsatz in den Jahren 2010 bis 2019 und 67,8 Milliarden US-Dollar im Jahr 2022 entspricht das in etwa dem jährlichen Umsatz einer Firma wie Hewlett Packard.

Abb. 2.1 | Umsätze auf dem globalen Kunstmarkt, 2009 – 2022

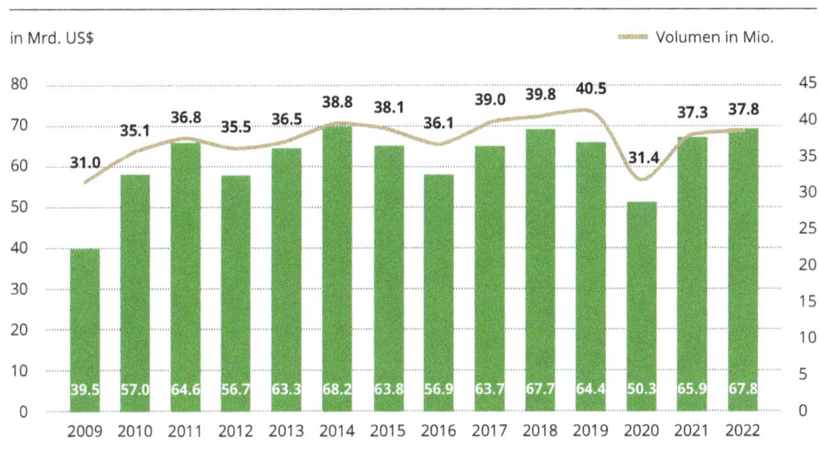

Quelle: Arts Economics (2023)

Die Hälfte des Gesamtumsatzes am Kunstmarkt wird nach wir vor von Kunsthändlern und Galeristen erwirtschaftet. So wurde im Jahr 2022 – laut Umfragen unter internationalen Galeristen und Kunsthändlern – mehr als die Hälfte des gesamten Umsatzes, und zwar geschätzte 37,2 Milliarden US-Dollar vom gesamten Umsatz von 67,8 Milliarden US-Dollar, im Handel erzielt. Währenddessen betrug der Umsatz bei Auktionen, basierend auf den veröffentlichten Studiendaten, 30,6 Milliarden US-Dollar. (McAndrew 2023, S. 17)

Die Online-Umsätze steigen und generieren neue Kunden, vor allem in der jüngeren Generation. Die Verkäufe auf dem Online-Kunstmarkt nehmen zu. Grund dafür ist die Digitalisierung, die durch die Corona-Pandemie beschleunigt wurde. So stieg der Online-Umsatz von 2019 bis 2022 um 85 Prozent auf geschätzte 11 Milliarden US-Dollar. (McAndrew 2023, S. 18).

Die reinen Online-Auktionsverkäufe von Christie's, Sotheby's und Phillips haben inzwischen die Marke von einer Milliarde US-Dollar überstiegen. Dies kann als Beweis angesehen werden für eine seismische Verschiebung im globalen Kunstmarkt: Digitalisierung schafft Transparenz.

Abb. 2.2 | Umsatz Online-Markt für Kunst und Antiquitäten, 2013 – 2022

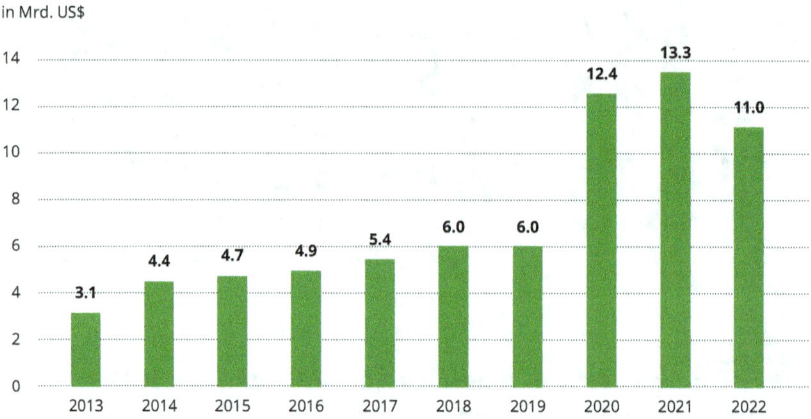

in Mrd. US$

Quelle: Arts Economics (2023)

Der Kunstmarkt ist ein internationaler, globaler Markt. Die wichtigsten Schauplätze für die Versteigerung von alten Meistern, moderner und zeitgenössischer Kunst sind die Hauptstandorte der großen Auktionshäuser in London, New York und Hongkong.

Die drei größten Auktionsmärkte USA, Großbritannien und Großchina (inklusive Taiwan und Hongkong) halten zusammen den größten Anteil am Wert der öffentlichen Auktionsverkäufe. (McAndrew 2023, S. 27)

Abb. 2.3 | Globaler Kunstmarktanteil nach Umsatz, 2022

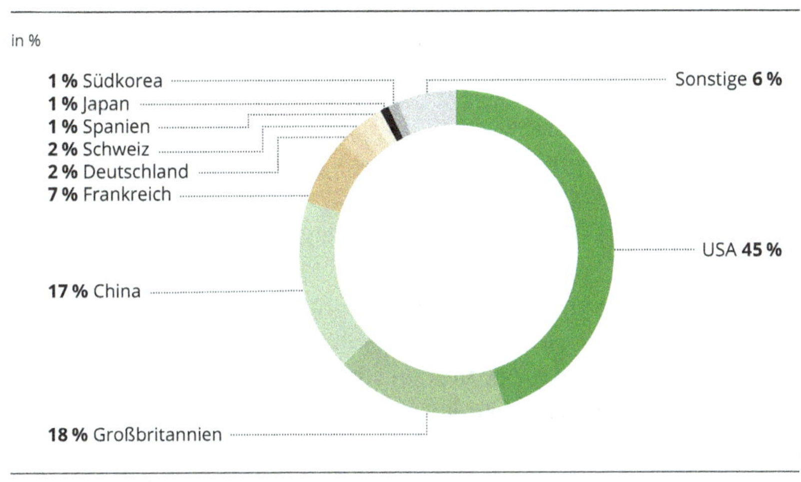

Quelle: Arts Economics (2023)

STAAT UND MARKT: UNTERSCHIEDLICHE MARKTMODELLE IN EINZELNEN STAATEN

In den USA existiert ein reines Marktmodell, in das die Kulturpolitik des Staates nicht eingreift. New York ist durch die freien Marktbedingungen für den internationalen Kunsthandel sehr attraktiv. Die Akteure dürfen anonym bleiben, und es können hohe Provisionen verlangt werden.

In Hongkong existieren derweil steuerlich besonders günstige Voraussetzungen.

War Paris noch bis in die 50er-Jahre des vergangenen Jahrhunderts das Zentrum des internationalen Kunstmarktes, ist Frankreich nach der Steuererhöhung für Kunst zum Außenseiter geworden.

Der französische Staat kontrolliert den Verkauf nationaler Kunstwerke sowie das Auktionsgewerbe: Die Mehrwertsteuer auf Kunst ist mit 20 Prozent höher als in anderen Ländern (wie zum Beispiel in den USA oder Hongkong). Paris hatte damit erheblich an Bedeutung verloren, aufgrund des Ausstiegs von Großbritanniens aus der EU (Brexit) aber wieder an Attraktivität gewonnen. Jedoch bleibt Großbritannien mit einem Anteil von 18 Prozent am Kunstmarkt nach wie vor führend in Europa und zweitstärkster Staat im Weltkunstmarkt nach den USA und vor Großchina. (McAndrew 2023, S. 27)

Deutschland ist von jeher ein Außenseiter am internationalen Kunstmarkt. Erstaunlich, da doch sehr viele hochrangige Künstler aus Deutschland kommen.

Die *Kunstakademie* Düsseldorf gilt immer noch als eine der wichtigsten Ausbildungsstätten für Malerei in Europa. Sie wird von vielen internationalen Studenten besucht.

Seitdem die Mehrwertsteuer für Kunst im Jahr 2014 auf 19 Prozent angehoben wurde, kaufen große Sammler aus Deutschland auch in London, New York oder Hongkong. Im Ausland sind es durchschnittlich sieben Prozent weniger Steuern. In Deutschland müssen zudem noch die Künstlersozialabgaben dazugerechnet werden.

DER MARKT FÜR ZEITGENÖSSISCHE KUNST ENTWICKELT SICH STÄRKER ALS DER KUNSTMARKT INSGESAMT

Während die weltweiten Verkäufe von Kunst und Antiquitäten seit 2009 nicht deutlich gewachsen sind (siehe auch Kapitel 1), steigen der Umsatz und das Interesse an zeitgenössischer Kunst stark an.

Seit 2000 ist die Zahl der Künstler, deren Werke auf Auktionen angeboten wurden, von 5.400 auf heute fast 32.000 und die Zahl der auf Auktionen angebotenen Kunstwerke von 12.000 auf 123.000 gestiegen.

In 20 Jahren hat sich die Anzahl der am Markt für zeitgenössische Kunst teilnehmenden Auktionshäuser fast verdoppelt, und die Zahl der versteigerten Posten sogar gleich versechsfacht. (Ehrmann 2020, S. 8)

Wichtige Ausstellungsplattformen
Die Biennale in Venedig und die documenta in Kassel sind wichtige Ausstellungsplattformen für zeitgenössische Kunst. Sie sind jedoch keine Verkaufsveranstaltungen, sondern bieten den teilnehmenden Künstlern eine Plattform, da sie große öffentliche und vor allem internationale Aufmerksamkeit genießen.

WELCHE MARKTTEILNEHMER GIBT ES?

Alle Kunstmarktteilnehmer können grundsätzlich in drei Gruppen eingeteilt werden:

1. Kunstproduzenten
2. Klassische und neue Anbieter von Kunst (seit dem Beginn des 21. Jahrhunderts sind aufgrund der Möglichkeiten des Internets noch weitere zu den traditionellen Anbietern hinzugekommen)
3. Endabnehmer

Abb. 2.4 | Struktur der Marktteilnehmer

PRODUZENTEN	ANBIETER	ENDABNEHMER
Künstler	Galerien	Privatkäufer
	Kunsthandlungen	Unternehmen
	Auktionshäuser	Kunstvereine
	Marktplätze (Aggregatoren) für Galerien / Auktionshäuser	Museen
	Marktplätze für direkte Vermittlung Käufer / Verkäufer	Staatliche Institutionen
	Marktplätze für NFTs	
	Anbieter für tokenisierte Kunst als Geldanlage	

1. KUNSTPRODUZENTEN

Künstler

Tatsächlich treten die wichtigsten Teilnehmer auf dem Kunstmarkt bisher kaum in Erscheinung – die Künstler selbst.

Die Bezeichnung Künstler ist rechtlich nicht geschützt. Jeder kann sich Künstler nennen. Ein Künstler hat die Wahl zwischen den Bereichen Bildhauerei, Malerei, Installation, Performance, Fotografie und digitale Kunst. Die Aufnahme an einer renommierten Kunstakademie für ein Studium ist eine erste Hürde, die sich, ist sie erst einmal überwunden, als Erfolgsfaktor für den Künstler erweisen kann. Allerdings: Viele renommierte Künstler haben nie eine akademische Ausbildung genossen.

Entscheidend ist vielmehr die Frage, ob sich ein Künstler mit seinen Werken in der Öffentlichkeit bemerkbar machen kann und einen Weg findet, auf dem Kunstmarkt präsent zu sein.

Die Rolle der Künstler als Marktteilnehmer, neben ihrer Angebotsfunktion für Kunst, beschränkte sich bis gegen Ende des vergangenen Jahrhunderts vor allem auf die Zusammenarbeit mit Galerien. Zwar besuchen Sammler Künstler gerne auch im Atelier, weil sie sich so günstige Kaufpreise erhoffen, sofern der Künstler bereits bei einer Galerie unter Vertrag ist. Allerdings halten sich professionelle Künstler meist an die mit der Galerie festgelegten Preise, um den Preisstandard am Markt aufrechtzuerhalten. (Holtmann 1999/Ressler 2001)

Inzwischen stehen dem Künstler durchaus andere Wege offen, um sich zu vermarkten: über Social Media, neue Verkaufsplattformen oder eigene Messebeteiligungen.

Aspekte wie die Markenbildung bei Konsumgütern oder der Aufbau einer Corporate Identity eines Unternehmens finden sich heutzutage auch im Markterfolg eines Künstlers wieder. Auf diesem Wege kann das rechtlich geschützte geistige Eigentum, seine Markenbildung, zur Einkommensquelle erwachsen.

Kunst und Kommerz

Oft geht es bei Kunstwerken um die Frage, ob Kunst Ware ist. Oder bei Künstlern darum, wie kommerziell ein Künstler sein darf. Hier ein Auszug aus dem letzten Interview von Kunstkritiker Paul Taylor mit Andy Warhol für das Flash Art Magazine im April 1987:

Paul Taylor: »What about your transformation from being a commercial artist to a real artist?«

Andy Warhol: »I'm still a commercial artist. I was always a commercial artist.«

Paul Taylor: »Then, what's a commercial artist?«

Andy Warhol: »I don't know – someone who sells art.«

Paul Taylor: »So almost all artists are commercial artists, just to varying degrees.«

Andy Warhol: »I think so.«

(Taylor 1987)

2. ANBIETER

Herkömmliche Marktteilnehmer

Galerien bestimmen den Primärmarkt der Kunst. Laut dem Bundesverband der Galerien wird als Galerie bezeichnet, wer hauptberuflich Kunst vermittelt, jährlich mindestens vier Wechselausstellungen zeigt und dafür eigene, für die Öffentlichkeit zugängliche Räume zur Verfügung stellt. Die Räume müssen mindestens 20 Stunden pro Woche geöffnet sein. In Deutschland wurde die Zahl der professionellen Galerien 2020 auf etwa 700 geschätzt. (Wöbken 2020, S. 5) Schätzungsweise gibt es 19.000 Galerien in 124 Ländern und 3.533 Städten weltweit. Die aktivste Galerienszene befindet sich in den USA, Großbritannien und Deutschland.

Arbeiteten Künstler früher mit einer Galerie exklusiv zusammen und kamen erst später eine oder zwei Galerien im Ausland hinzu, ist es heute schon bald eine zweite Galerie in einer anderen Region oder eine weitere im Ausland, mit der die Künstler zusammenarbeiten.

Entscheidet sich eine Galerie dafür, mit einem Künstler zusammenzuarbeiten, schließt sie mit ihm einen Vertrag über eine längerfristige Zusammenarbeit ab und übernimmt die Arbeiten des Künstlers auf Kommission. Bei jungen unbekannten Künstlern erhält die Galerie 30 bis 60 Prozent des Verkaufspreises. Am Anfang der Karriere eines Künstlers ist oft der Name der Galerie wichtiger als der Name des Künstlers. (Hauser 1988, S. 543)

Die meisten Galerien bevorzugen es, mit dem Künstler exklusiv zusammenzuarbeiten. Denn die Kosten sind immens: Die Galerie geht für Ausstellung, Veranstaltung, Katalogdruck und Pressearbeit in Vorschuss. Meist bleiben der Galerie von der Provision nur noch 10 Prozent übrig – wird kein Werk verkauft, hat sie ein Verlustgeschäft gemacht.

Für unbekannte Künstler kann so ein exklusiver Vertrag aber auch unvorteilhaft sein: Ist die Galerie auf eine Region fokussiert und nicht international an verschiedenen Standorten vertreten, wird das Werk des Künstlers nur eingeschränkt wahrgenommen.

Die internationale Etablierung eines unbekannten Künstlers kann hohe Gewinne mit sich bringen, ist jedoch relativ selten: Die Erfolgsquote liegt bei 1:1000. Etwa ein Prozent der gezeigten Künstler wird sich in den nächsten 20 Jahren dauerhaft am Markt durchsetzen. (González 2000, S. 22–23)

Kunsthandlungen verkaufen Werke aller Künstler, aber vorwiegend Kunstwerke aus dem Sekundärmarkt. Also Kunstwerke, die bereits mindestens einen Vorbesitzer hatten.

Im Gegensatz zu Galerien bauen Kunsthandlungen keine unbekannten Künstler auf.

Der gravierendste Unterschied ist aber, dass die Kunstwerke, die Kunsthandlungen zum Verkauf anbieten, in der Regel zuvor von ihnen erworben wurden; sie sind ihr Eigentum.

Daher bieten sie in der Regel auch eine breitere Auswahl von bekannten (und etablierten) Künstlern, oft älterer Stilrichtungen, an.

Eine wachsende Zahl von Kunsthandlungen hat ihr Programm durch das Angebot von zeitgenössischer Kunst erweitert. Offensichtlich, weil diese im Zuge des Booms auch verstärkt von den traditionellen Kunden der Kunsthändler nachgefragt wird.

Kunsthändler übernehmen zudem die Rolle eines Vermittlers für ihre Kunden und treten bei Auktionen in deren Interesse auf; dies ist auch der Grund, warum Galeristen nicht als Kunsthändler bezeichnet werden (Karasek 2004, S. 15).

Oftmals findet sich auch eine Mischung: Kunsthandlung im Hintergrund und Galerie im Vordergrund. Da der Aufbau eines Künstlers zur Marktfähigkeit nicht immer Gewinn bringt, handelt die Galerie im Hintergrund oft mit klassischen Werken bekannter Namen, um die Arbeit mit jungen Künstlern zu finanzieren.

Kunstberater, oder auch Art Advisor oder Art Consultants genannt, beraten private Personen und Unternehmen hinsichtlich ihres Kunstengagements und -investments. In der Regel verfügen Kunstberater über gute Kontakte zu Künstlern, Galerien und Museen. Sie führen keine eigene Galerie, beraten in der Regel unabhängig oder kooperieren mit ausgewählten Galerien.

Allerdings verwischen zunehmend die Grenzen zwischen klassischer Galerie und Art Consulting. Immer mehr Galerien bieten Kunstberatung an; ebenso lassen sich auch Museumsdirektoren in einer Nebenfunktion als Berater engagieren.

In Anlehnung an die erste Weltausstellung 1851 entwickelte sich die Idee einer **Kunstmesse.** Mit der Grassimesse in Leipzig im Jahr 1920 wurde erstmalig ausgewählte Kunst ausgestellt. Die erste Kunstmesse für Bildende Kunst fand 1967 in Köln statt. Diese wurde 1975 zur Art Cologne und ist bis heute eine der wichtigsten Kunstmessen für zeitgenössische Kunst.

Kunstmessen finden in der Regel einmal jährlich statt und haben als Verkaufsplattform seit den 1980er-Jahren stark an Bedeutung gewonnen. Nahezu jede bedeutende europäische Metropole wartet mit ihrer eigenen Kunstmesse auf (zum Beispiel die Londoner Frieze Art, die FIAC in Paris und die ARCO in Madrid).

Die derzeit wichtigste Messe für zeitgenössische Kunst ist die Art Basel. Ihr Geschäftsmodell, in Miami Beach und Hongkong Ableger zu gründen, hat sich als sehr erfolgreich erwiesen.

Auf Kunstmessen stellen in der Regel Galerien aus, die sich um eine Teilnahme beworben haben und nach bestimmten Kriterien von einem Gremium ausgewählt wurden. Für den Geschäftserfolg der Galerien ist es unerlässlich, auf den wichtigsten Messen vertreten zu sein und ihr Programm einem breiten internationalen Publikum zeigen zu können.

Die Anzahl der Messen weltweit ist in den vergangenen Jahren stark angestiegen, vor 1990 waren es gerade einmal 50. Im Jahr Jahr 2020 waren 365 geplant, allerdings mussten wegen der Corona-Pandemie 61 Prozent abgesagt werden. Mittlerweile sind es etwa 300 Messen und Biennalen, die jährlich stattfinden. Viele bieten einen Online Viewing Room (OVR) oder eine digitale Variante ihrer Messe an und haben damit sehr gute Erfahrungen gemacht. (McAndrew 2021, S. 20)

Eine weitere Form der Digitalisierung wird langfristig für Messen an Bedeutung gewinnen: Virtual Reality (VR) und Augmented Reality (AR) sind hier die Themen der Zukunft. (Boll 2020, S. 99–103)

Auf Messen sind die wichtigsten Veranstaltungen für den Verkauf die Pre-Preview und die Preview, zu denen Galerien einladen und damit die kaufkräftigsten Kunden staffeln: Die lukrativsten Kunden bekommen eine Einladung zum Pre-Preview, diejenigen mit einer hohen Kaufquote eine Einladung zur Voreröffnung und der Rest eine Einladung zur offiziellen Eröffnung.

Hier wird nach allen Regeln der Kunst oder des Marketings gearbeitet: Es handelt sich um eine Form der künstlichen Verknappung, die Kaufinteressenten noch stärker anziehen soll.

So kann es passieren, dass die besten Werke schon bei der Eröffnung verkauft sind und das Hauptgeschäft bereits abgeschlossen ist. Auch sind nach der Eröffnung der Messe und spätestens gegen

Ende der Messe die Galeristen selbst schon gar nicht mehr anwesend. Sie werden durch Verkaufspersonal ersetzt.

Entschließt sich ein Interessent zum Kauf eines Werkes, kann dieser das Werk sofort mitnehmen oder es wird ihm nach Hause geliefert. Das verkaufte Werk wird dann auf der Ausstellungsfläche durch ein anderes Werk ersetzt.

> *Jahrelang bin ich immer, wenn die Tage kürzer und grauer wurden, während meines Studiums zur Art Cologne gefahren. Damals fand die Messe noch im November statt. Ich habe viel gesehen und die Trends beobachtet. Gekauft habe ich nie etwas, da dies nicht in mein studentisches Budget passte. Eines Tages begleitete mich eine Bekannte, die auf der Suche nach einem schönen Bild war. Wir liefen von Stand zu Stand. Auf einmal sprang ihr eins ins Auge, ein kleines Format; es hing etwas versteckt, bei einer bekannten Galerie, an der Seite. Wir fragten nach dem Preis, weil wir kein Preisschild sehen konnten. Der Preis wurde uns mitgeteilt und auch, dass dieses Bild schon reserviert sei. Wir wurden auf die Warteliste gesetzt und gebeten, in einer·Stunde erneut vorbeizuschauen. Als wir wiederkamen, war das Bild weg. Verkauft. Es hing von demselben Künstler ein anderes, sehr ähnliches, an dessen Stelle. Es war jedoch teurer, obwohl es gleich groß war. Wir fragten nach. Die Begründung lag in der unterschiedlichen Technik und Ausführung, was uns unsicher werden ließ. War der Marktpreis dieses Künstlers im Laufe der Messe gestiegen? Gekauft haben wir am Ende nichts.*

Auktionshäuser sind Handelsbetriebe, die im Auftrag der Besitzer (z. B. Kunsthändler) Kunstwerke versteigern. Nachdem Kunstwerke im Primärmarkt erfolgreich platziert wurden, können sie im Sekundärmarkt auch auf Auktionen angeboten werden. Dies ist quasi eine natürliche Reihenfolge des Marktauftritts der Kunstwerke. Die Einlieferer von Kunstwerken sind fast ausschließlich Galeristen, Händler oder Sammler; normalerweise geben Künstler ihre Arbeiten nicht direkt in eine Auktion.

Was für Galerien gilt, gilt auch für Auktionshäuser: der bedeutendste Markt für zeitgenössische Kunst liegt derzeit in den USA und in Großchina.

Die höchsten Preise werden nach wie vor bei den größten drei Häusern Christie's, Sotheby's oder Phillips erzielt, vermutlich auch deshalb, weil sie Dependancen in New York, Hongkong und Shanghai unterhalten und über die meisten Experten und größten Marketingbudgets verfügen.

Um die Auktion zu bewerben, erstellt das Auktionshaus einen Katalog (in Print-Form oder online), der an die Kunden versandt wird.

Kleine Auktionshäuser veranstalten in der Regel zweimal jährlich eine Auktion für zeitgenössische Kunst, bei großen Häusern sind es mittlerweile Hunderte von Auktionen online und offline, an unterschiedlichen Standorten, nach verschiedenen Kunstrichtungen sortiert. Die Kunst wird vor der Auktion bewertet und im Preis geschätzt.

Dieser sogenannte *Schätzpreis* orientiert sich an vergangenen Auktionspreisen, die für ähnliche Werke erzielt wurden. Dazu wird mit dem Einlieferer vertraulich ein Limit vereinbart, unter dem das Werk nicht verkauft wird. Das *Limit* wird nicht veröffentlicht.

Interessenten können vorab ihre Gebote auf ausgewählte Werke abgeben. Sie müssen nicht im Auktionsraum anwesend sein, sondern können ihr Preisgebot beim Auktionshaus schriftlich einreichen. Wenn es zur Auktion kommt, werden für die angebotenen Kunstwerke (sogenannte *Lose*) alle Gebote interessierter Käufer einbezogen und während der Auktion weitere Angebote von Bietern im Raum gesammelt. Wenn für ein Los nach dreimaligem Aufruf kein weiteres Gebot mehr abgegeben wird, erteilt der Auktionator dem höchsten Gebot den Zuschlag für das Kunstwerk. Er lässt dabei den Hammer fallen. Der Zuschlagspreis wird daher oft immer noch *Hammerpreis* genannt.

Hinzu kommen noch weitere Gebühren und Steuern: Das Auktionshaus berechnet auf den Hammerpreis das sogenannte *Aufgeld*, das in der Regel die Marketing- und Versicherungskosten für das Auktionshaus inkludiert. Weitere Services wie Versand, Restaurierung oder Rahmung werden zusätzlich berechnet.

> ***Warum geben Künstler ihre Werke nicht direkt in eine Auktion?***
> *Dabei handelt es sich um ein ungeschriebenes Gesetz, um den Primärmarkt mit den eigenen Galerievertretungen nicht zu überspringen. Unbekannte Künstler müssen zunächst ihren Platz im Primärmarkt aufbauen und sich einen Namen machen. Sie hätten demnach keine großen Chancen auf ein gutes Verkaufsergebnis bei einer Auktion. Bekannte Künstler wie Damien Hirst wiederum haben bereits Kunstwerke direkt aus dem Atelier in die Auktion gegeben und mit einem spektakulären Ergebnis von über 200 Millionen US-Dollar versteigert, beispielsweise im Jahr 2008 bei Sotheby's.*

Trotz des technologischen Fortschritts konnten sich *Internetauktionen* für Kunstwerke zu Beginn des 21. Jahrhunderts noch nicht durchsetzen, zumindest nicht für Kunstwerke im höherpreisigen Segment.

Dies hat sich mit der Pandemie geändert: Nicht nur lässt sich seitdem ein Anstieg der Anbieter beobachten, die großen Auktionshäuser verzeichnen auch enorme Erfolge mit live durchgeführten Auktionen sowie reinen Online-Geschäften. So belief sich der Anteil der *Onlineverkäufe* über Auktionen auf 20 Prozent im Jahr 2022 (McAndrew 2023, S. 140). Bei Christie's schalteten sich bei den Online-Auktionen teilweise Klienten aus 80 Ländern ein, 35 Prozent davon neue Käufer (Herchenröder 2020).

Auktionshäuser können daher – sofern sie ihre Services digitalisiert haben – als die großen Gewinner der Corona-Krise angesehen werden.

Neue Marktteilnehmer

Das **Internet** hatte bereits Anfang des 21. Jahrhunderts begonnen, die Kommunikation und Präsentation von Kunst zu globalisieren und zu vereinfachen. Bisherige Geschäftsmodelle veränderten sich, neue kommen immer mehr hinzu.

So haben die meisten herkömmlichen Marktteilnehmer – analoge Auktionshäuser und Galerien – bereits eigene Websites aufgebaut, auf denen sie Kunst zum Kauf anbieten und auch versteigern. Im Zuge der Pandemie wurden diese Bestrebungen deutlich verstärkt und selbst Messen haben beispielsweise Online-Versionen mit Online Viewing Rooms (OVR) aufgebaut. Hinzu sind aber auch ganz neue Präsentations- und Verkaufskanäle gekommen.

Reine **Online-Galerien** arbeiten direkt mit Künstlern zusammen und verkaufen deren Kunstwerke ausschließlich digital, wie zum Beispiel Saatchi Art.

Neue Verkaufsplattformen bieten einen zusätzlichen digitalen Verkaufskanal für Galerien an **(Drittanbieter-Plattformen)**, wie beispielsweise artsy.

Das Gleiche gilt für Auktionen: Es gibt neue Plattformen **(Online-Auktionshäuser)**, die selbst Auktionen ausschließlich online durchführen, wie Catawiki, Artnet und Artprice.

Ebenso bieten Drittanbieter **(Aggregatoren)** Auktionshäusern einen zusätzlichen Vertriebskanal an, wie liveauctioneers, 1stdibs und Invaluable.

Es gibt auch Online-Marktplätze, die mehrere verschiedene Bereiche des Marktes abdecken, einschließlich Auktionen, Einzelhandel, Inhaltsproduktion, Daten und andere Angebote. Zwei der bekanntesten Plattformen, die sämtliche Ergebnisse von Auktionen liefern, sind Artnet und Artprice. Zudem entwickeln sich

Marktplätze, die auf einem Netzwerk von Künstlern und Kunstinteressierten basieren und die Möglichkeiten bieten, direkt ohne Vermittler zu kaufen und verkaufen, beispielsweise LiveArt oder Fair Art Fair.

Den Gründer von Artprice, Thierry Ehrmann, habe ich per E-Mail gefragt, wie es zu der Idee von Artprice kam:

Als Sie Artprice 1997 gegründet haben, was war damals Ihre Vision? Was wollten Sie mit Ihrem innovativen Unternehmen erreichen?
Ich habe das Glück, Bildhauer, Kunsthistoriker, Ökonom, Jurist und Wissenschaftler zu sein.

Mein Vater war ein Kunstsammler und mein Großvater auch. Ich habe lange mit Raymonde Moulin zusammengearbeitet, die ich für die erste Person auf der Welt halte, die in den 1960er- und 70er-Jahren zusammen mit Raymond Aron den Kunstmarkt aus einer soziologischen und historischen Perspektive beschrieben und kodifiziert hat. Als logische Konsequenz aus der Beschäftigung mit Moulins Analysen und Forschungen habe ich mich entschlossen, 45 Millionen Euro an Aktionärskapital für das Projekt aufzubringen.

Bernard Arnault, der Chef der LVMH-Gruppe, erschien aufgrund seiner Leidenschaft für Kunst als ein idealer Partner. Der Zufall wollte es, dass er an der École Polytéchnique studierte, wo mein Vater sein Lehrer war.

In den 1980er-Jahren begann ich damit, sämtliche Dokumentationsarchive im Bereich der bildenden Kunst aus privaten und staatlichen Datenbanken in Europa, Nordamerika und Asien zu erwerben. Ende der 1990er-Jahre besaßen wir die weltweit größte Sammlung von 450.000 Kunstmanuskripten und Katalogen von 1700 bis heute. Für mich ist diese Sammlung zu einer Art Bibliothek von Alexandria geworden. Wir haben die Herkunft von Millionen Kunstwerken über Jahrzehnte und Jahrhunderte hinweg ermittelt. Später entwickelten wir mithilfe von Algorithmen eine validierte Bewertungsmethode mit einem logarithmischen Ansatz. Aus diesem Grund sind unsere Kunstmarkt-Indices heute auf den Bildschirmen von Finanznachrichten wie Reuters und Bloomberg zu sehen und werden in mehr als 7.200 Print- und Rundfunkmedien veröffentlicht.

Wie viele Abonnenten hatten Sie anfangs und wie viele haben Sie heute? Wie wird sich die Zahl der Kunstsammler und Kunstkonsumenten in den nächsten fünf Jahren entwickeln?
Heute haben wir 4,5 Millionen Mitglieder, die unsere Newsletter und unsere Datenbanken abonnieren. Wir schätzen den Kunstmarkt (Kunstkonsumenten, Kunstsammler, Kunstliebhaber) auf 120 Millionen auf fünf Kontinenten. Am Ende des Zweiten Weltkriegs gab es nur 500.000 größere Sammler in Europa und Nordamerika.

Was raten Sie neuen Sammlern? Wie sollten sie sich auf dem Kunstmarkt zurechtfinden?
Lernen Sie zu unterscheiden zwischen Konsumobjekten, die als einzigartig definiert werden, und Kunstwerken, unabhängig vom Medium, die wirklich einzigartig sind. Im 21. Jahrhundert bezeichnen sich 70 Prozent der westlichen Bevölkerung als »Kreative«, vor allem, weil sie Zugang zu digitalen Werkzeugen haben. Diese Zivilisation mit ihren hundert Millionen von Kreativen wird jedoch nur wenige wirklich einzigartige Künstler hervorbringen.
Zweiter Ratschlag: Ich empfehle aufrichtig das Studium der Kunstgeschichte. Es kann für manche ein schmerzhafter Prozess sein, weil es sehr akademisch ist, aber es bietet eine wesentliche Grundlage für den Aufbau einer Kunstsammlung.
Dritter Ratschlag: Schämen Sie sich nie für die Fehler Ihrer Jugend und behalten Sie Ihre frühen Werke in der Sammlung. Nur so kann der Amateur oder der Sammler seinen Blick schärfen und seine persönliche Entwicklung nachvollziehen.

Hinzugekommen sind die Marketplaces für Non-Fungible Token (NFTs). NFTs sind Verbriefungen von digitaler oder analoger Kunst, die auf einer Blockchain abgelegt werden. Digitale Kunst wird damit fälschungssicher und handelbar. Plattformen wie OpenSea, Nifty Gateway oder SuperRare machen den preistransparenten Verkauf und Handel ohne Dritte für Künstler und Käufer möglich.

Die **sozialen Medien** sind weiterhin einer der wichtigsten Kanäle, die der Kunstmarkt nutzt, um neue Zielgruppen mit Inhalten zu erreichen und Verkäufe zu generieren. Insbesondere Instagram hat sich als Präsentationsplattform für Künstler und Galerien erwiesen. Dabei sind nicht nur Fotos, sondern auch Live-Führungen und Interviews beliebte Mittel, um auf Kunst aufmerksam zu machen. Künstler können sich hier selbstständig präsentieren. Die Anzahl der Follower wird als Wertschätzung bei der Beurteilung genutzt. So hat der britische Street Art Künstler Banksy beispielsweise auf Instagram über 11 Millionen Follower.

3. ENDABNEHMER

Privatkäufer und -sammler

Zu den wohl bekanntesten internationalen Sammlern zeitgenössischer Kunst gehören Charles Saatchi, Miuccia Prada, François Pinault, Ronald S. Lauder, Francesca von Habsburg und Mick Flick. Die finanzielle Voraussetzung zum Sammeln erschließt sich aus dem beruflichen bzw. privaten Hintergrund.

Nicht jeder Käufer muss gleich zum Sammler werden. Waren es früher nur professionelle Sammler, sind mittlerweile viele Kunstkäufer hinzugekommen, die für ihre Umgebung eine überschaubare Anzahl von Kunstwerken kaufen, sich aber nicht als Kunstsammler betrachten und auch nicht ausstellen möchten.

Die Gruppe der Käufer bzw. Sammler lässt sich hinsichtlich ihrer Absichten kategorisieren: Der private Kunstliebhaber kauft und sammelt für sich selbst, der öffentliche Kunstliebhaber kauft Kunst, um sie auszustellen; der Mäzen kauft nicht nur, sondern er fördert gezielt (junge) Künstler und deren Arbeiten; der Investor kauft zwecks Vermögensanlage und Wertsteigerung.

Richteten Sammler sich bislang noch vor allem nach ihrem eigenen Geschmack und entschieden subjektiv, welchen Künstler sie erwerben wollten, entsteht seit einigen Jahren ein neuer Sammlertyp. Junge, vermögende Menschen entscheiden sich aus Kunstinteresse oder aus Investitions- und Prestigegründen dafür, eine Sammlung aufzubauen. Dies tun sie nicht mehr ausschließlich selbst, sondern sie lassen sich bei ihren Kaufentscheidungen von Kunstexperten beraten.

Damit wird der Aufbau einer Sammlung strategisch ähnlich professionell gestaltet wie die Etablierung eines neuen Geschäfts.

Nachteilig kann dabei angesehen werden, dass diese Sammlungen keine persönliche Handschrift tragen, sondern lediglich den aktuellen Kunstmarkt oder das Programm einer Galerie, die sie berät, abbilden.

Unternehmen

Die Förderung von Kunst oder Kultur gehört zum Repertoire der Corporate Social Responsibility großer Unternehmen. Zu Unternehmen mit einer großen Kunstsammlung zählen viele Banken, etwa UBS, Deutsche Bank, Bank of America, JPMorgan Chase, Taikang Insurance Group, Samsung und Microsoft.

Die gesammelte Kunst wird dabei drei verschiedenen Gruppen zur Verfügung gestellt: den Mitarbeitern, den Kunden (beides intern) und der kunstinteressierten Öffentlichkeit durch Ausleihe an andere Museen oder sogar durch den Bau eines eigenen Museums (Würth). Der Ankauf von Kunst ist dabei in der Regel Mittel zum Zweck: Er verschafft Mitarbeitern und Kunden einen exklusiven Zugang und verbessert die Reputation des Unternehmens bei seinen Aktionären und in der Öffentlichkeit – und stärkt so den Geschäftserfolg.

Ähnlich wie bei der Aufnahme in Privatsammlungen, erzeugt der Kauf eines Kunstwerkes eines bestimmten Künstlers durch eine Unternehmenssammlung einen **Prestigeeffekt** und zieht eine mögliche Preissteigerung bei dem gekauften Künstler nach sich.

In letzter Zeit haben jedoch einige Firmen Werke aus ihren Sammlungen verkauft oder ihre Strategie ganz umgestellt. So wurde beispielsweise die Fotosammlung der DZ Bank im April 2021 in eine Stiftung umgewandelt (dzbank.de 2021).

Auch British Airways und die Deutsche Bank haben im Jahr 2020 Werke aus ihren Sammlungen verkauft. Die Rolle von Unternehmen als die neuen Medici scheint vorerst weniger bedeutsam zu werden.

> *Einfluss von Charles Saatchi*
>
> *Von 1990 an erwarb Charles Saatchi (geb. 1943) Arbeiten der Young British Artists, mit denen er 1997 die Ausstellung Sensation kuratieren ließ, welche nicht nur in der Londoner Royal Academy, sondern auch im Hamburger Bahnhof in Berlin sowie im New Yorker Brooklyn Museum gezeigt wurde. Charakteristisch für Saatchi ist, dass er die von ihm gekauften Werke im großen Stil und nach einer gewissen Haltedauer und Vermarktung durch Ausstellungen und Publikationen wieder verkauft – gewinnbringend. Dabei arbeitete er mit Larry Gagosian zusammen, der seine Künstler in New York und London vertritt. So wurden 128 Arbeiten der Young British Artists aus der Ausstellung Sensation in der Christie's Auktion von 1998, die erstmals zeitgenössische Kunst noch lebender Künstler anbot, für 1,6 Millionen GBP versteigert. Auszüge seiner Sammlung zeigt Saatchi in seiner Saatchi Gallery, die 2003 in der Nähe der Tate Gallery eröffnet wurde. Im Jahr 2019 wurde die Saatchi Gallery zu einer gemeinnützigen Organisation umgewandelt, die auf private Spenden angewiesen ist.*

Kunstvereine und Museen

Kunstvereine haben einen öffentlichen Auftrag. Sie sind lokal ansässig und vermitteln ihrem Publikum regionale Kunst. Wenngleich eine Ausstellung bei einem sehr erfolgreichen Kunstverein, z.B. beim Kunstverein für die Rheinlande und Westfalen, Einfluss auf die Karriere eines Künstlers haben kann, so bleibt die Vermittlung der Kunst doch vor allem in regionaler Reichweite.

Museen bauen eigene Sammlungen auf; Kunsthallen hingegen zeigen ständig wechselnde Ausstellungen, verfügen aber über keine eigene Sammlung.

Museen sehen ihren gesellschaftlichen und kunsthistorischen Auftrag in der Sammlung, Erhaltung und Ausstellung sowie der Archivierung von Kunst.

Werden zeitgenössische Museen auf einen jungen Künstler aufmerksam, stellen sie sein Werk aus oder kaufen einzelne Arbeiten an, womit sie einen sehr wichtigen Einfluss auf die Laufbahn eines Künstlers haben, denn sie spielen eine ausschlaggebende Rolle bei der Formierung des Publikumsgeschmacks.

Durch eine Ausstellung oder sogar Retrospektive in einem bekannten Museum erfährt der Künstler in der Regel einen Karriereschub.

So hätte eine Einzelausstellung im Museum of Modern Art (MoMA), dem Guggenheim in New York, dem Centre Georges Pompidou in Paris oder der Londoner Tate Modern Gallery – die vier bedeutendsten internationalen Museen für zeitgenössische Kunst – für einen jungen Künstler die größten Auswirkungen hinsichtlich seiner Bekanntheit und Wertsteigerung. Das Kunstwerk wird durch den Museumsrahmen geadelt und sein Preis steigt.

Ein Künstler hat die Möglichkeit auf vier verschiedenen Wegen in einem Museum ausgestellt zu werden: als Teil einer Gruppenausstellung, in Form einer Einzelausstellung, mithilfe eines Ankaufs oder einer Leihgabe eines Privatsammlers für die Museumssammlung.

Staatliche Institutionen

Staatliche Stellen treten sowohl als unmittelbarer Käufer von Kunst in Erscheinung (z. B. die Government Art Collection in Großbritannien) als auch als mittelbare Förderer des Angebots von und der Nachfrage nach Kunst, indem sie Stipendien und Förderpreise für Künstler bereitstellen.

Nachfrageseitig spielen staatliche Institutionen auch insofern eine Rolle, indem sie zum Beispiel den Erwerb von Kunst steuerlich begünstigen; so werden etwa in Deutschland Galerien Subventionen für Ausstellungen und Messeteilnahmen gewährt. (Schiefer 1998, S. 46)

WIE PREISE ENTSTEHEN

Nach wie vor erscheint die Preisbildung im Kunstmarkt Außenstehenden als großes Mysterium. Kunstpreise entwickeln sich oft von den Karriereanfängen eines Künstlers bis hin zu seinem Tod über die Stationen im Primär- und Sekundärmarkt. In beiden Märkten entscheiden unterschiedliche Faktoren über die Preisbildung.

> *Die Preislevel können folgendermaßen eingeteilt werden:*
> * *Talente und junge Künstler: Unikate ab 3.000 bis 5.000 US-Dollar bis 10.000 US-Dollar*
> * *Arriviertes Mittelfeld: bis 100.000 US-Dollar*
> * *Top 100 der bestverkauften Künstler: bis 1.000.000 US-Dollar, über 1.000.000 US-Dollar werden im absoluten Hochpreissegment erzielt.*
> *(Thurnhofer 2014, S. 30)*

PREISBILDUNG IM PRIMÄRMARKT

Zu Beginn seiner Karriere ist der Künstler selbst für den Preis seiner Kunstwerke verantwortlich. Dabei orientiert er sich meist an einer Formel, wie sie an deutschen *Akademien* im Bereich der Malerei angewandt wird, wonach sich der Preis eines Kunstwerkes aus der Größe und einem zu definierenden Faktor ergibt: (Höhe + Breite) x Faktor = Preis des Kunstwerkes. Zunächst ist es der Künstler als Student oder Absolvent an der Akademie selbst, der den Faktor bestimmt. In der Regel wählen Kunststudenten bei Abschluss an einer Hochschule oder Akademie einen Faktor zwischen 10 und 13. Durchaus üblich und international angewandt werden auch zwei weitere Formeln: Die Fläche eines Kunstwerks wird mit einem bestimmten Dollarbetrag multipliziert (Höhe + Breite) x Dollarbetrag = Preis. Alternativ kann auch nach Stundensatz und Anzahl der Arbeitsstunden abgerechnet werden (Stundensatz x Anzahl der Stunden = Preis des Kunstwerkes). Wichtig ist für die Künstler, dass ihre Art der Preisberechnung immer eingehalten wird und konsistent ist.

Sobald ein Künstler von einer Galerie unter Vertrag genommen wird, hebt der Galerist in der Regel den Faktor an und der Preis für seine Werke steigt. Hier hat der Künstler noch Einfluss auf die Preisbestimmung – im weiteren Verlauf des Marktes nicht mehr. In dieser Phase kann zwischen den Herstellungskosten und dem Preis noch eine Verbindung bestehen; steigt die künstlerische Bewertung, stehen die Herstellungskosten nur noch in marginalem Zusammenhang zum Preis.

Der Künstler wird nun auf Galerieausstellungen und möglicherweise Kunstmessen gezeigt. Wird ein Kunstwerk oder Künstler in diesem Zusammenhang durch die Bewertung eines Presseorgans in die Wahrnehmung des Marktes gerückt, bedeutet dies schon zu diesem Zeitpunkt eine Chance auf Preissteigerungen.

Bei jungen Künstlern setzen Galerien oftmals das Preissystem der Akademien fort und erhöhen je nach künstlerischer Entwicklung des Künstlers den Faktor. Dabei beeinflussen nun zwei weitere Größen den Preis: die Werbungskosten der Galerie und die Erwartungen des Marktes auf die Preisentwicklung.

Einige Künstler haben dagegen sofort bei Markteintritt einen hohen Preis verlangt, zum Beispiel Jeff Koons, einer der bekanntesten Vertreter der Pop Art. Er hat im boomenden Kunstmarkt der 1980er-Jahre Höchstpreise für seine Werke angesetzt, sich als bereits etabliert verkauft und dadurch große Aufmerksamkeit erzeugt. (Hollein 1999, S. 83–84)

Die kunstwissenschaftliche Anerkennung erfolgte erst hinterher. Offen bleibt, ob er auch ohne die hohen Einstiegspreise und die damit verbundene Aufmerksamkeit erfolgreich gewesen wäre. Denn hohe Preise steigern die Attraktivität des Künstlers und das »Verheißungspotenzial« der Kunst. (Ullrich 2000, S. 91)

Auch wenn Sammler Künstler im Atelier besuchen und Kunst direkt kaufen, gelten die offiziell festgelegten Preise mit Galerien oder anderen Vertriebsstellen, um den Preisstandard am Markt aufrechtzuerhalten.

Nicht alle Künstler, die von einer Galerie vertreten werden, können sich im Primärmarkt durchsetzen und schaffen damit ihren Weg vom Primär- zum Sekundärmarkt. Die Auswahl treffen Händler, Kunsthistoriker, Kritiker und Käufer.

Sie entscheiden nach wissenschaftlich-historischen Kriterien wie Komposition, Technik und Inhalt sowie Aspekten der Verkäuflichkeit wie Größe, Zustand und Signatur.

Ein Kunstwerk wird damit im Primärmarkt nach ästhetischen Aspekten bzw. Qualität und Handelswert bzw. Verkäuflichkeit bestimmt.

> **Ein Beispiel für die Faktorrechnung**
> *Ein Bild in der Größe von 80 cm x 40 cm (Höhe x Breite) ergibt die Formel: (80 + 40) x Faktor = Netto-Preis. Bei einem Faktor von 10 kostet das Kunstwerk mit (80 + 40) x 10 = 1.200 Euro netto.*

Qualität

Zu den bereits beschriebenen Qualitätsmerkmalen gehört nicht nur die Expertenmeinung, sondern auch die Anzahl der Teilnahmen an Ausstellungen sowie Auszeichnungen durch Kunstpreise.

Beherrscht ein Künstler dazu noch verschiedene Techniken, wird er klassischerweise höher bewertet. Zeichnet er sich durch Kontinuität und Langfristigkeit in seinem Werk aus, wird er qualitativ ebenfalls stärker eingeschätzt als ein Künstler, der kurzfristig bekannt wurde und noch kein umfangreiches Werk vorweisen kann.

Diese Aspekte sind allerdings durch die aktuellen Entwicklungen am Kunstmarkt, die junge Künstler ohne Ausstellungen oder Auszeichnungen haben Höchstpreise erzielen lassen, in der Praxis widerlegt worden. Beispielsweise der anonyme Street Artist Banksy oder auch der deutsche Künstler Neo Rauch (geb. 1960), der die größten Museumsausstellungen erst nach seinen Erfolgen im Kunstmarkt bekam.

Talent allein reicht hingegen nicht aus. Besonders wichtig ist im zeitgenössischen Kunstmarkt die Innovationsfähigkeit des Künstlers, die sich an der Neuartigkeit seines Werkes messen lässt.

Mit der Erfindung von etwas Neuem (Warhol – Siebdruck; Baselitz – Porträts auf dem Kopf; Gursky – Fotos; Banksy – Comic-Graffiti; KAWS – Spielzeugfiguren) kann sich der Künstler damit zum einen von seinen Kollegen abheben und zum anderen ein Wiedererkennungsmerkmal entwickeln, das zu seinem Markenzeichen wird.

Käufer und Sammler bevorzugen solche Markenzeichen, denn auch sie erhalten dadurch die Möglichkeit, sich von der Gesellschaft abzuheben und mit einem Statussymbol zu schmücken.

Mit Iris Hasler, ehemalige Kuratorin für Gegenwartskunst am Städel Museum in Frankfurt am Main und derzeit freie Kunsthistorikerin und Kuratorin, habe ich über Qualität in der Kunst gesprochen:

Nach welchen Kriterien wählen Sie Künstler für Ausstellungen und Kunstwerke für Ankäufe aus; wann hat ein Werk »Museumsqualität«?

Das lässt sich pauschal nicht sagen. Künstlerische Positionen können formal, thematisch und/oder inhaltlich passen, sie können eine Lücke in einer Sammlung(serzählung) schließen oder einen bestimmten Aspekt im Oeuvre eines Künstlers oder einer Künstlerin beleuchten. Gute Werke machen einem meistens mehrere »Angebote«, an denen man ansetzen kann. Letztlich ist es zu einem gewissen Teil immer auch eine persönliche Entscheidung.

Wie hängen für Sie Museen und der Kunstmarkt zusammen (wenn überhaupt)?

Museen sind Teil des Kunstmarktes, auch wenn sie viel langsamer als dieser agieren und eine andere Verantwortung haben, nämlich sammeln, bewahren, erforschen, ausstellen und vermitteln. Galerien, Auktionshäuser und Messen sind tolle Möglichkeiten, breit gefächert und oftmals frisch aus den Ateliers kommend die neuesten Entwicklungen zu verfolgen. Die seit einigen Jahren erfolgenden Preisentwicklungen machen es für Museen leider immer schwieriger, Werke zu kaufen.

Worauf sollten junge Sammler beim Kauf achten?

Wer Kunst kauft, sollte mit den Augen schauen und auch mit dem Herz entscheiden, anstatt mit den Ohren zu hören, was »in« ist oder »groß« wird. Und er bzw. sie sollte darauf achten, dass das Werk in einem guten Zustand ist und falls es eine Auflage gibt, wie hoch diese ist.

Was raten Sie neuen Interessierten und Einsteigern, die sich mit Kunst befassen möchten? Welche Möglichkeiten bieten Museen?

Viel Kunst ansehen – unvoreingenommen, aber trotzdem kritisch. Die Fördervereine oder Freundeskreise von Museen und Kunsthäusern bieten ihren Mitgliedern spezielle Programme wie Führungen, gemeinsame Ausstellungs- und Messebesuche sowie Kunstreisen, in so einer Gruppe Gleichgesinnter kann man sich gut austauschen und Neues kennenlernen. ■

Verkäuflichkeit

Neben der Qualität ist die Verkäuflichkeit ein entscheidendes Kriterium für die Preisbildung eines Werkes. Offenbar lassen sich Motive, die einer breiten Bevölkerungsgruppe zugänglich sind und den Zeitgeschmack treffen, leichter verkaufen als beispielsweise religiöse oder mythologische Darstellungen. Die Größe einer Arbeit spielt ebenfalls eine besondere Rolle. Ein überdurchschnittlich großes Kunstwerk kann ein Privatkäufer in der Regel nicht unterbringen. Installationen, Land Art und Performances sind daher zwar populär, für den Markt aber wenig attraktiv. Als Ersatz werden oft Skizzen angeboten, wie sie zum Beispiel der Verpackungskünstler Christo (1935 bis 2020) zu seinen Projekten verkaufte.

Traditionell hat auch das Material eines Kunstwerkes Einfluss auf den Preis. Besonders in den vergangenen Jahrhunderten war das deutlich zu spüren: War das Material kostspielig, war auch die Arbeit teurer. Ölgemälde waren teurer als Aquarelle und diese wiederum teurer als Grafiken.

In der zeitgenössischen Kunst wurde dieses Kriterium jedoch relativiert. In den 1990er-Jahren hat eine Arbeit von Joseph Beuys, die aus billigen Materialen wie Karton und Fett bestand, einen hohen Verkaufspreis erzielt.

Auswahlkriterium der Verkäuflichkeit
Dieses setzt sich zusammen aus Aspekten der Stilrichtung und der Motive, der Größe und Technik, der Seltenheit und Neuartigkeit des Werkes.

Im Jahr 2007 wiederum hat der mit Diamanten besetzte Totenschädel »For the Love of God« von Damien Hirst Aufmerksamkeit erregt, der mit einem Preis von rund 75 Millionen Euro als teuerstes Werk eines lebenden Künstlers angeboten wurde. Allein der Materialwert soll bei rund 20 Millionen Euro gelegen haben.

Generell lässt sich aber feststellen, dass Arbeiten, die aufgrund ihres Materials eher von kurzer Lebensdauer sind, geringere Chancen haben, einen hohen Preis zu erzielen, als solche, die 100 Jahre und mehr überdauern können. Aus diesem Grund sind Fotografien oder Drucke auch preislich niedriger angesiedelt als zum Beispiel Gemälde.

Der Seltenheitswert einer Arbeit ist ein weiteres entscheidendes Kriterium für die Verkäuflichkeit. Ölgemälde sind in der Regel einzigartig; Grafiken werden hingegen mehrfach produziert. Sie dürfen daher eine Auflage von 300 nicht übersteigen, sollen sie attraktiv für den Markt bleiben. Bildhauerarbeiten dagegen verlieren bereits bei mehr als 25 Stück pro Motiv ihren Seltenheitswert.

Je häufiger ein Künstler nun in Ausstellungen, in Galerien und auf Messen zu sehen ist, von Kritikern in der Presse beschrieben und auf Biennalen oder im Museum gezeigt wird, desto stärker steigt auch der Wert seines Werkes.

In dieser Phase kann es passieren, dass eine renommierte Spitzengalerie einen Künstler aus seiner Entdeckergalerie abwirbt. Dies erhöht die Chancen auf weitere Preissteigerungen, da eine Top-Galerie in der Regel über ein größeres Netzwerk und einen größeren Kundenstamm verfügt. Darüber hinaus wirkt allein der Name als Gütesiegel. So lässt sich beobachten, dass Künstler deutliche Preisanstiege verzeichnen, sobald sie bei der Top Galerie Gagosian unter Vertrag sind.

Albert Oehlen (geb. 1954) verzeichnete beispielsweise einen deutlichen Preisanstieg für seine Werke, nachdem er 2011 zu Gagosian ging und die Galerie für ihn einen Markt aufgebaut hat (Freeman 2020, Shaw 2019).

Auch bei dem amerikanischen Künstler Christopher Wool (geb. 1955) ließ sich ein Preisanstieg feststellen, nachdem er bei der Galerie Gagosian aufgenommen wurde.

Die Preise, die von Käufern gezahlt werden, gelten als Richtwert für nachfolgende Kunstwerke. Sobald ein Kunstwerk von der Galerie an einen Käufer weitergegeben wurde, hat der Künstler keinen Einfluss mehr auf den Wiederverkaufspreis. Händler im Sekundärmarkt haben daher die Möglichkeit, sie nach eigener Einschätzung weiter zu erhöhen. Dabei werden die tatsächlich gezahlten Preise im Handel nicht veröffentlicht.

Abb. 2.5 | Preisindex Christopher Wool

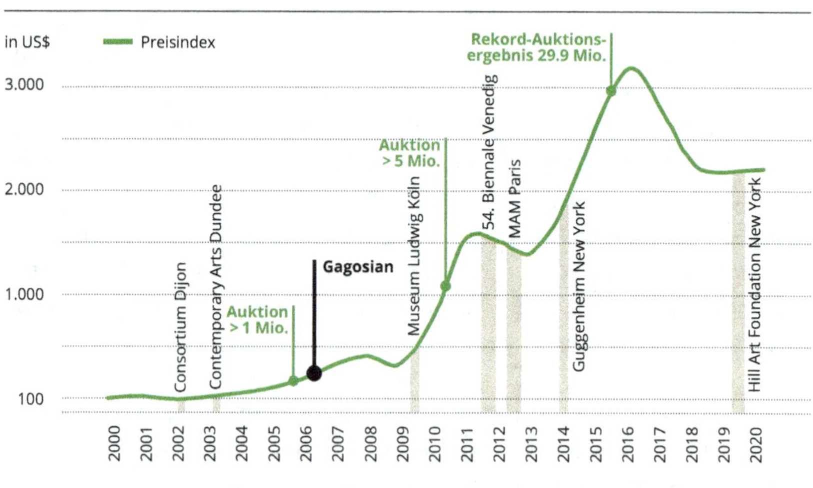

Quelle: © Artprice by Artmarket (2020), 20 Years of Contemporary Art Auction History, 2000 – 2020

PREISBILDUNG IM SEKUNDÄRMARKT

Hat sich ein Künstler einen Namen gemacht und wurden seine Arbeiten erfolgreich verkauft, wird seine Kunst in der Regel neben weiteren Galerien und Kunsthandlungen auch auf Auktionen angeboten. Auf diese Weise gelangt er dann in den Sekundärmarkt. Auch hier hat der Künstler jedoch keinen Einfluss mehr auf den Preis seiner Werke.

Der Schätzpreis für das angebotene Kunstwerk wird aus den Vorstellungen des Einlieferers (Privatsammler, Händler) und den Bewertungen der Auktionshausexperten ermittelt. Beide einigen sich auf einen Rufpreis oder ein Mindestgebot, das in der Regel die Hälfte des Schätzpreises darstellt. Zu diesem Preis eröffnet der Auktionator die Versteigerung eines Werkes.

Nicht veröffentlicht wird ein Limit, das meist zehn Prozent unter dem Schätzpreis liegt und einen geheimen Mindestpreis darstellt, unter dem der Verkäufer das Kunstwerk nicht verkaufen möchte.

Die Provision für den Verkäufer bei den Auktionshäusern Christie's, Sotheby's und Phillips beläuft sich auf zehn bis 25 Prozent des Hammerpreises, also der Preis, bei dem der Zuschlag für ein Objekt erteilt wird.

Für den Käufer bewegt sich die Provision in der Regel zwischen zehn und 35 Prozent des Hammerpreises, wobei im europäischen Durchschnitt 25 Prozent üblich sind.

Der erzielte und bekanntgegebene Preis bei Verkauf ist ein Nettopreis und enthält nicht das Käuferaufgeld und die gesetzliche Mehrwertsteuer sowie weitere Kosten wie Versicherung, Folgerecht und Transport. Mehr dazu lesen Sie in Kapitel 3.

Die Provenienz eines Bildes ist besonders für Auktionshäuser sehr wichtig. Das heißt, dass eine lückenlose Historie über Herkunft und Besitzer sowie Ausstellungen existieren muss, andernfalls kann die Echtheit infrage gestellt werden und die Verkaufschancen sinken.

Der Verkaufswert eines Bildes lässt sich noch steigern, wenn sich zu ihm eine interessante Geschichte (Pedigree) erzählen lässt, etwa zur Entstehung oder Wiederentdeckung eines Werks.

Zum Beispiel konnte das Auktionshaus Ketterer Kunst das Gemälde »Nadja« von Emil Nolde aus dem Jahr 1919 aufgrund seiner aufregenden Geschichte medienwirksam vermarkten: Das Bild war einst im Besitz von Ernst Rathenau in Berlin, überstand den Krieg im Banksafe, gelangte dann jedoch in die Hände von Dieben und wurde erst nach über dreißig Jahren auf einem Dachboden wiederentdeckt.

Bei der Auktion im Jahr 2006 konnte es dann seinen Schätzpreis von 1,2 bis 1,8 Millionen Euro auf einen Zuschlag von 2,15 Millionen Euro verdoppeln (Sachs 2007).

Hatte ein Kunstwerk einen besonderen Vorbesitzer – zum Beispiel aus dem Hochadel – macht es das ebenfalls sehr attraktiv.

Für den Kunstmarkt heute ist ebenfalls von großer Bedeutung, dass es sich um ein Original handelt.

Dies war in den vergangenen Jahrhunderten nicht der Fall. So verkauften sich im niederländischen Kunstmarkt des 17. Jahrhunderts Kopien oder Arbeiten aus den Werkstätten gleichermaßen gut wie die Einzelanfertigungen bekannter Maler (North 1992, S. 118).

Heute kann ein Kunstwerk komplett an Wert verlieren, sollte es sich als Fälschung herausstellen.

Dadurch hat die Marke des Künstlers bzw. der Künstlername mittlerweile stark an Bedeutung gewonnen. Für den Käufer bedeutet ein Originalerwerb, im Besitz eines Statussymbols zu sein, das ihm auch ein gewisses Prestige verleiht.

Laut Walter Benjamin (1892 bis 1940), Philosoph und Kulturkritiker, und seinem bekannten Aufsatz »Das Kunstwerk im Zeitalter seiner technischen Reproduzierbarkeit« bestimmt die Attraktivität eines Originals die Aura und Einzigartigkeit, die von einem solchen Werk ausgehen. (Benjamin 1963, S. 16–17)

Walter Benjamins Aufsatz »Das Kunstwerk im Zeitalter seiner technischen Reproduzierbarkeit«
Walter Benjamins »Das Kunstwerk im Zeitalter seiner technischen Reproduzierbarkeit« aus dem Jahr 1936 zählt zu den wichtigsten ästhetischen Texten des 20. Jahrhunderts. Der Aufsatz beschreibt, wie sich durch die modernen Medien wie Film, Fotografie und Kunstdruck der Charakter der Kunst verändert hat.

BEKANNTHEIT ALS PREISBILDENDER FAKTOR

Je bekannter ein Künstler ist, desto teurer sind seine Arbeiten. Dies gilt im Sekundärmarkt sowohl für Auktionshäuser als auch für Galerien und Kunsthandlungen im Primärmarkt. Die Bewertung eines Künstlers wird durch äußere Faktoren beeinflusst. Ist ein Künstler bereits renommiert, werden alle weiteren Werke ebenfalls höher bewertet – er erhält einen Vorschussbonus (Raab 1970). Noch stärker als im Konsumgütermarkt verlässt sich der Käufer hier demnach auf den Markennamen und die damit zu erwartende Qualität.

Experten vermögen in der Regel zwischen guten und schlechten Arbeiten eines Künstlers zu unterscheiden, das allgemeine Publikum verlässt sich jedoch lediglich auf den Namen. Im Umkehrschluss heißt das, dass ein Künstler im Grunde fast alles produzieren und verkaufen kann, sobald er bekannt ist. Ein gutes Beispiel hierfür ist das Werk von Andy Warhol. Seine Arbeiten wurden zum größten Teil nicht von ihm selbst erstellt, sondern von seinen Assistenten, doch sind sie zu Markenprodukten geworden und können somit zu Höchstpreisen verkauft werden (Nemeczek 2007, S. 13–14).

Darüber hinaus erzielen Arbeiten, die eine bekannte Persönlichkeit abbilden, ebenfalls oft einen höheren Preis. So wurden z. B. Andy Warhols Porträts von Prominenten zu wesentlich höheren Preisen verkauft als solche von öffentlich nicht bekannten Persönlichkeiten.

Eine bessere Aussicht auf höhere Preise haben ebenfalls Kunstwerke, die bereits in Katalogen und vor allem in der Presse abgebildet wurden. Durch Veröffentlichungen in den Medien werden sie einem breiten Publikum bekannt gemacht und gewinnen dadurch an Popularität. In den meisten Fällen werden solche Werke auch teurer. Ein schneller, globaler Multiplikator ist hierbei Social Media. Graffiti-Kunst von Banksy an öffentlichen Gebäuden oder Plätzen wurde so weltweit berühmt, was die Preise für seine Druckgrafiken hat enorm ansteigen lassen.

»We pay more for a work of art by an artist we respect, and we respect an artist we pay more for.« (Ackerman 2010, S. 52)

WER ÜBER DEN ERFOLG VON KÜNSTLERN ENTSCHEIDET

Der Kunstmarkt wird bestimmt von einer sehr kleinen Gruppe sogenannter Key-Player oder Opinion-Leader, die sich aus Personen aus dem Kreis der Galeristen, Museumsleute, Sammler und Kritiker zusammensetzt. Erachten diese einen bestimmten Künstler für gut, kann er sehr schnell Erfolg am Kunstmarkt haben. Dies hat die bereits erwähnte Studie von Magnus Resch und weiteren Autoren im Jahr 2018 belegt.

So lässt sich die Meinungsmacht ganz klar auf folgende Galerien und Museen zurückführen: New Yorks Museum of Modern Art (MoMA), das Guggenheim Museum, Gagosian Gallery, Pace Gallery, das Metropolitan Museum of Art, das Art Institute of Chicago und die National Gallery of Art in Washington, D.C. Alle international erfolgreichen Künstler bewegen sich innerhalb dieses Netzwerkes. (Fraiberger 2018)

Darüber hinaus gibt es zwei Arten von Opinion-Leadern: Einerseits solche, die versuchen, die Meinung von Insidern zu beeinflussen, und andererseits jene, welche die öffentliche Meinung über Medien und Museen zu steuern versuchen. (Klein 1993, S. 226–229)

Auch Wissenschaftler und Kritiker sind der Meinung, dass vor allem Galeristen über den Erfolg eines Künstlers entscheiden. Der Kunstkritiker Christian Herchenröder meint, dass die Galerie »eine unverzichtbare Säule der Weltkunstmärkte« darstellt. (Herchenröder 2000, S. 22) Der Kunsthistoriker Hans Belting geht sogar so weit zu sagen, dass die Marketingstrategien der einzelnen Galerien darüber entscheiden, wer und was später zur Kunstgeschichte gezählt wird. (Belting 2020, S. 26)

Durch gezielte Ankäufe und Förderung von Künstlern können auch Sammler den Kunstmarkt deutlich beeinflussen. Besonders amerikanische Sammler, die sich durch schnelle Entschlussfähigkeit zum Geschäftsabschluss auszeichnen.

Sobald sich mehrere Sammler für einen Künstler begeistern, kann dieser in den USA sehr schnell bekannt werden. Aber auch europäische Sammler bestimmen den Trend. Wegbereitend war in dieser Funktion der bereits erwähnte Charles Saatchi.

Der Weg eines Kunstwerkes vom Atelier zum Auktionsrekord am fiktiven Beispiel des Gemäldes »Blaue Blume«

Produktion im Atelier
Das Kunstwerk »Blaue Blume« ist im Atelier fertiggestellt worden. Ein Galerist hat den Künstler besucht und seine Werke begutachtet. Er hat verschiedene Werke für eine Ausstellung in seiner Galerie ausgewählt. Darunter ist das Werk »Blaue Blume«. Es wird zusammen mit anderen ausgewählten Werken abgeholt.

Eintritt Primärmarkt

1. Station: Galerieausstellung

Mit der Präsentation auf der Verkaufsausstellung der Galerie betritt es die erste Station des Kunstmarktes – den Primärhandel. Ein wichtiges Kennzeichen für den Primärmarkt ist, dass das Kunstwerk direkt aus dem Atelier des Künstlers stammt. Das Bild »Blaue Blume« wird von einem Kunden der Galerie gekauft. In nur wenigen Fällen geht es bereits im Primärmarkt direkt an Museen oder Institutionen, es sei denn, diese haben sich auf zeitgenössische Kunst spezialisiert.

2. Station: Privatbesitz

Unser Kunstwerk »Blaue Blume« befindet sich nun im Privatbesitz. Der Käufer behält das Werk einige Jahre. Für eine Ausstellung wird es von einem Kunstverein als Leihgabe ausgestellt.

3. Station: Erbe

Das Kunstwerk wird nach 10 Jahren an die Kinder der Käufer vererbt. Diesen gefällt das Bild nicht und sie möchten es verkaufen. Der Künstler hat sich international einen Namen gemacht und wird von mehreren Galerien vertreten. Die Besitzer können sich aussuchen, ob sie das Werk von einer der Galerien zurückkaufen lassen oder es über eine Auktion anbieten.

Übergang zum Sekundärmarkt

1. Station: Verkauf an internationale Galerie

Die Erben verkaufen das Werk an eine internationale Galerie. Das Bild befindet sich nun im Sekundärmarkt. Das wesentliche Merkmal dafür ist, dass das Bild nicht über den Künstler direkt kommt. Die internationale Galerie ist keine Künstlergalerie, sondern ein internationaler Händler (wird aber Galerie genannt).

2. Station: Verkauf an Privatkunden

Der Händler verkauft das Bild an einen privaten Käufer für einen deutlich höheren Preis als den Einkaufspreis. Das Bild befindet sich nun

*wieder im Privatbesitz. Der Künstler hat im Laufe der Jahre eine Einzel-
ausstellung in einem Museum, wofür das Bild ausgeliehen wird.*

3. Station: Auktion

*Nach einigen Jahren möchte der Besitzer seine Sammlung umstruk-
turieren. Die Bilder des Künstlers werden nun zu wesentlich höheren
Preisen angeboten. Die Bilder aus seiner Frühphase sind besonders begehrt. Der Besitzer hat das Bild von mehreren Sachverständigen schätzen lassen und möchte es darum auf einer Auktion anbieten. Er wählt
als Auktionsort New York, da dort die besten Preise für zeitgenössische
Kunst und diesen Künstler erzielt werden.*

*Das Bild wird im Vorfeld der Auktion ausgestellt und international be-
worben. Es erhält schon vorher mehrere Gebote.*

*Auch während der Auktion kommt es zu vielen Geboten am Telefon
und im Saal. Die Preise steigern sich in die Höhe. Das Bild erzielt einen
Rekordpreis und wird damit das bisher teuerste Werk dieses Künstlers.*

WEITERE WICHTIGE ASPEKTE FÜR DIE PREISBILDUNG

Entscheidend bei Auktionen ist auch der Ort der Versteigerung.
Nachweislich werden die höchsten Preise in New York und seit
einigen Jahren auch in Asien erzielt, da dort die kaufkräftigste und
entscheidungsfreudigste Käuferschaft zugegen ist. So hat Sotheby's
beispielsweise sechs von seinen Top 10 Auktionspreisen im Jahr 2020
in Hongkong erzielt, inklusive der drei teuersten. (M. L. Klein 2020)

Für die Preisbildung spielt im Kunstmarkt der Tod eines Künstlers eine große Rolle. Da sein Werk nun abgeschlossen ist und
nicht mehr fortgesetzt werden kann, entsteht eine Verknappung
am Markt, die meist einen kurzfristigen oder längerfristigen Preisanstieg zur Folge hat. Je jünger der Künstler starb, umso stärker
kann der Preisanstieg ausfallen. (Kräussl 2013)

Viele Arbeiten von verstorbenen Künstlern sind im Besitz von Museen und daher nicht verkäuflich. Taucht eines der Bilder aus den Museen am Markt auf, wird es mit Sicherheit einen hohen Preis erzielen.

Auch wenn eine Arbeit längere Zeit nicht am Markt angeboten wurde, ist sie sehr attraktiv, da sie das Kriterium der Marktfrische erfüllt. Ist eine Arbeit gerade verkauft worden und wird erneut angeboten, fällt der Preis wahrscheinlich sehr ungünstig aus oder die Arbeit wird gar nicht erst verkauft.

Selbstverständlich mindern auch restaurierte oder veränderte Arbeiten den Wert. So hatte der Las-Vegas-Milliardär und Kunstsammler Steve Wynn im Jahr 2006 vereinbart, sein Picasso-Gemälde »Le Rêve« für einen Rekordpreis von 139 Millionen US-Dollar an den Hedge-Fonds-Manager Steven Cohen zu verkaufen. Bei der Feier anlässlich des Verkaufs rammte Wynn seinen Ellbogen versehentlich in das Bild. Damit war der Verkauf vorerst geplatzt. (Zeitz 2007)

Wynn hatte langfristig allerdings Glück: Das Bild wurde für 90.000 US-Dollar restauriert und im Jahr 2013 für 155 Millionen US-Dollar an Cohen verkauft.

ALLES WISSENSWERTE RUND UM GATTUNGEN, EPOCHEN, STILE, GENRES UND TECHNIKEN

Im Folgenden geht es um die Frage, was Künstler – von damals bis heute – überhaupt produzieren, und welche Auswahl der Markt Ihnen bietet.

Seit der Zeit der Aufklärung (1715 bis 1789) versteht man unter Kunst vor allem die Ausdrucksformen der schönen Künste. Dazu zählen die **vier Kategorien** Bildende Kunst, Musik, Literatur und Darstellende Kunst.

Die Bildende Kunst kann wiederum nach den traditionellen Gattungen Malerei, Grafik und Skulptur und den neueren Kunstgattungen Fotografie, Video und digitale Kunst – die sich als Kunstform seit dem 21. Jahrhundert herausgebildet haben – unterschieden werden.

Sämtliche Kunstwerke können vor allem zeitlich und räumlich zugeordnet werden (*Epoche*) und hinsichtlich ihrer Formensprache (*Stil*) oder in Bezug auf das Thema oder Motiv des Werkes (*Genre*) kategorisiert werden. Die Begriffe Gattungen, Epoche, Stile und Genre sind nicht einfach auseinanderzuhalten und werden auch durchaus untereinander vermischt.

Um sich in der Fülle des Angebots zurechtzufinden, werden im Kunstmarkt alle Werke vor allem hinsichtlich ihrer zeitlichen Entstehung oder technischen Umsetzung kategorisiert.

Hinzu kommen noch weitere Bereiche wie Möbel, Silber, Porzellan, Teppiche usw., die unter dem Sammelbegriff »Kunsthandwerk« gebündelt werden. Diese werden wiederum zeitlich nach Epochen unterteilt.

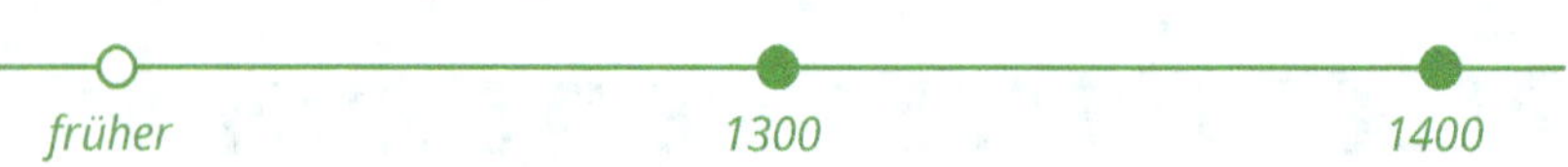

STILEPOCHEN UND KLASSISCHE AUSDRUCKSFORMEN

Bis auf ganz frühe Werke kann der Kunstmarkt fast die gesamte Kunstgeschichte abdecken. Unterschieden wird zwischen folgenden Teilmärkten:

- Alte Meister (ca. 1300 bis 1800)
- 19. Jahrhundert (ca. 1800 bis 1880)
- Klassische Moderne (1880 bis 1945)
- Zeitgenössische Kunst inklusive digitaler Kunst (1945 bis heute)

Diese Bereiche können weiter nach einzelnen Epochen unterschieden werden, die oftmals auch Sammelgebiete darstellen.

Welche Kunstepochen und Kunststile gibt es?

Die Kunstepochen beziehen sich nicht nur auf eine bestimmte zeitliche Periode, sondern lassen sich auch meist bestimmten Ausdrucksformen zuordnen, den sogenannten Kunststilen. Beispielsweise ist mit Expressionismus nicht nur eine bestimmte Epoche, sondern auch ein bestimmter Stil gemeint. Künstler können oftmals mehreren Epochen oder Stilen zugeordnet werden.

Alte Meister

Zum Teilmarkt »Alte Meister« (1300 bis 1800) gehören folgende einzelne Stilrichtungen:

Gotik (ca. 12. bis 16. Jahrhundert)
- *Bekanntestes Gesamtkunstwerk aus Architektur, Plastik und (Glas-)Malerei ist die Kathedrale*
- *Einzelne Werke, die am Markt gehandelt werden, schufen beispielsweise*

folgende Künstler: Hieronymus van Aken Bosch (circa 1450 bis 1516), Francesco Giotto di Bondone (1266 bis 1337)

Renaissance (um 1420 in Florenz bis ca. 1520)
- *Wiederbelebung der griechischen und römischen Antike*
- *Optimierung der menschlichen Fähigkeiten (Humanismus)*
- *Bekannte Künstler: Leonardo da Vinci (1452 bis 1519), Michelangelo (1475 bis 1564), Tiziano Vecellio (1485 bis 1576), Sandro Botticelli (circa 1445 bis 1510), Donatello (circa 1386 bis 1466))*

Manierismus (ca. 1520 bis ca. 1600, in Italien teilweise noch später)
- *Späte Phase der Renaissance und Übergang zum Barock*
- *Herleitung des Begriffs »maniera di Michelangelo«, den Schriftsteller Giorgio Vasari (1511 bis 1574) verwendete, um den Stil des Spätwerkes Michelangelos zu beschreiben*
- *Bekannte Künstler: Michelangelo (1475 bis 1564), Domenikos El Greco (1541 bis 1614), Il Tintoretto (1518 bis 1594)*

Barock (Ende des 16. Jahrhunderts bis gegen 1760)
- *Zeichnet sich durch prachtvolle Gestaltung mit vielen dekorativen Elementen, Reichtum an Materialien und großformatigen Staatsporträts aus*
- *Bekannteste Künstler und Klassiker im Teilmarkt »Alte Meister«: Rembrandt van Rijn (1606 bis 1669), Peter Paul Rubens (1577 bis 1640), Michelangelo Merisi il Caravaggio (1570/71 bis 1610), Johannes Vermeer (1632 bis 1675)*

Rokoko (ca. 1725 bis 1780)
- *Späte Form des Barocks, typische Eigenschaften sind verspielte und üppige Verzierungen in der Architektur von Kirchen und Schlössern sowie bei kleineren Kunstobjekten wie zum Beispiel Porzellan*
- *Bekannte Künstler von Zeichnungen und Gemälden: Jean-Antoine Watteau (1684 bis 1721), Thomas Gainsborough (1727 bis 1788)*

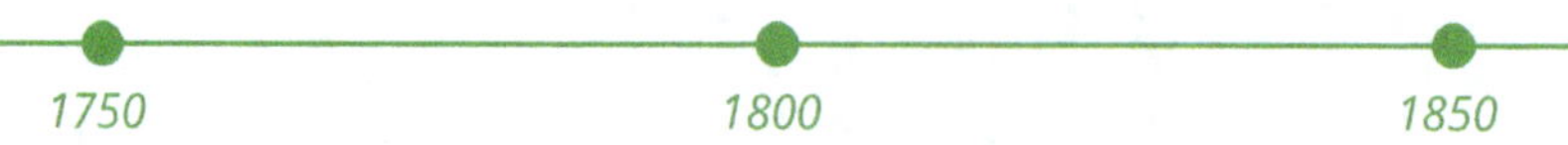

Klassizismus (ca. 1770 bis 1840)

- *Orientierung an der Antike, Betonung auf klaren Linien, einfachen Formen und strengen Strukturen*
- *Bekannte Künstler: Bildhauer Johann Gottfried Schadow (1764 bis 1850) und die Malerin Maria Anna Angelica Kauffmann (1741 bis 1807)*

19. Jahrhundert

Der Teilmarkt des 19. Jahrhunderts (ca. 1800–1880) ist vor allem mit Werken aus der Romantik, des Realismus oder Naturalismus gekennzeichnet:

Romantik (ca. Ende 18. bis Mitte 19. Jahrhundert)

- *Charakteristisch sind die Betonung der Affekte, die romantische Verklärung der Vergangenheit und der Natur*
- *Bekannte Künstler: Eugène Delacroix (1798 bis 1863), Caspar David Friedrich (1774 bis 1840), William Turner (1775 bis 1851)*

Realismus oder auch Naturalismus (ca. Mitte 19. Jahrhunderts bis ca. 1925)

- *Zeichnet sich durch eine genaue und ungeschönte Darstellung der Natur oder des zeitgenössischen Lebens aus*
- *Bekannte Künstler: Gustave Courbet (1819 bis 1877), Adolph Menzel (1815 bis 1905); Amerikanischer Realismus: Edward Hopper (1882 bis 1967*

Klassische Moderne

Die Klassische Moderne als ein Bereich des Kunstmarktes wird in der Regel zeitlich von 1880 bis 1945 eingeordnet. Zur Moderne werden viele verschiedene Stilrichtungen hinzugerechnet, darunter beispielsweise: Impressionismus, Pointilismus, Symbolismus, Jugendstil, Expressionismus, Fauvismus, Kubismus, Futurismus, Dadaismus, Surrealismus, Purismus, Konstruktivismus, Neoplasti-

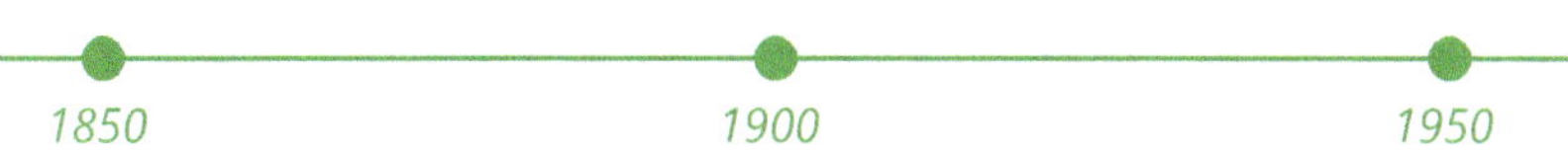

zismus, Art Déco, Bauhaus, Neue Sachlichkeit, Abstrakter Expressionismus, Informel, Art Brut, Funktionalismus und Naive Kunst. Bekannte Künstlergruppen der Klassischen Moderne sind die in München gegründeten »Blaue Reiter« und die in Dresden ins Leben gerufene »Brücke«-Vereinigung.

Impressionismus (ca. zweite Hälfte 19. Jahrhunderts bis ca. Ende 19. Jahrhundert)

- *Verfolgt das Festhalten von einzelnen Momenten; charakteristisch sind kurze, grobe Pinselstriche und miteinander verschmelzende Farben*
- *Bekannte Künstler: Claude Monet (1840 bis 1926), Eduard Manet (1832 bis 1883), Pierre-Auguste Renoir (1841 bis 1919*

Symbolismus (ca. Ende 19. Jahrhundert bis ca. 1920)

- *Besonderheit sind der Einsatz von Symbolen und Metaphern zur Vermittlung von bestimmten Botschaften*
- *Bekannter Künstler: Odilon Redon (1840 bis 1916)*

Jugendstil (ca. Ende 19. Jahrhunderts bis Anfang 20. Jahrhunderts)

- *Erkennbar an floralen ornamentalen Abstraktionen, dekorativen fließenden Linien sowie geometrischen Formen (international »Art Nouveau«)*
- *Bekannte Künstler: Franz von Stuck (1863 bis 1928), Gustav Klimt (1862 bis 1918)*

Expressionismus (ca. Ende 19. Jahrhundert bis ca. 1914)

- *Künstler verfolgen den unmittelbaren Ausdruck ihrer inneren Gefühle, Expressionismus als »Kunst des gesteigerten Ausdrucks«*
- *Bekanntestes Werk: »Der Schrei« von Edvard Munch aus dem Jahr 1890*
- *Bekannte Künstler: Wassily Kandinsky (1866 bis 1944), Henri Matisse (1869 bis 1954), Emil Nolde (1867 bis 1956), Franz Marc (1880 bis 1916), Erich Heckel (1883 bis 1970), August Macke (1887 bis 1914), Ernst Ludwig Kirchner (1880 bis 1938)*

Kubismus (ca. 1906 in Frankreich bis ca. 1914)

- *Künstlerische Reduzierung eines Objektes auf geometrische Figuren, wie Kugel, Kegel oder Pyramiden*
- *Bekannte Künstler: Pablo Picasso (1881 bis 1973), Georges Braque (1882 bis 1963) und Juan Gris (1887 bis 1927)*

Futurismus (ab 1909 in Italien, teilweise bis 1945)

- *Auseinandersetzung mit neuen Technologien und städtischer Modernität*
- *Bekannte Künstler: Umberto Boccioni (1982 bis 1916) und Carlo Carrà (1881 bis 1966))*

Dadaismus (1916 bis ca. 1920)

- *Protestiert gegen den ersten Weltkrieg, wendet sich gegen die etablierte Kunst und sucht nach neuen Ausdrucksformen, beispielsweise Fotomontagen und Collagen mit Zeitungsausschnitten und Alltagsgegenständen*
- *Gründung der Bewegung im Jahr 1916 von einer Gruppe von Künstlern, die sich in der Schweiz im Exil befanden*
- *Bekannte Künstler: Kurt Schwitters (1887 bis 1948), Hans Arp (1886 bis 1966), Sophie Taeuber-Arp (1889 bis 1943) und Marcel Duchamp (1887 bis 1968)*

Surrealismus (ca. 1920 bis ca. 1930)

- *Charakteristisch sind die Darstellung des Traumhaften und des Unterbewussten*
- *Bekannte Künstler: Max Ernst (1891 bis 1976), Salvador Dalí (1904 bis 1989), René Magritte (1898 bis 1967)*

Neue Sachlichkeit (ca. 1925 bis Mitte der 1960er-Jahre)

- *Darstellung von sozialkritischen Themen, realistische Malweise mithilfe traditioneller Techniken*
- *Bekannte Künstler: Otto Dix (1891 bis 1969), George Grosz (1893 bis 1959), Max Beckmann (1884 bis 1950)*

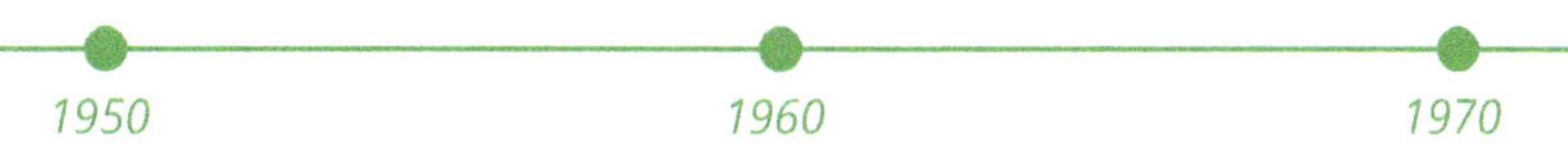

Zeitgenössische Kunst

Der letzte und aktuelle Bereich im Kunstmarkt ist die zeitgenössische Kunst (von 1945 bis heute), die meist von noch lebenden Künstlern stammt. In dieser Periode, deren Beginn auch mit der Postmoderne gekennzeichnet wird, haben sich unter anderen folgende Richtungen herausgebildet:

Abstrakter Expressionismus (späte 1940er- bis frühe 1960er-Jahre)

- *Sammelbegriff für die abstrakten Stile der amerikanischen und europäischen Nachkriegskunst*
- *Charakteristisch ist das gestische Auftragen der Farbe in großen auffälligen Rhythmen, sichtbaren Pinselstrichen und Farb-/Tropfspuren (»gestische Abstraktion«)*
- *Bekannte Künstler: Jackson Pollock (1912 bis 1956), Mark Rothko (1903 bis 1970), Willem de Kooning (1904 bis 1997), Helen Frankenthaler (1928 bis 2011)*

Tachismus/Informel (1950 bis 1965)

- *Europäische Variante zum amerikanischen Expressionismus, vor allem abstrakte Malerei*
- *Bekannte Künstler: Ernst Wilhelm Nay (1902 bis 1968), Karl Otto Götz (1914 bis 2017) oder Hans Hartung (1904 bis 1989)*

Op Art (1955 bis 1970)

- *Abstrakte Kunstrichtung, die geometrische Farbflächen als Ausdrucksmittel*
- *Bekannte Künstler: Victor Vasarely (1906 bis 1996), Bridget Riley (geb. 1931), Barnett Newman (1905 bis 1970) oder Frank Stella (geb. 1936)*

Nouveau Réalisme (1960 bis 1975)

- *Vorreiter der Pop Art, Einbezug von Alltagsgegenständen in Kunstwerken*
- *Bekannte Künstler: Yves Klein (1928 bis 1962), Robert Rauschenberg (1925 bis 2008*

1960   1970   1980

Pop Art (Mitte der 1950er-Jahre gleichzeitig in Großbritannien und USA bis Ende der 1960er-Jahre)

- *Stellt Verbindung von Kunst und Alltag, insbesondere Konsumgütern, her*
- *Ausdruck vor allem über plakative, illustrative Malerei*
- *Kunst sollte für jeden zugänglich gemacht werden*
- *Bekannte Künstler: Andy Warhol (1928 bis 1987), Roy Lichtenstein (1923 bis 1997), Keith Haring (1958 bis 1990)*

Minimal Art (1965 bis 1980)

- *Typisch ist der starke künstlerische Ausdruck mit möglichst wenigen und vor allem in der Form reduzierten Mitteln*
- *Bekannte Künstler: Dan Flavin (1933 bis 1996), Sol LeWitt (1928 bis 2007), Donald Judd (1928 bis 1994)*

Konzeptkunst (1970 bis 1980)

- *Konzentration auf die Idee, die über ein Kunstwerk ausgedrückt werden soll*
- *Kunstwerk gilt nur als Träger und ist bedeutungslos*
- *Bekannte Künstler: Joseph Beuys (1921 bis 1986), Daniel Buren (geb. 1938), Hanne Darboven (1941 bis 2009)*

Neoexpressionismus (ab 1980 bis 1989)

- *Wiederbelebung der figurativen Malerei*
- *Gegenzug zum Abstrakten Expressionismus*
- *Ursprung in Deutschland, unter anderem mit der Künstlergruppe »Junge Wilde« in Berlin*
- *Zeichnet sich durch eine figürliche Malerei von expressiver Farbigkeit aus, welche häufig in gestischer, spontaner Malart angefertigt wurde*
- *Bekannte Künstler: Georg Baselitz (geb. 1938), Gerhard Richter, Markus Lüpertz (geb. 1941), Albert Oehlen (geb. 1954), A. R. Penck (1938 bis 2017), Julian Schnabel (geb. 1951), Anselm Kiefer (geb. 1945), Francesco Clemente (geb. 1952)*

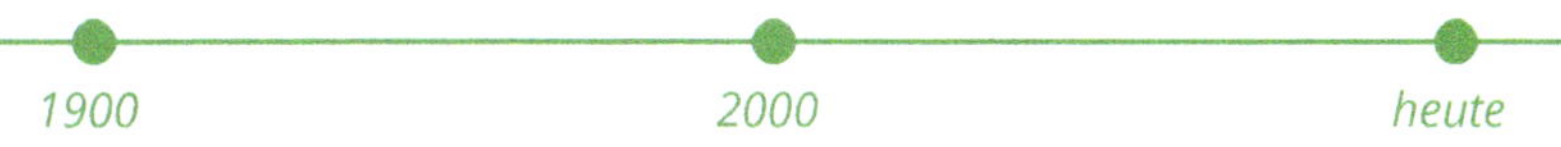

Im Folgenden finden Sie aktuelle und wichtige Kategorien, die im Kunstmarkt gehandelt werden und die Sie kennen sollten. Welche Strömungen in der Kunstgeschichte Bestand haben werden, wird die Zukunft zeigen:

Fotokunst (seit den frühen 1900er-Jahren bis heute)

- *Die Geburt der Modernen Fotografie läutete einen bedeutenden ästhetischen Wandel in der fotografischen Produktion ein und veränderte auch die Art und Weise, wie Fotografie produziert, genutzt und geschätzt wurde. Die Moderne Fotografie umfasst die Entwicklung des Mediums von den frühen 1900er- bis zu den 1960er-Jahren. Zu ihr gehören Alfred Stieglitz, Man Ray, August Sander. Bei der zeitgenössischen Fotografie sind Cindy Sherman, Bernd und Hilla Becher, Andreas Gursky und Thomas Ruff zu nennen. Bei der Fotografie ist für Sie wichtig zu beachten, dass es erst seit den 1970er-Jahren üblich wurde, Buch über die Limitierung zu führen. Daher sollten Sie sich bei einem etwaigen Kauf auf »Vintage Prints« konzentrieren, die vom Fotografen selbst unter Aufsicht ungefähr zur selben Zeit angefertigt wurden, als das Negativ entstand, und nicht auf Abzüge, die später gemacht wurden, sogenannte »Printed later« oder »Estate Prints« oder »Posthumous Prints«.*

Street und Graffiti Art (seit 1967 bis heute)

- *Als »Street Art« (auch »urbane Kunst«) gilt Kunst, die an öffentlichen Orten geschaffen und gezeigt wird. Meistens werden große Freiflächen – wie Hauswände – mit ausdrucksstarken Farben bemalt. Wenn Künstler Sprühdosen verwenden, spricht man von Graffiti-Kunst. Street Art an öffentlichen Wänden wird als »Wandmalerei« bezeichnet.*
- *Die Ursprünge der Straßenkunst reichen bis in die 1920er-Jahre zurück. Zu dieser Zeit wurden in Mexiko zum ersten Mal politische Botschaften auf öffentliche Wände gemalt. In Europa sind erste Graffiti-Kunstwerke in Paris aus den 1930er-Jahren bekannt. In den 1960er-Jahren entwickelte sich die Straßenkunst zunehmend in der Bronx von New York. Die Absicht von Street Art ist es,*

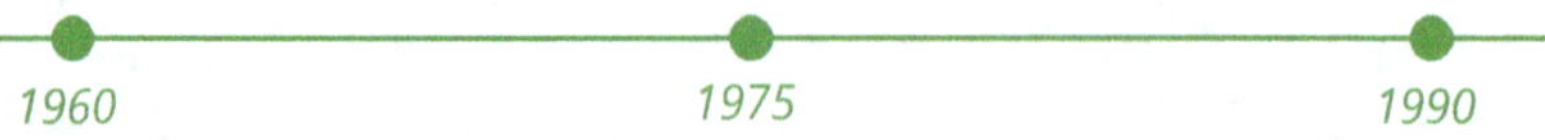

Kunst, die zum Nachdenken anregt, für jeden kostenlos bereitzustellen. Waren es früher noch Graffiti- und Streetart-Magazine, die für eine Verbreitung der Kunst im öffentlichen Raum sorgten und zumeist nur das Szene-Klientel bedienten, so zeigt sich in den letzten Jahren mit Aufkommen des Internets eine exponentielle Verbreitung der Kunstform besonders in den sozialen Medien.

- *Bekannte Künstler: Keith Haring (1958 bis 1990), Jean-Michel Basquiat (1960 bis 1988), Banksy (geb. vermutlich 1973 oder 1974)*

Videokunst (seit den frühen 1960er-Jahren bis heute)

- *Videos wurden in den frühen 1960er-Jahren zu einem neuen Ausdrucksmedium für Künstler, als Sony zum ersten Mal ein preisgünstiges Gerät für den Endverbraucher herstellte*
- *Bekannte Künstler: Nam June Paik (1932 bis 2006), Bruce Nauman (geb. 1941), John Baldessari (1931 bis 2020)*

Digitale Kunst (seit den 1980er-Jahren)

- *Digitale Kunst (auch »Computerkunst« oder »neue Medienkunst«) ist eine allgemeine Bezeichnung für Werke, die mit digitaler Technologie, zumeist mithilfe eines Computers, geschaffen wurden. Daher werden die Begriffe Digitale Kunst und Computerkunst häufig sinnverwandt verwendet.*
- *Digitale Kunst ist eine Richtung der Medienkunst. Sie umfasst dabei nicht nur mit dem Computer hergestellte Kunstwerke, sondern auch Arbeiten, die sich insbesondere mit dem Internet auseinandersetzen, dieses zugleich als Material und Forum nutzen und darum als Netzkunst (engl.: Net Art) zu bezeichnen sind.*
- *Während sich die Computerkunst bereits in den 1980er-Jahren ausbildete, setzte die Entwicklung der Netzkunst ab den 1990er-Jahren ein. In den 2000er-Jahren wurde die multimediale Kunst mit Computergrafik und Bildbearbeitungsprogrammen weiterentwickelt.*
- *Digitale Kunst setzt sich mit Medien und ihren Grenzen auseinander, Netzkunst nutzt darüber hinaus das Internet als Kommunikationsmittel und reflektiert die Auswirkungen dieses Mediums auf die Gesellschaft.*

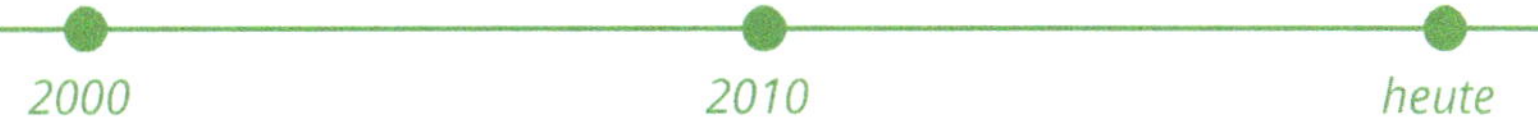

- *Die digitale Kunst befindet sich in einem dauerhaften Wandel, da sich die Technologie ständig weiterentwickelt und verändert.*
- *Wichtige Künstler: Agnes Hegedüs (geb. 1964), Maciej Wisniewski (geb. 1959), Dirk Paesmans (geb. 1965), Joan Heemskerk (geb. 1968)*

Kryptokunst (seit Mitte der 2010er-Jahre)
- *Jene Kunst, die mit der Blockchain-Technologie in Verbindung steht, wird Kryptokunst genannt. Sie entstand Mitte der 2010er-Jahre im Anschluss an die Entwicklung von Blockchain-Netzwerken wie Bitcoin und Ethereum. Sie wurde schnell populär, da die zugrunde liegende Technologie es ermöglicht, dass zunächst rein digitale Kunstwerke von jedem Anbieter auf dezentrale Weise verkauft und von jedem Interessenten gekauft und gesammelt werden können.*
- *Bekannte Künstler und -studios sind: Beeple (Mike Winkelmann, geb. 1981), Larva Labs (Matt Hall, John Watkinson), Yuga Labs Pak (anonymer Künstler oder Künstlergruppe), Mad Dog Jones (Michah Dowbak, geb. 1985)*

Extra: Unterschied zwischen figurativer und abstrakter Kunst
Um herauszufinden, was Ihnen gefällt, ist dies eine wichtige Frage. Dabei handelt es sich bei figurativer Kunst um eine Richtung in der zeitgenössischen bildenden Kunst, in denen Personen, Lebewesen oder Gegenstände konkret dargestellt werden – auch gegenständliche Kunst genannt. Im Unterschied dazu wird Kunst, die lediglich Flächen, Linien und Farben verwendet, um ihre Wirkung zu erzielen, abstrakte oder nicht-gegenständliche Kunst genannt. Dies wird als Sammelbegriff für alle Kunstrichtungen verwendet, die seit 1900 ihren Schwerpunkt in der abstrakten Malerei haben, wie der Kubismus, der Expressionismus usw.

GENRES IN DER MALEREI

Der Begriff »Genre« hat zwei Bedeutungen: Zum einen bezeichnet er die Art oder Kategorie eines Gemäldes, zum anderen den Inhalt oder das Thema eines bestimmten Bildes. Der Begriff geht auf das 17. Jahrhundert zurück.

Beginnen wir also dort: Die Methode, Gemälde nach Typen zu klassifizieren, wurde im Gefolge der italienischen Renaissance zu Beginn des 16. Jahrhunderts von den großen europäischen Akademien eingeführt. Sie wurde erstmals 1669 von dem Kunsttheoretiker Andre Felibien (1619 bis 1695), Sekretär der französischen Akademie, vorgestellt.

In diesem Sinne wurde der Begriff Genre bis ins frühe 19. Jahrhundert verwendet, und die Hierarchie sieht aus wie folgt:

- Historienmalerei
- Porträts
- Genremalerei
- Landschaften
- Tiermalerei
- Stillleben

Diese Rangfolge repräsentiert die Vorstellung der italienischen Renaissance vom Menschen als Maß aller Dinge.

Die **Historienmalerei** war die ranghöchste Kategorie, da sie sich mit wichtigen historischen, allegorischen, mythologischen und religiösen Ereignissen befasste und Geschichten über Menschen erzählte.

Die Landschafts-, Tier- und Stilllebenmalerei wiederum rangierte an letzter Stelle, da sie keine menschlichen Motive enthielt.

Darüber hinaus spiegelte die akademische Rangfolge auch den Ausstellungswert wider.

Die Historienmalerei war vom Format her das größte und am besten für die öffentliche Ausstellung geeignete Genre, gefolgt von Porträts, Genrebildern und Landschaften, während Stillleben typischerweise die kleinsten waren und nur für den häuslichen Gebrauch produziert wurden.

Während ein Künstler für ein Stillleben nicht auf die gesamte Bandbreite seiner erlernten Fähigkeiten zurückgreifen musste, stellte die Historienmalerei den Höhepunkt aller im Akademiesystem erlernten Fähigkeiten dar, wie zum Beispiel Bewegungsabläufe einzufangen.

Die **Porträtmalerei** war die zweithöchste Gattung in der akademischen Hierarchie. Sie umfasste vor allem das Malen von heroischen Personen, privaten Porträts und Selbstporträts. Die Studenten durchliefen einen strengen Lehrgang, um diese Fertigkeit und das Spiel von Licht und Schatten zu beherrschen.

Im Gegensatz zur Historienmalerei bezog sich die **Genremalerei** auf Szenen, die das alltägliche Leben darstellen und meist Innenszenen zeigen. In einem Genrebild ist meist eine Person (oder auch mehrere) zu sehen, die einer bestimmten Tätigkeit nachgeht.

Die **Landschaftsmalerei** kommt an vierter Stelle. Landschaften erforderten keine menschlichen Figuren und weniger technische Fähigkeiten als die ersten drei Gattungen. Dazu gehören auch Städte-, Seen- und Wasserpanoramen.

Irgendwann in der Blütezeit der akademischen Kunst wurden Pferdebilder sehr populär, und in der Folge musste ein neues Genre in die Hierarchie aufgenommen werden: die *Tierbilder*.

Stillleben wiederum zählen zu dem rangniedrigsten Genre. Dabei handelt es sich um die Darstellung von Gegenständen wie Blumen, Früchten und Lebensmitteln, aber auch einfach Kochutensilien und Besteck.

Stillleben sind meist kleinformatige Gemälde. Obwohl auch sie technisch einwandfrei ausgeführt sein mussten, erforderten sie das geringste Maß an Fachwissen, da alles in der Komposition unbelebt war. Daher konnten sich viele Menschen Stillleben leisten.

Bis zum Ende des 19. Jahrhunderts wurden Szenen des täglichen zeitgenössischen Lebens zur Norm.

WELCHE ART VON KUNST IHNEN ZUR WAHL STEHT

Kunst kann in vielen verschiedenen technischen Formen umgesetzt und hergestellt werden. Oft haben sich Künstler auf eine oder zwei Arten spezialisiert, manchmal arbeiten sie auch in vielen verschiedenen Gattungen. Die klassischen technischen Ausdrucksformen in der Kunst sind folgende:

- Malerei
- Druckgrafik
- Zeichnung
- Illustration
- Bildhauerei
- Fotografie
- Video
- Graffiti/Street Art

Dabei lässt sich die Malerei beispielsweise wiederum nach verschiedenen technischen Ausführungen unterteilen, wie Aquarell, Ölmalerei, Acrylmalerei. Künstler malen in der Regel auf Leinwänden, seltener auf Karton oder Holz.

In der **Druckgrafik** gibt es den Hochdruck, den Tiefdruck, den Flachdruck und den Siebdruck. Künstler drucken auf Papier. Der Hochdruck ist die älteste Form der Druckgrafik und wird vom Stempel abgeleitet. In Europa gibt es den Hochdruck in Form des Holzschnitts seit 1400. Gedruckt werden nur die hochliegenden Teile des Druckstocks.

Beim Tiefdruck ritzt (mit einer Stahlnadel), radiert (mit einer Radiernadel) oder ätzt (mit Säure) der Künstler Vertiefungen in polierte Metallplatten ein und trägt in diese Farbe auf. Überschüssige Farbe wird mit einem Stück Stoff oder der Hand weggewischt. Beim Druck passiert das Gegenteil zum Hochdruck: Es werden die tief gelegenen Teile oder Linien gedruckt und nicht die erhabenen Stellen. Das Druckerzeugnis wird auch **Radierung** genannt.

Der **Flachdruck** unterscheidet sich vom Hoch- und Tiefdruck grundlegend dadurch, dass die druckenden und die nicht druckenden Teile auf gleicher Höhe liegen.

Der **Siebdruck** arbeitet ebenfalls auf einer Ebene, die aus einem durchlässigen Material – meist Gaze, Seide, Perlon oder Nylon – gefertigt ist. Die nicht druckenden Stellen im Gewebe werden verklebt, sodass diese wie eine Schablone wirken (Durchdruck). Danach wird das Sieb, bestehend aus einem Holz- oder Metallrahmen samt der vorbereiteten Gaze, auf das zu bedruckende Papier gelegt und die Farbe auf dem Sieb mit einer Rakel verteilt. Überall, wo die Farbe auf offene Stellen trifft, geht sie auf das Papier durch, wo die Farbe auf eine geschlossene Stelle trifft, hingegen nicht.

Bei einer **Zeichnung** erwartet Sie in der Regel eine Arbeit auf einem leichten Medium wie Papier oder Karton. Künstler arbeiten hier mit Bleistift, Buntstift oder Kreiden. Zeichnungen werden in Schwarz-Weiß oder bunt hergestellt. Wie auch Druckgrafiken, sollte eine Zeichnung hinter Glas eingerahmt werden, um besser erhalten zu bleiben.

Als eine **Illustration** versteht sich eine bildhafte Erläuterung eines Textes. Sie unterscheidet sich damit von der Zeichnung, die alleinstehend funktioniert. Sie wurde traditionell in der Buchmalerei verwendet und zur Erläuterung von wissenschaftlichen Inhalten eingesetzt. Später wurde sie von der Fotografie abgelöst. Moderne Illustratoren arbeiten mit Bleistift und Buntstift auf Papier, aber auch digital am Computer. Sie können in der Regel daher Unikate oder auch Editionen erwerben.

Die **Bildhauerei** umfasst die Produktion von Skulpturen und Plastiken aus unterschiedlichen Materialien. Häufig verwenden Künstler lokale Steinsorten, Marmor oder Bronze, aber auch Holz, Ton und Elfenbein sind möglich. Bei einer Skulptur nimmt der Künstler das Material von außen weg; bei einer Plastik baut er es von innen nach außen auf. Unterschieden wird zwischen Freiplastiken – Werken, die frei im Raum stehen –, Kleinplastiken oder Reliefs, die aus glatten Wänden oder Körpern herausgearbeitet werden.

Die technische Weiterentwicklung mit digitaler Fotografie und Bildbearbeitungsprogrammen hat die künstlerischen Möglichkeiten in der **Fotografie** vergrößert. Existieren aus den Anfängen nur schwarz-weiße Motive, hat sich seit den 1970er-Jahren die künstlerische Farbfotografie etabliert. Künstler produzieren in der Regel eine Auflage und behalten einige Abzüge inklusive der Testabzüge für sich (gekennzeichnet mit A.P., was »Artist Proof« bedeutet).

Videokunst nutzt das Medium Film als künstlerisches Ausdrucksmittel und ist seit den 1960er-Jahren bekannt. Videokunst zu kaufen war bislang nur für Museen oder professionelle Sammler interessant. Dies hat sich nun mit den neuen technischen Möglichkeiten geändert. Dazu mehr im folgenden Kapitel zu digitaler Kunst.

Auch wenn **Street Art (Graffiti)** bislang nicht in den klassischen Gattungen aufgenommen ist, erlaube ich mir, es hier mit aufzuführen. Mit Street Art wird im weitesten Sinne Kunst im öffentlichen Raum beschrieben, bei der öffentliche Flächen bemalt werden, oftmals auch als Graffiti-Kunst bekannt. Mit dem Street-Art-Künstler Banksy, der mittlerweile zu den fünf umsatzstärksten Künstlern weltweit gehört, hat sich Street Art als Kunstform etabliert. Die moderne Form der Wandmalerei, auch »Murals« genannt, hat mit ihm weltweit stark an Beliebtheit gewonnen. Der Künstler selbst bildet Murals auch auf Leinwänden ab, um sie zu verkaufen. Mit Schablonen (»Stencils«) sprüht er viele seiner bekannten Motive auf Wände und Flächen. Diese Schablonengraffiti verkauft Banksy in Form von Druckgrafiken als Auflagenkunst (Editionen) für Endabnehmer.

Banksys Auktionsumsatz steigt stetig an – im ersten Halbjahr 2021 auf 123 Millionen US-Dollar. Seinen Erfolg hat er mit einprägsamen Street-Art-Motiven, aufsehenerregenden Aktionen und gutem Marketing erreicht – und ohne die Hilfe der sogenannten Mega-Galeristen wie Larry Gagosian oder David Zwirner, die oft entscheidend für internationale Karrieren am Kunstmarkt sind.

Die Vermarktung, der Verkauf und die Dokumentation von Banksys Werk wird von seinem Büro »Pest Control Office« organisiert, das es ihm erlaubt, selbstständig die Verbreitung seiner Werke zu kontrollieren. Banksys Street Art reiht sich schon jetzt kunsthistorisch in die Namen der großen Klassiker ein.

Wichtig für Ihre Kaufüberlegungen: Was sind Unikate im Unterschied zu Editionen?
Unikate sind Werke, die es nur ein einziges Mal gibt. Sie haben deshalb einen besonderen Seltenheitswert und in der Regel erzielen sie die höchsten Preise.
Druckgrafiken erscheinen meist in einer größeren Auflage, angefangen bei fünf bis 500. Sie werden signiert oder auch unsigniert vom Künstler in den Verkauf gegeben. Diese Druckgrafiken werden auch Editionen genannt. Je kleiner die Auflage, umso höher ist der Wert eines Blattes. Der Künstler behält hierbei immer einige Exemplare für sich, welche mit A.P. (Artist Proof) gekennzeichnet sind. Die Auflagenbezeichnung lautet dann zum Beispiel Edition von 20 + 2 A.P.

ALLES ÜBER DIGITALE KUNST, KRYPTOKUNST UND NFTS

Als weiterer Gattungsbegriff hat sich seit Ende der 1970er-Jahre die Medienkunst oder Computerkunst etabliert, die sich als mediale Kunstform eigenständig auf Grundlage digitaler Technik immer weiterentwickelt.

Diese beinhaltet nicht nur das Malen am Bildschirm für zweidimensionale Werke, sondern auch das Schaffen von dreidimensionalen Arbeiten mithilfe von elektronischen Technologien wie Licht, Ton oder Pixeln. Dabei können Künstler sowohl für zwei- als auch für dreidimensionale Werke bestehende Codes oder Algorithmen nutzen oder selbst programmieren, sodass sie einzelnes Bildmaterial oder sogar ein gesamtes Kunstwerk selbstständig generieren können. Traditionelle Techniken werden durch die neuen Möglichkeiten immer weiter optimiert und die Grenzen von Kunst neu definiert.

Käufer von digitaler Kunst können die Dateien auf ihren elektronischen Geräten (Handy, Computer, TV) hochladen und schwarze Bildschirme mit künstlerischem Leben füllen. Mittlerweile gibt es auch eigens für digitale Werke entwickelte Rahmen, die an die Wand angebracht werden.

Der zusätzliche Vorteil bei digitaler Kunst: Die Dateien können ohne großen Aufwand gewechselt werden, wohingegen die Wände mit physischen Werken schnell voll sind und auch nicht ohne Weiteres ausgetauscht werden können. Noch entscheidender: War die Datei eines digitalen Werkes potenziell beliebig reproduzierbar, wird sie durch die Technik der NFT-Zertifizierung in ein Unikat verwandelt.

Digitale Kunst erfährt daher über die neue Technologie schon eine völlig neue Aufwertung – ganz unabhängig von der Marktentwicklung, die abzuwarten ist. Aber was verbirgt sich überhaupt hinter NFTs? Sie sind kurz gesagt digitale Eigentums-Token, die auf der Blockchain hinterlegt sind. Dazu sollten Sie vorab wissen, was Token sind und in welchem Zusammenhang NFTs zur Blockchain stehen.

> *Hinweis:*
> *Bei allen Begriffen haben sich bislang noch keine Standards herausgebildet. Oft werden die Bezeichnungen im alltäglichen Sprachgebrauch vermischt. Die folgenden Erläuterungen basieren auf dem aktuellen Stand, der jedoch einem ständigen Wandel obliegt – so wie sich auch die Technologie fortwährend weiterentwickelt.*

Was sind Token?

Ein Token ist eine Wertmarke, die einen Vermögenswert oder eine Funktion digital abbildet. Ein Token kann fungible (austauschbar) oder non-fungible (nicht austauschbar) sein. Nicht austauschbare Token (NFTs) sind unverwechselbare, einzigartige Vermögenswerte. Dies unterscheidet sie von Kryptowährungen wie Bitcoin, die zahlreich vorhanden und austauschbar sind, wie es auch bei Bargeld der Fall ist. Ein Token basiert auf einem Datensatz mit einer eindeutigen ID.

Was ist eine Kryptowährung?

Eine Kryptowährung ist digitales Geld. Eine Gruppe von Programmierern und Kryptografen überlegte Anfang der 1990er-Jahre, wie die Privatsphäre im digitalen Raum geschützt werden könne. 2008 stellte eine Person oder Gruppe unter dem Pseudonym Satoshi Nakamoto die Idee einer Kryptowährung vor, die sie Bitcoin nannte. Die erste Transaktion mit Bitcoins wurde 2009 durchgeführt. Der Algorithmus zur Erzeugung von neuen Bitcoins ist so angelegt, dass es nie mehr als 21 Millionen Bitcoins geben wird. Dies schützt im Unterschied zum herkömmlichen Geld vor Inflation. Inzwischen gibt es über 3.000 Kryptowährungen. Weitere bekannte Kryptowährungen sind Ether, Ripple und Litecoin. Wichtigster Vorteil von Kryptowährungen ist ihre Unabhängigkeit von Finanzinstituten, denn Transaktionen werden direkt zwischen Käufer und Verkäufer durchgeführt.

Was ist eine Blockchain?

Die Blockchain ist eine dezentrale, öffentliche Datenbank, die transparent und sicher Informationen speichert und überträgt.

Entwickelt wurde sie 1991 von Stuart Haber und W. Scott Stornetta. Die Blockchain funktioniert auf Grundlage von vernetzten Computern, die alle eine vollständige Kopie der Blockchain besitzen.

Diese setzt sich aus mehreren Informationsblöcken (blocks) zusammen, die wie Glieder einer Kette (chain) aneinandergereiht sind (Blockchain). Sobald ein neuer Block mit Informationen (Transaktionen, Eigentumsurkunden, Unterschriften, Verträge) hinzukommt, erhalten alle Computer diese Daten, die dann angeglichen und bestätigt werden.

Sollte jemand einen Block mit mangelnden Daten einspeichern wollen, müssten alle anderen Computer dies bestätigen. Da dies so gut wie ausgeschlossen ist, ist die Blockchain eine besonders sichere Form der Datenspeicherung. Diese Technik macht es fast unmöglich, Transaktionen zu fälschen.

Die Blockchain dient seit Jahren dem Umlauf von Kryptowährungen, vor allem Bitcoin. Sie vereinfacht den Kauf und Verkauf, ermöglicht schnelle, direkte und unaufwendige Transaktionen und bietet gleichzeitig eine zuverlässige Nachweis- und Authentizitätskette. Mit dem Beginn von Bitcoin im Jahr 2009 wurde die Blockchain breiter in der Öffentlichkeit bekannt. Die zweite Blockchain »Ethereum« startete im Jahr 2015 und führte die »Smart Contracts« ein, die nicht nur Token-Transaktionen auf einer Blockchain speichern kann, sondern sämtliche Bedingungen der Vereinbarung zwischen Käufer und Verkäufer. Damit entstand die zweite Generation der Blockchain.

Was ist ein Hashwert?

Der Hashwert ist vergleichbar mit einem elektronischen Fingerabdruck. Er ist einzigartig und gehört zur Identifizierung des jeweiligen Blocks. Jeder Block enthält den Hashwert des vorherigen Blocks. So entsteht eine Kette (Blockchain).

Was ist ein Marketplace?

Zum Kauf oder Verkauf von NFTs wird der Zugang zu einer NFT-Plattform benötigt. Diese sogenannten Marketplaces sind

Onlinehandelspätze, die meist auf der Blockchain Ethereum basieren, zum Beispiel Nifty Gateway, SuperRare oder OpenSea. Viele der Marketplaces stehen allen Verkäufern und Käufern offen, zu einigen muss man eingeladen werden. Zum aktiven Zugang wird ein digitales Portemonnaie, ein sogenanntes Wallet, mit Kryptowährung benötigt.

Der Vorgang, das NFT eines Kunstwerkes zu erstellen, heißt Minting (Prägung) und kostet Gebühren, die dann aus dem Wallet in Kryptowährung bezahlt werden. Als Zertifikat können Unikate als auch Serien erstellt werden, die dann auf dem Marketplace angeboten werden.

Was sind NFTs?

NFT steht für »Non-Fungible Token« (nicht austauschbare Wertmarke) und ist die Blockchain-Authentifizierung eines einzigartigen oder limitierten Kunstwerkes.

Das NFT kann sowohl als Vermögenswert als auch als Echtheitsnachweis für jede digitale Datei gelten. Denn im Gegensatz zum digitalen Kunstwerk selbst, das durchaus kopiert werden kann, sind NFTs nicht veränderbar und können weder gefälscht noch dupliziert werden.

Dafür sind NFTs mit einer Blockchain über einen Token verbunden. Dieser Token repräsentiert das digitale Kunstwerk und ist das NFT, das gekauft und verkauft werden kann. Das NFT ist nicht das Kunstwerk selbst (diese werden in der Regel außerhalb der Blockchain gespeichert), sondern eine unveränderliche und nicht kopierbare Besitzurkunde. Im Gegensatz zu zahlreichen Kryptowährungen sind sie nicht austauschbar, da sie sich auf einen einzigartigen Inhalt beziehen.

Aber nicht nur für digitale Kunst, sondern auch für jede Art von analoger Kunst wie beispielsweise klassische Meisterwerke kann ein NFT erstellt werden, das auf einer Blockchain gespeichert wird. Sie fungieren somit als Verbriefung von digitaler und analoger Kunst.

Was sind Smart Contracts?

Um ein NFT zu erschaffen, werden sogenannte Smart Contracts erstellt und auf der Blockchain hinterlegt. Ein Smart Contract basiert auf Computerprotokollen, die die individuellen Bedingungen der Vereinbarung zwischen Verkäufer und Käufer in Codezeilen und den »Creator« und »Owner« des NFT festlegt. Somit handelt es sich um eine Art digitalen Vertrag, der auf der Blockchain-Technologie basiert. Ferner wird dem Token noch eine ID zugewiesen. Der auf diese Weise erzeugte Token ist anschließend der »non-fungible Token« – der Datensatz, der in die Blockchain geschrieben wird.

Was sind FNFTs?

Wenn für analoge Werke NFTs geschaffen werden und diese in der Folge in einzelnen digitalen Teilen zum Verkauf angeboten werden, spricht man von fraktionalisierten NFTs (FNFTs). Mit ihnen kann das Eigentum eines Meisterwerkes geteilt werden, ohne das Gemälde selbst in Stücke zerlegen zu müssen. Interessierte können somit Miteigentümer an Klassikern mit Einstiegssummen in der unteren bis mittleren Preisklasse werden. Hierfür entwickeln sich ebenfalls eigene Handelsplattformen (mehr dazu in Kapitel 4).

Kauft man also ein NFT – einen Non-Fungiblen Token –, erwirbt man damit ein Zertifikat oder eine Verbriefung, welche das Werk (beispielsweise ein physisches Bild in digitaler Form, ein GIF oder eine Videodatei) repräsentiert. Damit sichert man sich nicht nur die Eigentümerschaft, sondern auch die Originalität des erworbenen Objekts.

Nach dem Kauf speichert die Datenbank (Blockchain) nicht nur den Datensatz, sondern erstellt eine einzigartige, ausschließlich diesem Datensatz zugehörige Signatur (Hashwert), die ebenfalls dort hinterlegt wird. Nur eine Person kann sie in ihrer Wallet (virtuelle Geldbörse für Kryptowährungen) besitzen, weswegen mögliche Duplikate sofort identifizierbar wären.

Entscheidend ist, dass im Gegensatz zur traditionellen Kunstwelt die Herkunft aller NFT-Käufe öffentlich, unveränderbar und in der Blockchain einsehbar ist.

Digitale Kunst mit dazugehörigen NFTs kann man auf vielen verschiedenen Marketplaces wie OpenSea, Mintable oder SuperRare kaufen. Dazu benötigt man in der Regel eine Kryptowährung. Für NFTs ist dies meist die Währung Ethereum (ETH).

Für Sammler sind NFTs daher eine weitere Möglichkeit, Werke zu erwerben und zu handeln, die historisch bedeutsam sind oder werden können.

Digitalkünstler oder Performancekünstler können mit ihnen den Wert ihrer Arbeit steigern, weil sie ihre Werke weltweit und direkt – ohne Dritte – anbieten können und die über die Zertifizierung wertvoller geworden sind. Außerdem können sie zum ersten Mal an jedem potenziellen Weiterverkauf ihrer Kunstwerke partizipieren: Der Künstler erhält einen bestimmten Prozentsatz des Verkaufspreises.

Der Vertrieb über Drittanbieter wie Galerien wird damit für Kunst, die sich NFTs bedient, überflüssig – es sei denn, diese steigen selbst ins Geschäft ein: Eine der größten Galerien weltweit, die Pace Gallery in New York, hat eine eigene Plattform für NFTs, Pace Verso, lanciert. Auch international etablierte Künstler wie Damien Hirst und Jeff Koons haben bereits NFTs herausgegeben.

Auktionsrekord mit einem NFT

Am 11. März 2021 hat Christie's als erstes großes Auktionshaus ein NFT für den sensationellen Preis von 69,3 Millionen US-Dollar mit Aufgeld an den 32-jährigen südasiatischen Tech-Unternehmer Vignesh Sundaresan – auch bekannt unter dem Namen MetaKovan – versteigert.

Das digitale Kunstwerk »Everydays: The First 5000 Days« ist eine aus 5000 Einzelbildern zusammengesetzte Collage. Das Besondere: Der Urheber Beeple, bürgerlich Mike Winkelmann (geb. 1981), hat sein Werk mit einem einzigartigen Code eindeutig identifizierbar und dadurch fälschungssicher gemacht. Dieses NFT wurde versteigert und ist eines der teuersten Werke eines lebenden Künstlers, das jemals bei einer Auktion verkauft wurde. 91 Prozent der Bieter auf der Auktion waren Neukunden bei Christie's. Beeple reiht sich in die Klassiker ein – und das ohne den üblichen Weg über Galerie und Ausstellungen.

Aber nicht nur Beeples Werke, sondern auch die »CryptoPunks«, eines der ältesten NFT-Projekte, haben neben PAK Rekordpreise erzielt. Die Sammlung »CryptoPunks« besteht aus 10.000 einzigartigen Sammelfiguren und wurde 2017 von zwei Softwareentwicklern des Studios »Larva Labs« als Experiment entwickelt. Ebenso ist der Bored Ape Yacht Club eine Sammlung von 10.000 einzigartigen Bored Ape NFTs – einzigartige digitale Sammlerstücke, die auf der Ethereum-Blockchain leben.

Der Erfolg von Sotheby's und Christie's bei der Erzielung von Rekordpreisen für NFTs hat dazu geführt, dass die Auktionshäuser sie in das Premiumsegment des Kunstmarktes eingeordnet haben. Ob dies so bleibt, wird der Markt zeigen.

NFTs eröffnen Museen neue Möglichkeiten der Finanzierung

Nicht nur der Handel und die Auktionshäuser haben NFTs für sich entdeckt. Museen wie das St. Petersburger Eremitage-Museum, das British Museum und die Uffizien in Florenz haben bereits NFTs von Meisterwerken ihrer Sammlungen verkauft, um Gelder für ihre Häuser einzunehmen. Sie helfen dabei, die Finanzierungsmöglichkeiten von Museen zu vergrößern. Eine neue Art des Sponsorings und der Finanzierung tut sich auf.

Vor allem mit der Zertifizierung und Fraktionalisierung durch NFTs wird Kunst erschwinglicher für eine größere Zahl von Kunstliebhabern. Es gibt nunmehr die Möglichkeit, dass jeder Miteigentümer eines klassischen Meisterwerkes werden kann.

Technisch ist die Erfindung von NFTs und besonders der Blockchain daher ein kunsthistorischer Meilenstein – besonders für digitale Kunst. Ob physische Unikate dadurch noch exklusiver und damit auch teurer werden, wird die weitere Entwicklung zeigen.

WAS SIE AUS DIESEM KAPITEL MITNEHMEN

Der Kunstmarkt ist ein internationaler, aber kleiner Markt, wobei der globale Umsatz nur geschätzt werden kann. Die USA sind mit 40 Prozent Anteil am Gesamtumsatz der größte Handelsplatz für Kunst. China bildet den größten Wachstumsmarkt, wobei Hongkong die größte Rolle für chinesische Käufer spielt. Die Preisgestaltung auf dem Kunstmarkt hängt von vielen Faktoren ab: u. a. von der Qualität, der Verkäuflichkeit, dem Seltenheitswert eines Werkes, dem Bekanntheitsgrad des Künstlers, dem Ort der Versteigerung und der Marktsituation.

Zunächst befindet sich ein Werk im Primärmarkt, bevor es in den Sekundärmarkt eintritt, wo es sehr wahrscheinlich durch den nun höheren Bekanntheitsgrad auch einen höheren Preis erzielt.
Das Netzwerk spielt beim internationalen Erfolg eines Künstlers – und damit auch bei der Preissteigerung seiner Werke – ebenfalls eine entscheidende Rolle. Das heißt, werden seine Kunstwerke in renommierten Museen und Galerien (allen voran in New York) ausgestellt, garantiert dies zumeist seinen Erfolg.

Die Kunstmarktteilnehmer werden in drei Gruppen unterteilt:

1. Kunstproduzenten
2. klassische und neue Anbieter und
3. Endabnehmer

Die erste Gruppe bildet dabei die Basis, denn ohne Künstler gäbe es keine Werke, die auf dem Kunstmarkt verkauft werden könnten. Die Hauptakteure für den Eintritt eines Künstlers in den Markt sind die Galerien. Sie bestimmen den Primärmarkt, wählen Künstler u. a. anhand ihres Galerieprogramms, der Verkäuflichkeit der Werke und der Persönlichkeit des Künstlers aus und verhelfen ihm zu einer Marktpräsenz. Kunsthandlungen sind dem Sekundärmarkt zuzuordnen, sie haben bei Auktionen die Rolle des Vermittlers inne. Die wichtigsten Zwischenanbieter im Sekundärmarkt sind Kunstmessen und Auktionen, die hohe Umsätze erzielen. Zu den Endnachfragern gehören Privatkäufer, Unternehmen, Museen und staatliche Institutionen.

Seit der Corona-Pandemie finden Verkäufe vermehrt online statt.

Mit der Entwicklung der Blockchain hat zudem ein neues Kapitel im Kunstmarkt begonnen. Sie bietet die Möglichkeit, digitale Kunst, Meisterwerke und deren Fraktionalisierung zu verbriefen und zu handeln.

Digitale Kunst, die bislang leicht kopierbar war, wird durch Non-Fungible Token (NFT) einzigartig und handelbar. Durch die Zertifizierung wird sie zu einem Unikat aufgewertet und kann theoretisch in die Preiskategorie erstklassiger Meisterwerke aufsteigen.

Auch jedes physisch erschaffene Kunstwerk kann durch Fraktionalisierung in seinen Anteilen digital handelbar gemacht werden.

Die Nutzung der Blockchain für die Tokenisierung von Kunstwerken ist daher das eigentlich Neue – sie revolutioniert den Kunstmarkt. Dank der neuen Technologie gibt es zahllose neue Möglichkeiten, Kunst einem breiteren Publikum zugänglich zu machen.

Der Verkauf von NFTs ist für jeden Künstler und jeden Käufer zugänglich. Die Preise und Transaktionen sind einsehbar und transparent. Der Vorteil für die Künstler: Sie partizipieren an jedem Weiterverkauf und der Wertsteigerung ihrer Werke.

QUELLEN

Ackerman, Martin. 2010. *Smart money and art, investing in fine art. New York: Barrytown.*

Belting, Hans. 2020. *Das Ende der Kunstgeschichte. München: C.H. Beck.*

Benjamin, Walter. 1963. *Das Kunstwerk im Zeitalter seiner technischen Reproduzierbarkeit. Drei Studien zur Kunstsoziologie. Frankfurt: Suhrkamp.*

Boll, Dirk. 2020. *Was ist diesmal anders? Wirtschaftskrisen und die neuen Kunstmärkte. Berlin: Hatje Cantz.*

Buhr, Elke. 2021. *monopol-magazin.de. Begegnung war und ist das Fundament des Kunstmarktes. 4. Mai 2021. Zugriff am 5. Mai 2021. https://www.monopol-magazin.de/begegnung-war-und-ist-das-fundament-des-kunstmarktes.*

Darktaxa-project. 2021. *noPublication. Köln: König.*

Dege, Stefan. 2019. *Superreiche kapern den Kunstmarkt: Warum zu viel Geld die Kunst kaputt macht. 14. Februar 2019. Zugriff am 27. Juli 2021. https://www.dw.com/de/superreiche-kapern-den-kunstmarkt-warum-zu-viel-geld-die-kunst-kaputt-macht/a-47523836.*

dzbank.de. 2021. *DZ Bank Kunstsammlung wird Stiftung. 15. April. Zugriff am 24. Mai 2021. https://www.dzbank.de/content/dzbank_de/de/home/unser_profil/presse/news-archiv/2021.2021.15-04-2021-dz-bankkunstsammlungwirdstiftung.html.*

Ehrmann, Thierry. 2020. *20 Years of Contemporary Art Auction History. Lyon: Artprice.*

Ehrmann, Thierry. 2020. *The art market in 2019. Lyon: Artprice.*

Fraiberger, Samuel P. et al. 2018. *Quantifying reputation and success in art. Science Magazine 10.1126.*

Fricke, Christiane. 2021. *handelsblatt.com. Nach dem Lockdown droht der Knockdown. 15. April 2021. Zugriff am 17. Mai 2021. https://www.handelsblatt.com/arts_und_style/kunstmarkt/galerien-in-deutschland-nach-dem-lockdown-droht-der-knockdown/27100696.html.*

González, Thomas. 2000. *Kunst als Investitionsgut. In Kunst-Investment. Die Kunst, mit Kunst Geld zu verdienen, von Thomas González und Robert Weis, S. 21–25. Wiesbaden: Gabler.*

Haring, Keith. 1982. Zitiert nach: Osgood, Charles. Profile of Keith Haring, CBS Evening News, 20. Oktober. Zugriff am 27. Juli 2021. https://www.youtube.com/watch?v=W04j0Je01wQ.

Hauser, Arnold. 1988. Soziologie der Kunst. München: C.H. Beck.

Herchenröder, Christian. 2000. Kunstmärkte im Wandel. München: Wirtschaft und Finanzen.

Herchenröder, Christian. 2020. Auktionshäuser sind die Gewinner in der Krise. handelsblatt.com. 12. Dezember. Zugriff am 18. Mai 2021. https://www.handelsblatt.com/arts_und_style/kunstmarkt/rueckblick-auf-den-kunst-markt-2020-auktionshaeuser-sind-die-gewinner-in-der-krise/26727448.html?-ticket=ST-6124016-kBFLDM9mozqX3ThFtgGF-ap4.

Hollein, Max. 1999. Zeitgenössische Kunst und der Kunstmarktboom. Wien: Böhlau.

Holtmann, Heinz. 1999. Keine Angst vor Kunst. Moderne Kunst erkennen, sammeln und bewahren. München: Econ.

Jantschek, Thorsten. 2021. Da geht noch was. Christie's Chef über Kunstmarkt und Corona. Dirk Boll im Gespräch mit Thorsten Jantschek. Deutschlandfunk Kultur, Deutschlandradio. TACHELES Beitrag vom 12. Juni. Zugriff am 27. Juli 2021. https://www.deutschlandfunkkultur.de/christie-s-chef-ueber-kunstmarkt-und-corona-da-geht-noch-was.990.de.html?dram:article_id=490542.

Karasek, Christina. 2004. Künstler machen? Aspekte des Kunstmarktes. Berlin: VWF.

Ketterer, Robert. 2020. Digitalisierung ist viel mehr als nur online gehen. The European, 7. Dezember. Zugriff am 30. Juli 2021. https://www.theeuropean.de/robert-ketterer/digitalisierung-ist-viel-mehr-als-nur-online-gehen/.

Klein, Michael L. 2020. sothebys.com. 25. September. Zugriff am 25. Mai 2021. https://www.sothebys.com/en/articles/key-data-trends-from-art-auctions-during-the-pandemic.

Klein, Ulrike. 1993. Der Kunstmarkt. Zur Interaktion von Ästhetik und Ökonomie. Frankfurt am Main: Peter Lang GmbH.

Knobel, Stefan. 2020. artmagazine.cc. 5. Juni. Zugriff am 5. Mai 2021. https://www.artmagazine.cc/content112123.html.

Kräussl, Roman. 2013. The Death Effect? Not So Fast. In: Art + Auction, Juni 2013, S. 154–155.

McAndrew, Clare. 2021. The Art Market. An Art Basel & UBS Report. Basel.

McAndrew, Clare. 2021. A Mid-Year Review 2021. An Art Basel & UBS Report. Basel.

McAndrew, Clare. 2022. The Art Market. An Art Basel & UBS Report. Basel.

McAndrew, Clare. 2023. The Art Market. An Art Basel & UBS Report, Basel.

Nemeczek, Alfred. 2007. Markenartikler der Avantgarde. Kunstzeitung, Nr. 126, Februar. S. 13–14.

North, Michael. 1992. Kunst und Kommerz im Goldenen Zeitalter. Zur Sozialgeschichte der niederländischen Malerei des 17. Jahrhunderts. Köln: Böhlau.

Raab, Erich. 1970. Malername und Bildurteil. In Studien zur Wertungsforschung. Psychologie Ästhetischer Urteile, von Harald Kaufmann, S. 34–73. Graz: Universal Edition.

Read, Robert. 2021. Hiscox online art trade report 2021. Part one. London, Hiscox and ArwtTactic.

Ressler, Otto Hans. 2001. Der Markt der Kunst. Wien: Böhlau.

Schiefer, Silke. 1998. Funktionen von Kunstintermediären. Köln: Univ.-Diss.

Schreiber, Susanne. 2021. Neue Chancen für den reduzierten Mehrwertsteuersatz. handelsblatt.com. 20. Mai. Zugriff am 29. Mai 2021. https://www.handelsblatt.com/arts_und_style/kunstmarkt/kunstmarkt-im-eu-recht-neue-chancen-fuer-den-reduzierten-mehrwertsteuersatz/27206912.html.

Späth, Sebastian. 2020. Die Galerie Zwirner wird ein Medienunternehmen. wiwo.de. 11. Januar. Zugriff am 13. Mai 2021. https://www.wiwo.de/finanzen/geldanlage/deutschlands-kunstdynastie-die-galerie-zwirner-wird-ein-medienunternehmen/25423398.html.

Taylor, Paul. 1987. Andy Warhol's Final Interview. Flash Art magazine, April. Zugriff 27. Juli 2021. https://warholstars.org/andy-warhol-last-interview-2.html.

Thurnhofer, Hubert. 2014. Die Kunstmarkt Formel. Books on Demand.

Ullrich, Wolfgang. 2000. Mit dem Rücken zur Kunst. Die neuen Statussymbole der Macht. Berlin: Wagenbach.

Wöbken, Hergen. 2020. Galerienstudie. Berlin: Insitut für Strategieentwicklung (IFSE) in Kooperation mit dem Bundesverband Deutscher Galerien und Kunsthändler (BVDG).

Zeitz, Lisa. 2007. Die Sozialisierung der Sammler. FAZ, 12. Juni: S. K 5.

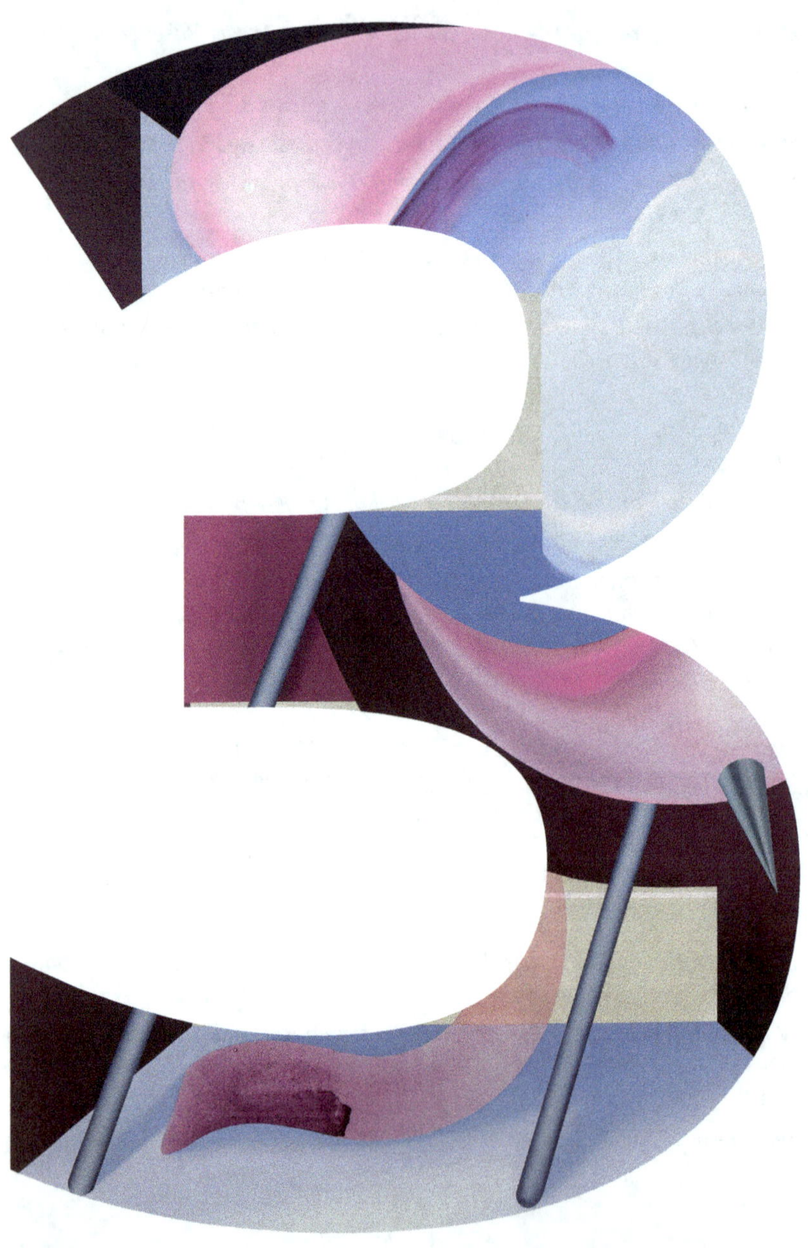

KUNST KLUG KAUFEN – MIT DER RPR ART® METHODE

IN DIESEM KAPITEL ERFAHREN SIE

- warum es so schwierig ist, allgemeingültige Kriterien für gute Kunst zu definieren
- was Ihnen hilft, Qualität bei Kunst und Künstlern zu erkennen
- wie Sie lernen, Preise einzuschätzen und auf Auktionen richtig vorzugehen
- wie Sie in sieben Schritten Kunst klug kaufen
- wie die neuen technischen Möglichkeiten Sie dabei unterstützen

Foto links: Anna Nero, All is fair in Love and War (Detail), 2021

© Springer Fachmedien Wiesbaden GmbH, ein Teil von Springer Nature 2023
R. Polleit Riechert, *Kunst kaufen*, https://doi.org/10.1007/978-3-658-40935-7_3

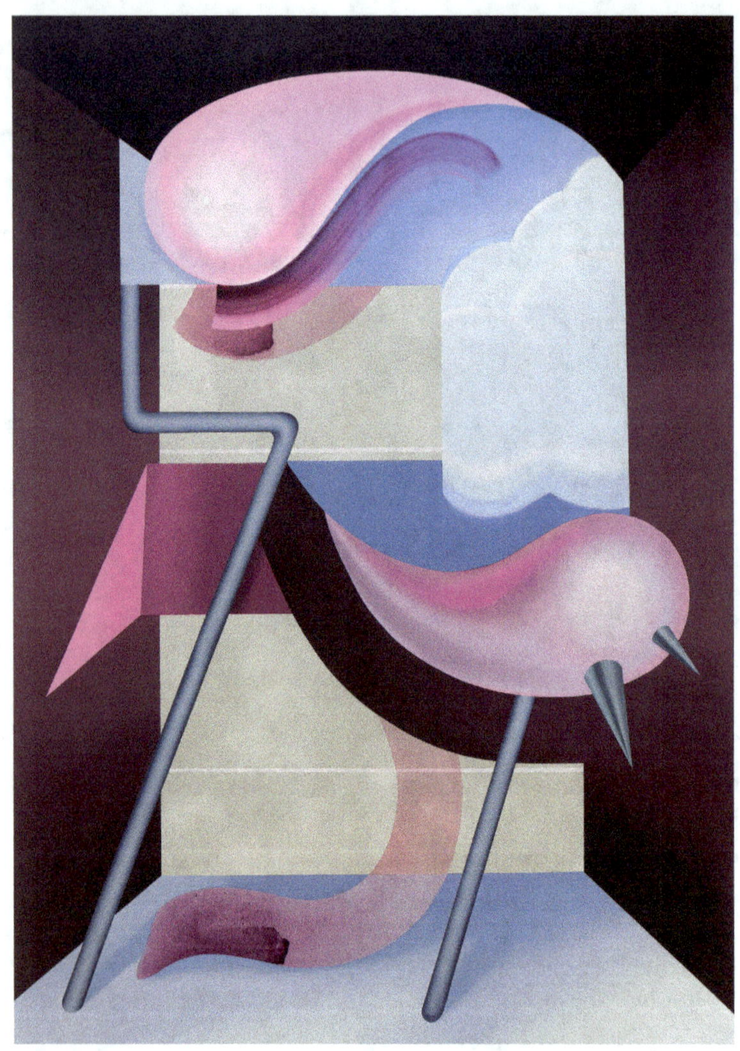

Anna Nero, All is fair in Love and War, 2021, 180 x 130 cm, Öl und Acryl auf Leinwand. Foto: Alexander Neroslavsky, mit freundlicher Genehmigung Feldbusch Wiesner Rudolph, Berlin

ART IS FOR EVERYBODY.
Keith Haring

WARUM EINE STRATEGIE BEIM KUNSTKAUF SINNVOLL IST

Seit vielen Jahren beschäftige ich mich mit dem strategischen Kauf von Kunst: Mein Interesse wurde geweckt, als ich während meines Kunstgeschichte-Studiums beim Auktionshaus Christie's arbeitete. Ich bekam eine andere Sicht auf die Kunst und ihren Markt – und lernte die Preise kennen.

Ich war zum einen von Auktionsrekorden beeindruckt, aber auf der anderen Seite auch überrascht, dass es viele Werke bekannter Künstler gab, die erschwinglich waren. Eine völlig neue Welt mit aufregenden und ungeahnten Möglichkeiten tat sich für mich auf.

Es gab tatsächlich auch beeindruckende Kunst für einen geringeren Preis, als ich immer gedacht hatte. Ich erkannte, dass der Kunstmarkt nicht nur reichen Sammlern dient, sondern auch etwas für Normalverdiener bereithält. Aber warum haben dann nicht mehr Menschen ein Werk bekannter Künstler zu Hause? Und vor allem: Warum glauben die meisten Menschen, dass sie sich das nicht leisten können?

In mir wuchs das Bedürfnis, darüber aufzuklären, mehr Menschen für Kunst zu begeistern und ihnen das nötige Rüstzeug an die Hand zu geben, um Kunst selbstständig kaufen zu können.

Fortan beobachtete ich über viele Jahre, welche Kriterien Qualität ausmachen und welche Merkmale den Preis bestimmen.

Kurz: Worauf kommt es wirklich beim Erwerb von Kunst an mit dem Ziel, Qualität zum fairen Preis zu finden und Kunst strategisch klug zu kaufen?

Aus dem Wissen und den Erfahrungen, die ich auf Basis dieser Fragestellung zusammengetragen habe, habe ich meine RPR ART® Methode entwickelt. Meine Vorgehensweise ist eine Symbiose aus der fachgerechten Beurteilung der Qualität von Kunst und der kunsthistorischen Einordnung anhand von ausgewählten Kriterien einerseits und der Kenntnis des Marktes und der Preisentwicklungen andererseits. Meine Methode wird in den sieben Schritten zum Kunstkauf zusammengefasst. Dabei konzentriere ich mich auf zeitgenössische Kunst und ihren Markt, da hier mein Interessenschwerpunkt liegt. Jedoch ist die Strategie auch auf andere Stilrichtungen im Kunstmarkt anwendbar.

Im Zentrum meiner Methode stehen dabei Sie als Kunstinteressent und -käufer: Was suchen Sie, zu welchen Bedingungen, was möchten Sie langfristig erreichen?

Mein Ziel ist, dass Sie schließlich selbstständig in der Lage sind, einzuschätzen, ob ein Kunstwerk für Sie gute Qualität zum fairen Preis darstellt – und Sie auf der Grundlage dessen eine sichere Kaufentscheidung treffen können.

WARUM QUALITÄT IN DER KUNST SO SCHWER ZU BESTIMMEN IST

Lassen Sie uns zunächst über die große Frage in der Kunst sprechen, auf der jeder kluge Kauf beruht: Woran erkenne ich gute Kunst? Die interessante Nachricht für Sie gleich vorab: **Offiziell gibt es keine objektiven Qualitätsmerkmale für Kunst.**

Dazu verändert sich das Verständnis darüber, was Kunst ist, immer wieder: Vincent van Gogh (1853 bis 1890) hat während seines Lebens so gut wie kein Bild verkaufen können und wird heute als einer der populärsten Künstler überhaupt wahrgenommen.

Im Laufe der Zeit wiederholen sich aber immer wieder bestimmte Aspekte, auf die Kritiker und Kuratoren achten.

Der Kunstmarkt insgesamt ist auch »nichts anderes als ein Ort des ständigen Austauschs von Argumenten und Einschätzungen.« (Ressler 2017)

Jedoch beginnt die Diskussion hierzu eigentlich schon viel früher mit der Frage: Was ist überhaupt Kunst?

Zwar ist Kunst ein anerkanntes Gut, das einen besonderen Schutz und eine besondere Bedeutung genießt. Einen allgemeingültigen Kunstbegriff, der für alle Zeiten und Werte Anwendung und Akzeptanz gefunden hätte, existiert (bislang) jedoch nicht. Die Definition, was Kunst ist, variiert stark aufgrund der sich wandelnden Maßstäbe der jeweiligen Epoche, hängt aber auch von individuellen Sichtweisen ab.

Kunst wird heute üblicherweise als eine künstlerische Äußerung bezeichnet, der »ein gestaltender Wille zugrunde liegt« (Lexikon der Kunst 1967, S. 351).

Definition von Kunst seit der Antike

Der griechische Philosoph Platon (427 bis 347 v. Chr.) verstand die künstlerische Tätigkeit als Darstellung oder Nachahmung (Mimesis). Im Mittelalter stand die Kunst im Dienst der Religion, und die Religion forderte vorwiegend eine religiöse Formensprache in ihren Werken ein. Die bildende Kunst war ein Handwerk und der Künstler selbst blieb anonym.

Im 15. Jahrhundert befreite sich die italienische Kunst von der Religion und bemühte sich um eine naturgetreue Abbildung.

Das 17. und 18. Jahrhundert – und hier insbesondere die deutsche Klassik – prägten die Idee der klassizistischen Ästhetik, bei der es, Aristoteles (384 bis 322 v. Chr.) folgend, zur Erzeugung von Schönheit genüge, bestimmte Regeln zu befolgen (Hauskeller 1998, S. 15–20).

Das 20. Jahrhundert war geprägt von Versuchen, den tradierten Kunstbegriff abzuschütteln. Mit dem russischen Maler und Kunsttheoretiker Wassily Kandinsky (1866 bis 1944) hielt das Abstrakte Einzug in die Kunst und verdrängte den abbildenden Aspekt.

Mit der Ausstellung von Andy Warhols »Brillo Boxen« im Jahr 1964 – bedruckte Holzkisten, die den Verpackungen von Brillo-Topfreinigern nachgebildet waren – wurden plötzlich Alltagsgegenstände zur Kunst erklärt. In der Kunst war von nun an alles möglich.

Der amerikanische Philosoph und Kunstkritiker Arthur C. Danto (1924 bis 2013) hat daraufhin eine neue Begriffsdefinition von Kunst entwickelt.

In seiner Schrift »Die Verklärung des Gewöhnlichen« (1984) beschreibt er den Unterschied zwischen Alltagsgegenständen und der Kunst, der darin liege, dass ein Kunstwerk immer Eigenschaften besitze, die ein gewöhnlicher Gegenstand nicht habe. Diese Eigenschaften seien jedoch unsichtbar und entständen erst in ihrer Interpretation. Lässt ein Gegenstand also keine Interpretation zu, könne er keine Kunst sein. (Danto 1984)

Dadurch, dass Alltagsgegenstände wie Warhols »Brillo Boxen« nun in einer anderen Umgebung als Kunstwerke platziert würden, ließen sie eine neue Interpretation zu und konnten auch als Kunst wahrgenommen werden. (Hauskeller 1998, S. 99–100)
Den utopischen Charakter der Kunst hat wiederum der Philosoph und Soziologe Theodor W. Adorno (1902 bis 1969) in seiner Ästhetischen Theorie hervorgehoben: Die Kunst habe die Aufgabe, die Mangelhaftigkeit der Welt offenbar zu machen und so auf die Möglichkeiten einer besseren Welt hinzudeuten, ohne diese aber unmittelbar herbeiführen zu können (Adorno 1973). Kunst errichte keine andere Welt; sie sehne sich nur nach ihr. (Hauskeller 1998, S. 87)
Die Ökonomen Pommerehne und Frey sind dagegen der Auffassung, dass die Rezipienten selbst entscheiden sollten, was Kunst ist.
Ähnlich haben sich auch Künstler selbst geäußert (Pommerehne und Frey, 1993, S. 7–8). So meinte Vincent van Gogh im Jahr 1879: »Ich kenne keine noch bessere Definition für das Wort als diese: Kunst, das ist der Mensch.«
Es lässt sich also kein roter Faden in der Definition von Kunst seit der Antike finden. Klar wird allerdings, dass sich der Kunstbegriff seit der Moderne mit Wassily Kandinsky (1866 bis 1944) und Marcel Duchamp (1887 bis 1968) stark verändert hat und nun etwas umfasst, was früher noch nicht so war: Seit der Erfindung der Fotografie ist die reine Abbildbarkeit nicht mehr Sinn und Zweck der Kunst, sondern sie sucht nach interpretierfähigen Inhalten mithilfe künstlerischer Techniken (Polleit Riechert 2013, S. 29–31).

Mit dem Wissen über die Unsicherheit darüber, was Kunst überhaupt ist, können Sie mit Sicherheit gut nachvollziehen, dass Kriterien für die Qualität von Kunst zu definieren eine noch größere Herausforderung darstellt. Kunst bleibt im Allgemeinen dann doch etwas Besonderes, schwer Definierbares.

Der Kunstmarkt funktioniert nicht wie andere Märkte
Die Schwierigkeit, allgemeingültige Kriterien für gute Kunst zu finden, unterscheidet die Kunstwelt auch von anderen Branchen, wo der Käufer mitbestimmt, ob das Produkt in der Praxis erfolgreich wird oder nicht. Kunstwerke müssen diesem allgemeinen Publikums- oder Praxistest nicht standhalten, weil das Werk eines zeitgenössischen Künstlers zunächst nur einigen wenigen Entscheidern zusagen muss, bevor es der Öffentlichkeit präsentiert wird. Der Kunstkritiker Boris Groys sagt dazu: »Kunstwerke wurden ausgewählt, weil sie ausgewählt wurden.« (Groys 2015) Hier hebt sich der Kunstmarkt noch stark von der wesentlich weiter entwickelten Musik- und Filmindustrie ab: Auch hier gibt es Kritiker, die eine Auswahl treffen, die entscheiden, was am Markt gerade angesagt ist, aber am Ende bestimmt doch das Publikum – anhand der Verkaufszahlen –, was ihm gefällt und welche Musik oder welcher Film am Ende erfolgreich wird. Im Kunstmarkt zeigt sich eigentlich nur über die Jahrhunderte, welche Werke den Betrachter nach wie vor faszinieren und somit zeitlose Qualität belegen und ihren immateriellen und materiellen Wert erhalten. Das belegen beispielsweise Preisrekorde für Rembrandt (1606 bis 1669) und Leonardo da Vinci (1452 bis 1519). Dies müssen die Zeitgenossen erst noch beweisen.
Das Internet schafft jedoch neue Möglichkeiten für Künstler, ihre Werke dem Publikum zu präsentieren und es direkt über deren Qualität entscheiden zu lassen. Die Zäsur durch Galerien und Museen entfällt.
Es bleibt spannend, ob sich das etablierte System weiterentwickelt oder verändert. Nicht mehr das Diktat von wenigen, sondern die Wertschätzung von vielen bestimmen idealerweise die Auswahl.

Auch eine Doktorarbeit zum Thema Qualität in der Kunst konnte keine eindeutige Antwort finden, für die eine Gruppe von 300 Kunstmarktteilnehmern (Sammler, Künstler, Händler, Kuratoren,

Journalisten) befragt wurde. Sie konnte lediglich einen Kanon von Qualitätsmerkmalen festhalten, der von allen Personen genannt wurde: Dazu gehörten die »Vermittlung eines kritischen Zeitgeistes sowie die Horizonterweiterung bzw. intellektuelle Anregung durch das Werk« (Lucci 2008, S. 331).

Aus der Fülle der Kriterien, die ich aus all diesen Quellen in langjährigen Recherchen erarbeitet als auch in der Praxis angewendet habe, habe ich Ihnen die wichtigsten aufbereitet. Im Folgenden stelle ich sie Ihnen vor, sodass Sie die für Sie wichtigsten Punkte selbst definieren und anwenden können.

WIE SIE GUTE KUNST ERKENNEN UND WELCHE QUALITÄTSKRITERIEN IHNEN HELFEN

Zunächst müssen Sie wissen, dass die Qualität eines einzelnen Werkes nur in seinem Kontext erfasst werden kann. Das bedeutet, dass Sie immer auch das Gesamtwerk eines Künstlers betrachten sollten. So können Sie seine Intention und seine Entwicklung und damit seinen Wert besser beurteilen. Das ist gerade dann wichtig, wenn Sie nur ein einziges Werk kennen, zu dem Sie keine weiteren Informationen haben.

Daher ist es besonders bei jungen Künstlern eine Herausforderung, Anhaltspunkte für gute Kunst zu definieren, wenn diese erst am Anfang ihres Schaffens stehen und es noch kaum messbare Kriterien wie Anzahl der Ausstellungen oder Verkäufe gibt. Bestimmte, immer wiederkehrende Merkmale lassen sich jedoch auch schon hier ausmachen.

Bei bereits etablierten Künstlern kann dagegen eine ganze Bandbreite an Kriterien eingesetzt werden.

Sind die Merkmale am Anfang einer Karriere durchaus noch subjektiv, wenn die Werke beispielsweise einem Kunsthistoriker oder Galeristen gefallen und diese sie für eine Ausstellung auswählen, werden sie später immer stärker objektiv messbar. Der Künstler entwickelt sich im Idealfall von einem Geheimtipp zu einem von der breiten Öffentlichkeit wahrgenommenen anerkannten Klassiker.

Meine Auflistung beginnt bei den Merkmalen, die sich besonders für junge Künstler (vor dem Eintritt sowie im Primärmarkt) eignen und setzt sich fort mit Kriterien für bereits etablierte Künstler (im Sekundärmarkt). Die Merkmale treffen jedoch auf beide Gruppen zu und sind anfangs vor allem qualitativ und werden im Verlauf der Karriere stärker quantitativ.

Unter jungen Künstlern verstehe ich Talente, die vor dem Markteintritt stehen bis fünf Jahre nach Eintritt, wohingegen etablierte Künstler sich bereits einen Namen gemacht und einen Markt für sich geschaffen haben.

Grundsätzlich empfehle ich beim Kunstkauf ausschließlich entweder die eine (junge Künstler) oder andere Gruppe (etablierte Klassiker) – oder eine Kombination aus beiden – und nie etwas dazwischen. Denn für diese beiden Gruppen lassen sich objektive Qualitätsmerkmale und Preisanalysen sowie die besten Investmentmöglichkeiten herleiten.

Abb. 3.1 | Qualitätskriterien von Künstlern

	QUALITATIVE KRITERIEN ————————▶ QUANTITATIVE KRITERIEN			
	Ausbildung und Auszeichnungen*	**Originalität und Authentizität**	**Ausstellungs- und Publikationstätigkeit**	**Preis- und Marktentwicklung**
JUNGE TALENTE	Kunstakademie	Eigene Bildsprache	Persönlichkeit	Marktfähigkeit
	Bekannter Künstler-Professor	Innovationsfähigkeit	Social Media, Instagram	Preisentwicklung (Faktoranstieg)
	Meisterschüler	Vielseitigkeit	Solo-, Gruppenausstellungen Kunstvereine, Galerien	
ETABLIERTE KÜNSTLER	Stipendien	Inhaltliche Aussage	Kunstwissenschaftliche Abhandlungen, Kataloge	Kooperationen mit Unternehmen
	Auszeichnungen	Technik	Presseartikel	Ankäufe Museen, Sammlungen
			Museumsausstellungen national, international	Künstlerranglisten
	*optional		Biennalen (documenta, Venedig)	Auktionsvolumen

© Ruth Polleit Riechert. Quelle: Pommerehne und Frey, Klein, Lucci, ArtTactic, Kunstkompass, eigene Recherchen

MERKMALE, DIE BEI DER AUSWAHL VON JUNGEN KÜNSTLERN HELFEN

Vor dem Markteintritt eines Künstlers liegen lediglich seine Kunstwerke für Sie und alle Interessierten zur Betrachtung und Bewertung vor. Es existiert noch kein biografischer Werdegang, kein Marketing und keine Marktentwicklung, die eine Beurteilung beeinflussen könnten. Das macht die Sache schwierig, gleichzeitig aber auch ungemein spannend, denn hier geht es tatsächlich nur um Kunst in der reinen Form. Bei jungen Künstlern ist ein »erfahrenes Auge« extrem wichtig, um ein Talent zu erkennen. Damit meine ich jemanden, der schon viel Kunst gesehen hat, zum Beispiel einen Kunsthistoriker. Die Beratung durch einen Experten kann hier durchaus sinnvoll sein. Auch Galerien, die Erfolg versprechende Talente auswählen, können diese Aufgabe übernehmen. Wenn Sie selbst suchen, sollten Sie folgende Aspekte berücksichtigen:

Originalität: Fragen Sie sich, ob der Künstler etwas Neues, Einmaliges geschaffen hat. Haben Sie etwas Ähnliches schon einmal gesehen? Ist das Werk innovativ? Ist das Werk visuell und konzeptionell ansprechend? Fasziniert und beschäftigt es Sie immer wieder neu? Oder haben Sie sich schnell daran satt gesehen?

Authentizität: Fragen Sie sich, ob das Werk eine unverwechselbare Handschrift des Künstlers trägt. Hat der Künstler eine eigene Bildsprache gefunden, einen originären, unverwechselbaren Stil entwickelt?

Vielseitigkeit: Schauen Sie sich nicht nur ein Werk des Künstlers an, sondern alles aus seinem Umfeld, was Sie finden können. Wie vielseitig präsentiert sich das gesamte Werk des Künstlers? Produziert er Kunst in unterschiedlichen Gattungen, mit unterschiedlichen Techniken? Hat der Künstler immer wieder etwas Neues geschaffen und sich weiterentwickelt? Ein roter Faden sollte im Gesamtwerk zu erkennen sein, aber der Künstler darf sich nicht wiederholen. Und schon gar nicht darf ein bestimmter Stil oder Look, auch wenn er populär und gut verkäuflich ist, zu häufig erschaffen werden.

Inhaltliche Aussage: Mit welchen Themen beschäftigt sich der Künstler? Welche Fragen wirft sein Werk auf? Ist sein Werk konzeptionell interessant? Hat das Werk möglicherweise historische Relevanz? Oft kann es interessanter sein, wenn ein Werk die inhaltliche Aussage offenlässt, die Interpretation dem Betrachter überlässt, vielleicht sogar widersprüchlich ist.

Technik: Können Sie erkennen, wie das Werk handwerklich gemacht ist? Wie viel Zeit hat der Künstler für die technische Umsetzung aufgewendet? Die Grundvoraussetzung ist, dass der Künstler sein Handwerk beherrscht. In der Malerei bedeutet dies, dass der Künstler in der Lage ist, grundlegende Elemente und Gesetze der Farb- und Formentheorie auf sein Werk anzuwenden, dass er logisch und konsequent formale Mittel anwenden kann, wie zum Beispiel den Goldenen Schnitt und die Farbenlehre.

Den Galeristen Daniel Schierke habe ich gefragt, worauf er bei seiner Auswahl achtet. Erfahren Sie, was ihm wichtig ist:

Kunst sollte auf ungesehene und subtile Art gestaltet sein. Darüber hinaus sollte sie einen visuellen Reiz ausüben, der den Betrachtenden fesselt und dazu einlädt, sich intensiver mit dem Werk des Künstlers auseinanderzusetzen. Außerdem ist uns wichtig, dass sich im Werk des Künstlers ein roter Faden entdecken lässt. Das kann ein bestimmter Stil sein, der in verschiedenen Arbeiten immer wieder variantenreich eingesetzt wird, das kann aber auch ein Konzept sein, dem sich der Künstler verschrieben hat und

> *das sein Œuvre durchzieht und in Bewegung hält. One-Hit-Wonder interessieren uns nicht, sondern es muss eine künstlerische Perspektive erkennbar sein.*

Im Folgenden finden Sie **qualitative und quantitative Kriterien**, die Sie selbst schon bei jungen Künstlern recherchieren und teilweise sogar messen können und die Ihnen dabei helfen werden, die Qualität eines Kunstobjekts und das gesamte Werk besser zu beurteilen und einzuschätzen. Zur Biografie gehören die Ausbildung, Auszeichnungen, Stipendien und Ausstellungen (Einzel- und Gruppenausstellungen), die auch schon vor dem Markteintritt eines Künstlers vorhanden sein können, insbesondere natürlich die Ausbildung.

Ausbildung: Finden Sie heraus, an welchen Kunstschulen und Akademien der Künstler studiert hat. Bei welchem Professor hat er gelernt? War er oder sie Meisterschüler? Einige Künstler beweisen das Gegenteil, aber Ausnahmen bestätigen bekanntlich die Regel. In den meisten Fällen haben bekannte Künstler schon sehr früh mit dem Malen oder Erschaffen von Werken begonnen. Sie haben sich um die besten Ausbildungsstätten bemüht und oft einen Platz bei bekannten Professoren bekommen. Dies ist keine Garantie für eine erfolgreiche Laufbahn, aber ein hilfreicher Aspekt bei der Selektion von Talenten.

Stipendien, Auszeichnungen: Welche Preise, welche Stipendien hat der Künstler erhalten?

Ausstellungen: Wie viele Einzelausstellungen, wie viele Gruppenausstellungen hat der Künstler absolviert? Wie viele Ausstellungen in öffentlichen Institutionen (Kunstvereine, Galerien, Museen)?

Kulturelle und gesellschaftliche Strömungen abbilden – das ist das Anliegen von Patrick Droste und Katharina Galladé, Inhaber und Direktorin der Galerie Droste mit Sitz in Wuppertal, Düsseldorf und Paris. Ich habe beide per E-Mail gefragt, welche digitalen Möglichkeiten sie nutzen und worauf neue Kunstkäufer achten sollten:

Welches Interesse und welchen Bedarf seht Ihr bei Eurem Umfeld und Euren Kunden?

Ganz klar eine Verjüngung des Kunstmarktes, womit wir nicht nur die Verjüngung des Publikums meinen, sondern auch eine Verjüngung der Bildsprache und des Austauschs. Unsere Kunden, Interessenten und Besucher suchen nach einem Zugang zur Kunst, bei dem Leichtigkeit statt einer eng gefassten elitären Atmosphäre empfunden wird. Wir möchten Kunstinteressierte ermutigen, sich trotz fehlender Vorerfahrung mit Kunst zu beschäftigen, denn eigene Erfahrungen, Dialoge mit Künstlern, Denkansätze und vor allem Spaß sind alles, was man braucht, um Kunst mit Leichtigkeit zu erfahren. Bei uns kommen Jung und Alt, Kenner oder Nicht-Kenner zusammen.

Ihr nutzt viele neue Medien zur Kommunikation und zur Vermarktung. Welche machen Sinn für die Kunst, welche weniger? Welche Entwicklungen seht Ihr für den Kunstmarkt der Zukunft? Wird mehr digital passieren und weniger analog?

Um Letzteres als Erstes zu beantworten: Beides wird parallel bestehen bleiben. Analoge Erfahrung von Kunst wird kein digitales Medium dieser Welt ersetzen können. Doch digitale Medien sind unglaublich wichtig geworden, vor allem für neue, junge und mittelständische Galerien, deren Name allein nicht ausreicht, um ohne digitale Präsenz erfolgreich zu sein. Digitale Medien müssen unserer Meinung nach daher genauso gut gepflegt und bearbeitet werden wie die Ausstellung und Vernissage vor Ort. Das bedeutet, wir geben dem digitalen sowie dem analogen Kunden den gleichen Service. Darüber hinaus sehen wir als junge Galerie in den sozialen Medien Chancen der Vermarktung, die wir analog nicht haben. Sie ist kostengünstiger als die überteuerten Blue-Chip-Messen heutzutage, es gibt dort keine Gremien, die über deine Relevanz auf dem Kunstmarkt entscheiden, man ist freier und nicht von dem regionalen Markt abhängig.

Welche drei Empfehlungen habt Ihr für neue Kunstkäufer, um eine qualitativ gute Sammlung aufzubauen?
Der Begriff »Qualität« muss dafür erst einmal für einen selbst definiert werden. Es gibt verschiedene Auslegungen dafür. Wir denken, dass es immer die drei gleichen Säulen sind, die einen zu seinem Ziel bringen: Erkunden, Nachfragen und Erkennen. Erst durch das Wissen um den Markt, die Kunstgeschichte und die Vita des Künstlers sowie die damit einhergehende Schulung des eigenen Auges lässt sich eine Sammlung aufbauen, die von hoher Qualität ist, egal wie die Definition ausgelegt sein mag. Jede Sammlung, egal in welcher Form und Größe, hat ihren eigenen Charme und repräsentiert die Person, die sammelt. Das macht jede Sammlung besonders. ■

Junge Künstler sollten nicht nur ihr eigenes Werk weiterentwickeln können, sondern auch in der Lage sein, sich zu vermarkten:

Persönlichkeit: Lernen Sie den Künstler kennen, wenn möglich. Der Künstler muss an sich glauben. Er muss in der Lage sein, sich gut zu präsentieren und sein Werk zu vermarkten.

Marktfähigkeit: Auch wenn dieser Punkt oft nicht gern genannt wird: Ein Werk muss verkäuflich sein. Das Werk muss einen Unique Selling Point (USP) bieten. Selbst wenn ein Künstler nur öffentliche

Installationen entwickelt oder Graffiti-Kunst wie der britische Künstler Banksy, so muss er dennoch in der Lage sein, Werke zu schaffen, die am Markt verkauft werden können. Banksy verkauft zum Beispiel sehr erfolgreich Prints von seinen Motiven.

Ideal für den Markt ist, wenn die Werke eines Künstlers so vielseitig umsetzbar sind, dass sie sich in unterschiedlichen Preisklassen verkaufen lassen.

Kooperationen mit Unternehmen: Hat der Künstler bereits mit Unternehmen zusammengearbeitet, Kooperationen umgesetzt?

Social Media: Wie viele Follower hat der Künstler auf Instagram?

Sollten Sie mit den vorgestellten Kriterien und Fragen bei einem Kunstwerk trotzdem nicht weiterkommen, gibt es für Sie zwei Lösungen: Möglicherweise ist die Kunst besonders erklärungsbedürftig und erhält durch weitere Ausführungen einen anderen Stellenwert. Oder die Kunst ist tatsächlich qualitätsarm und wird langfristig möglicherweise keine Bühne finden. Das kommt oft vor. Denn nur wenige Kunstwerke finden ihren Weg ins Museum und in den Markt und entwickeln eine zeitlose Qualität und Wertigkeit.

Der Kunstwissenschaftler Saehrendt empfiehlt sogar: »Weniger ist mehr. Lernen Sie, ohne Gewissensbisse auf schlechte Kunst und hohle Massenevents zu verzichten.« (Saehrendt; Kittl 2007, S. 13) Sie dürfen Kunst also ruhig auch einmal infrage stellen.

Falls Kunst erklärungsbedürftig ist: Herangehensweise anhand der Arbeiten von Mark Rothko
Wenn Sie sich beispielsweise ein Werk von Mark Rothko anschauen, fragen Sie sich womöglich, warum einfache Farbfelder so teuer sein können.

Sie sehen, dass es durchaus Sinn machen kann, sich ein wenig weiter mit dem Werk eines Künstlers in seinem Kontext zu befassen, vielleicht gerade dann, wenn es Sie irritiert. Vielfach helfen schon einfache Fragestellungen, um das Leben und Werk eines Künstlers zu ergründen und zu verstehen. Womit setzt sich der Künstler auseinander? Was ist das Thema seines Werks? Welche Ausdrucksformen benutzt er und warum? Studieren Sie Bildbände oder recherchieren Sie online, vielleicht finden Sie auch Filmdokumentationen zum Thema. Fragen Sie sich auch, was Sie am Werk des Künstlers besonders anspricht. Haben Sie etwas Ähnliches bereits gesehen oder handelt es sich für Sie um eine gänzlich neue Bildsprache? Auf diesem Weg befassen Sie sich mit dem Werk und können feststellen, ob es Sie fesselt und langfristig anspricht.

Die spanische Kunstprofessorin und Künstlerin Prof. Dr. Amparo Sard (geb. 1973) hat im Jahr 2000 einen Wettbewerb für junge Akademiestudenten gewonnen, den ich für die Deutsche Bank organisiert habe. Seitdem hat Sard über 40 internationale Ausstellungen absolviert und ist selbst Professorin für Bildende Kunst an der Akademie in Barcelona. Ich habe mit ihr über Qualität in der Kunst gesprochen:

Was sind Ihrer Meinung nach die wichtigsten Schlüsselfaktoren für Ihre internationale Karriere?

Es ist wichtig, einen professionellen Lebenslauf zu haben, oder auf dem Weg zu sein, auf internationalen Veranstaltungen wie Kunstmessen auszustellen. Es ist auch wichtig, eine klare Botschaft zu senden und eine hohe Qualität in Bezug auf Inhalt und Ausführung zu bieten. Das ist es, was die »Künstlermarke« definieren wird.

Es ist ein gewisser Ehrgeiz erforderlich, um in der internationalen Kunstwelt zu bestehen, denn es gibt eine Menge Arbeit zu leisten, wir denken an globale Verbindungen oder »internationale Geschäfte« ..., aber es hört sich nicht gut an, wenn ein Künstler von Geschäften spricht.

Auf dieser Basis besteht die Chance, von einer aktiven, auch international agierenden Galerie entdeckt zu werden, die die Intentionen des Künstlers schätzt, teilt und fördert, und die dabei hilft, eine vertrauensvolle persönliche Beziehung aufzubauen und eine Zusammenarbeit zu etablieren.

Wenn Sie ein Kunstwerk verkaufen: Möchten Sie wissen, wer es gekauft hat und wohin es geht? Und wenn ja, warum?

Natürlich möchte ich den Sammler kennen, denn der Sammler steht meinen Werten nahe und schätzt meine Art der Gestaltung und die Sinnlichkeit meiner Ausführung. Und wenn es von einer guten Sammlung gekauft wird, ist ein Ziel erreicht, das einem hilft, weiter zu wachsen.

Was raten Sie angehenden Sammlern, wie sollten sie sich der Kunst annähern?
Es ist klar, dass wir unserem Instinkt und unserem Kunstgeschmack folgen müssen, denn die Kunst ist dazu da, dem Sammler zumindest Freude zu bereiten. Aber wenn wir etwas anderes suchen, zum Beispiel eine Investition, dann müssen wir viel recherchieren, um den richtigen Ansatz zu finden, oder wir sollten denen zuhören, die schon lange recherchiert haben. Diese Nachforschungen helfen dabei, zu wissen, wohin sich die Kunst entwickelt, und danach wird der Sammler mit Sicherheit auch dort Werke finden, die ihm gefallen.

MERKMALE, DIE BEI DER AUSWAHL VON ETABLIERTEN KÜNSTLERN HELFEN

Sobald die Werke eines Künstlers im Sekundärmarkt gehandelt werden, wird die Preisentwicklung und die Anzahl und Höhe der versteigerten Werke eine unangefochtene Größe, die Auswirkungen auf die Wahrnehmung des Künstlers hat. Er wird auf Ranglisten von Verkaufsergebnissen aufgenommen. Ist er bislang noch nicht in Museen ausgestellt worden, wird er nun mehr Beachtung finden.

Obwohl der Preis für die Qualitätsbewertung eigentlich keine Rolle spielen sollte, ist er – außer bei ganz jungen Künstlern – de facto ein Kriterium, das eine große Rolle spielt, bewusst und unbewusst.

Ist ein Werk teuer, muss es auch gut sein. Ist es günstig, ist es vielleicht nicht so gut?

Der bekannte Auktionator Simon de Pury hat einmal gesagt, dass er Sammler kenne, die den Maler Mark Rothko erst zur Kenntnis genommen haben, als seine Werke ein Preisniveau von 40 Millionen US-Dollar erreicht hatten. Erst dann fanden sie ihn interessant. (Adam 2017, S. 18)

Bei etablierten Künstlern – nach dem Eintritt in den Sekundärmarkt und besonders, wenn Werke des Künstlers auf Auktionen gehandelt werden – wird die Bewertung anhand von Preisen leichter, da es auch mehr Datenmaterial dazu gibt.

Ausstellungen in Museen und Biennalen: Wie viele Einzelausstellungen in nationalen und internationalen Museen hat der Künstler absolviert? An wie vielen Gruppenausstellungen in internationalen Museen hat er teilgenommen?

Teilnahme an documenta und Biennale Venedig: Wo hat der Künstler ausgestellt? Kunstökonom Roman Kräussl hat herausgefunden, dass sich die Preise von Künstlern, die an der documenta teilnahmen, in den 12 bis 18 Monaten nach der Ausstellung mehr als verdoppelten (Kräussl 2013, S. 207–207).

Ankäufe: Wurden Werke des Künstlers von öffentlichen Sammlungen oder Museen oder von öffentlichen Einrichtungen angekauft?

Hier sind die wichtigsten klassischen Präsentationsorte für etablierte Künstler, dahinter das derzeitige »State of the art«:

Abb. 3.2 | Einige wichtige Adressen für Künstler

1	**EINZELAUSSTELLUNG**	Centre Pompidou, Paris; Guggenheim, New York
2	**GRUPPENAUSSTELLUNG**	The Metropolitan Museum of Art, New York
3	**ANKAUF**	Tate Gallery, London; Museum of Modern Art, New York
4	**INTERNATIONALE KUNSTAUSSTELLUNG**	Biennale, Venedig; documenta, Kassel
5	**REZENSION KUNSTPRESSE**	Artforum International Magazine

© Ruth Polleit Riechert. eigene Recherchen

Der Erfolg von Künstlern hängt jedoch nicht allein von der Qualität ihres Werkes ab: Als entscheidende Faktoren kommen auch noch die Vermarktung im Allgemeinen und im Besonderen durch die Presse hinzu.

In meiner Doktorarbeit »Preisentwicklung und Marketing im zeitgenössischen Kunstmarkt des 21. Jahrhunderts von 2000 bis 2007« konnte ich zeigen, dass interessanterweise sogar schlechte Presse besser war als gar keine, um eine Preissteigerung für bestimmte Werke zu erzielen.

Ein Beispiel ist der deutsche Künstler Jörg Immendorff (1945-2007), der im Jahr 2004 für einen Skandal sorgte, als er mit Kokain und Prostituierten in einem Düsseldorfer Hotel erwischt wurde. Nachdem der Vorfall in der Presse hohe Wellen schlug, zeigte sich in den Jahren 2005 und 2006 ein deutlicher Preisanstieg seiner Arbeiten (Abb. 3.3). (Polleit Riechert 2013, S. 113–114)

Abb. 3.3 | Medienresonanz und Auktionsumsatzentwicklung Jörg Immendorff, 2000 – 2006

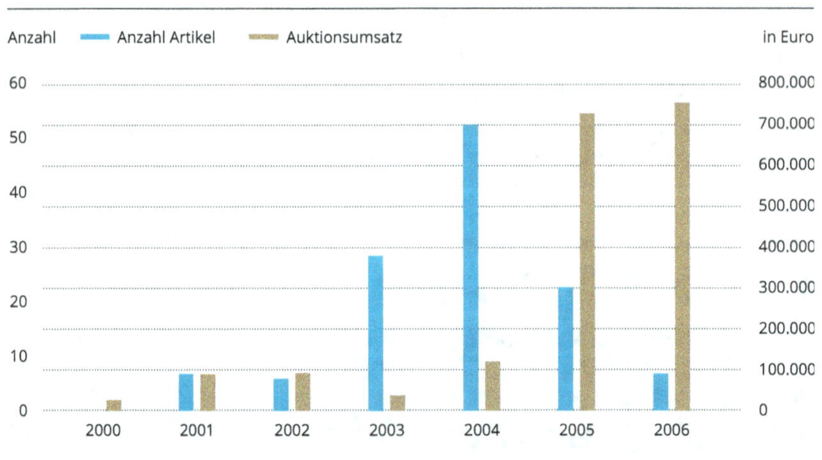

Medien: Wie häufig und wo wurde über den Künstler und sein Werk sowie seine Ausstellungen in der Publikumspresse berichtet?

Veröffentlichungen: Wo und wie häufig wurden der Künstler und seine Ausstellungen in kunsthistorischen Texten in Katalogen erwähnt oder in Fachmagazinen vorgestellt?

Preisentwicklung und Auktionsvolumen: Bei etablierten und *Blue-Chip-Künstlern* kommen die Marktanalysen und die Verkaufsbilanz hinzu: Wie hoch ist das Volumen der versteigerten Werke auf Auktionen? Wie hat sich der Preis entwickelt? Ist der Faktor gestiegen (s. Beispiel Faktorrechnung in Kapitel 2)? Datenbanken helfen Ihnen hier bei der Recherche.

Künstlerranglisten: Datenbanken wie Artprice erstellen aufgrund des generierten Datenmaterials zum Auktionsvolumen eines Künstlers Umsatzranglisten. Seit 1970 gibt es bereits den jährlich in der deutschen Zeitschrift Capital erscheinenden Kunstkompass (siehe

Kasten links), der nicht nur Umsatz, sondern weitere Qualitäts-kriterien berücksichtigt. Auch das deutsche Manager Magazin, die internationale Publikation ArtReview, der Internetanbieter Artfacts sowie das Datenportal Artprice publizieren Künstlerlisten (mehr dazu in Kapitel 4 sowie weitere Informationen im Anhang). Die Listen variieren leicht in ihren Bewertungsschemata, sind aber doch ein guter Anhaltspunkt, um sich über Künstler zu informieren.

All diese überwiegend objektiv messbaren Merkmale haben sich für mich als Orientierung erwiesen, um gute Kunst ausfindig zu machen.

Eines darf hier jedoch nicht vergessen werden: Nicht nur bei den Entscheidern, sondern auch bei Ihnen persönlich fließen zudem immer auch **subjektive Aspekte** in die Wahrnehmung eines Kunst-werkes mit ein, zum Beispiel Ihr Geschmack, allgemeine Trends, die Mode und Ihre Erziehung.

Lassen Sie sich Ihre eigene spontane Wahrnehmung, Ihren Impuls, nicht nehmen. Oft wird gesagt, dass ein Kunstwerk »berüh-ren« muss, sonst habe es seinen Sinn verfehlt. Ihre Fantasie ist daher gefragt, denn ohne den Menschen als Betrachter ist die Kunst nur die Hälfte von dem, was sie sein möchte. Erst durch diese Inter-aktion erfüllt sie ihre Funktion.

Fühlen Sie sich daher frei in Ihrer Wahl und Interpretation eines Kunstwerkes, so wie sich auch Kinder völlig unvoreingenommen einer Sache widmen. Ihr allererster ureigenster Impuls ist der wertvollste, den Sie sich durch Kenntnis weiterer Deutungen nicht nehmen lassen sollten.

In jedem Fall fließt der **Geschmack** in Ihre Auswahl mit ein, denn Sie suchen sich das aus, was Ihnen gefällt und was Sie gerne anschauen. Vielleicht suchen Sie sich auch etwas aus, das Sie anspricht, Sie beschäftigt, Ihnen aber nicht unbedingt optisch gefällt.

Ihren Geschmack können Sie weiter schulen, indem Sie so viel Kunst betrachten wie möglich. Ihre Seherfahrungen und Reflektio-nen kultivieren Ihren Geschmack. Vielleicht wird sich dieser ändern, je mehr Sie sehen.

Geschmack wird aber auch anerzogen. Je nachdem, ob Sie »gelernt« haben, dass etwas schön ist, dass etwas von besonderem Wert ist, dass es den Schönheitsprinzipien der heutigen Gesellschaft entspricht, finden Sie es unbewusst auch schön.

Meist trauen sich nur Kinder, bei einem teuren Kunstwerk eines bekannten Künstlers zu fragen: »Was ist denn das für eine Kritzelei?«

Bei der Auswahl von Kunst dürfen Sie ruhig wieder mehr auf Ihr inneres Kind hören. Betrachten Sie weniger Erfahrung im Umgang mit Kunst nicht als Defizit.

Ähnlich wie in der Mode, lassen sich auch in der Kunst bestimmte **Trends** ausmachen. Überdauern wird nur das, was zeitlos ist.

Allerdings wurden auch Picasso und van Gogh nicht sofort in ihrer Zeit wertgeschätzt. Für Sie persönlich bedeutet das, sich zu fragen: Würde mir das Werk in zehn Jahren immer noch gefallen? Würde ich das Werk auch kaufen, wenn nicht mein Bekanntenkreis schon Ähnliches erworben hätte? Sind bestimmte Werke oder Kategorien oder Künstler vielleicht gerade nur deswegen in aller Munde, weil sie gezielt beworben werden?

Wenn Sie Trends erkennen möchten, besuchen Sie Messen. Denn hier sind – mal mehr und mal weniger stark ausgeprägt – die aktuellen Trends gegenwärtig.

Im Laufe der Zeit habe ich viele unterschiedliche Schwerpunkte auf Messen gesehen. Einmal waren es Leuchtkästen, zu Anfang sehr interessant, dann wurden es immer mehr und bald hatten sich die Menschen satt gesehen. Einige Jahre später wurde kaum Malerei gezeigt. Es gab vor allem Fotos und Zeichnungen, Installationen und Videos. Das hat sich wieder geändert.

Wichtig ist, dass sich Künstler nicht von Trends beeinflussen lassen. Und nur, weil gerade Fotoarbeiten und Leuchtkästen groß in Mode sind, auch welche produzieren. Auch inhaltlich gibt es Trends. Einige könnten dem Zeitgeist entsprechen, andere langfristig belanglos werden.

Die entscheidende Frage ist immer, was langfristig Bestand hat und historisch relevant bleiben wird.

Sie kennen jetzt alle Kriterien, nach denen Fachleute entscheiden, um die Qualität von Kunst besser einschätzen zu können.

Probieren Sie die Kriterien aus! Stellen Sie so viele Fragen wie möglich. Nähern Sie sich einem Kunstwerk, einem Künstler oder einer Stilrichtung auf diese Art und Weise und Sie werden feststellen, dass Sie Kunst nicht nur mit neuen Augen betrachten werden, sondern dass Ihnen auch Ihre Kaufentscheidung leichter fallen wird.

Kurze Checkliste für neue Kunstkäufer
Meine Checkliste hilft Ihnen dabei, herauszufinden, mit welcher Art Kunst Sie sich gerne umgeben. Bedenken Sie auch, dass sich Ihr Geschmack durchaus im Laufe der Zeit verändern kann, je mehr Kunst Sie sehen. Mich spricht beispielsweise Kandinsky nach wie vor am meisten an; je mehr ich sehe, umso mehr schätze ich seine Kunst. Andere wiederum, wie die Romantiker, die mich eine Zeit lang sehr beschäftigt hatten, fesseln mich nicht mehr so sehr.

Finden Sie heraus
- *welche Bilder Ihnen besonders gut gefallen, sollten Sie schon welche besitzen, und von wem sie stammen*
- *ob es Künstler gibt, die Sie besonders mögen, und wenn ja, wie sie heißen*
- *aus welcher Epoche die Künstler stammen, zum Beispiel aus der Renaissance, dem Impressionismus oder der Pop Art*
- *welcher Stil Sie besonders anspricht: realistische, figurative oder abstrakte Kunst*
- *Art von Kunst Sie bevorzugen: sind es Gemälde, Papierarbeiten, Skulpturen, Fotografien?*
- *sollten Sie figurative Kunst bevorzugen, welches Motiv häufig in den Werken zu sehen ist, die Sie mögen: Landschaften, Porträts, Stillleben?*

Wenn Sie ein Kunstwerk als Investment kaufen, sollten Sie sich über die Meinungsmacht und die beschriebenen Marktmechanismen bewusst sein.

Wenn Sie ein Kunstwerk nicht als Investment kaufen, ist es für Sie vor allem wichtig, dass es Ihnen gefällt – und Sie Qualität zum fairen Preis erhalten.

Ich empfehle Ihnen, sich für diese Vorbereitung eine halbe Stunde Zeit zu nehmen. Notieren Sie Ihre Antworten auf einem Blatt Papier oder erstellen Sie eine digitale Liste Ihrer Vorlieben. Schauen Sie immer wieder darauf und passen Sie die Liste an, je nachdem, was Sie gesehen haben.

Wenn Sie Ihre bevorzugte Kunstrichtung und Künstler eingegrenzt haben, definieren Sie zwei wichtige Größen – der vorhandene Platz und Ihr Budget – und passen Sie Ihre Suche entsprechend an.

Vielleicht mögen Sie große Formate, die Sie in Ausstellungen oder Museen gesehen haben. Wenn solche Größen für Ihr Zuhause nicht realistisch sind, sollten Sie Maß nehmen und festlegen, welche maximale Größe ein ähnliches Werk haben darf, und sich danach auf die Suche machen.

Gefällt Ihnen beispielsweise Kandinsky, sind dafür Ihre finanziellen Mittel aber nicht realistisch, wissen Sie, dass Sie abstrakte farbintensive Malerei favorisieren, und können sich nach Werken von jungen Künstlern umsehen, die einige dieser Kriterien erfüllen.

WIE SIE PREISE RICHTIG EINSCHÄTZEN

Bei den Preisen im Kunstmarkt scheint alles möglich: Von Enttäuschung bis Euphorie, in jedem Fall erleben Käufer und Verkäufer oft Überraschungen. Das macht für viele den Kunstmarkt auch so spannend. Damit Sie sich zurechtfinden, denn darum haben Sie dieses Buch gekauft, gebe ich Ihnen Anhaltspunkte im Bereich des Möglichen – und zwar für junge und für etablierte Kunst. Ich beginne im Primärmarkt, denn wie Sie ja bereits wissen, gestalten sich die Preise unterschiedlich.

IM PRIMÄRMARKT

Möchten Sie ein Kunstwerk auf dem Primärmarkt erwerben, sollten Sie bei der Preisrecherche das Modell der bereits in Kapitel 2 vorgestellten Faktorrechnung vor Augen haben. Nach dem Abschluss an einer Akademie oder Hochschule werden die Werke eines Künstlers je nach Größe in der Regel mit dem Faktor im Bereich 10 bis 13 berechnet.

Sobald der Künstler in eine Galerie eintritt, kann sich der Faktor wie bereits erläutert erhöhen bis maximal verdoppeln, also beispielsweise von 12 auf 24. Ein Bild in der Größe 100 x 120 cm kostet dann nicht mehr 2.640 US-Dollar netto, sondern 5.280 US-Dollar netto.

Sowohl beim Künstler als auch bei Galerien oder anderen Anbietern sollten Sie sich nicht scheuen, sich nach dem Faktor zu erkundigen, nach welchem der Preis des Kunstwerks berechnet wird. Seriöse Anbieter werden Ihnen gerne Auskunft geben.

Sollte sich der Faktor über 20 entwickelt haben, sollte der Preisanstieg mit einigen Ausstellungen, Auszeichnungen oder guten Verkäufen zu begründen sein. Je höher der Faktor, desto mehr Einträge sollte es in der Biografie geben.

Wenn der Name des Künstlers beim Werk angegeben ist – und das ist er in den allermeisten Fällen – recherchieren Sie online seinen Namen. Alle jüngeren Künstler haben eine eigene Website. Dorthin können Sie sich wenden und eine Preisbestätigung erbitten.

Wenn Sie bei einer Galerie ein Werk kaufen, haben Sie in der Regel einen Verhandlungsspielraum von etwa zehn Prozent Nachlass, sogar für erstmalige Käufer (Woodham 2017, S. 97).

Sobald der Käufer das Werk wiederverkauft, befindet es sich auf dem Sekundärmarkt. Vermutlich ist der Preis erhöht worden. Dann die Preise zu recherchieren, wird zwar einerseits schwieriger – aber auch hier die gute Nachricht: Andererseits wird dies auch leichter, denn immer mehr Preise werden online veröffentlicht.

IM SEKUNDÄRMARKT

Hier empfiehlt sich folgendes Vorgehen: Zunächst können Sie online suchen. Geben Sie in der Suchmaske den Namen des Künstlers sowie internationale Begriffe wie »sold« oder »for sale« an, die mit dem Namen oder Titel des Bildes eingegeben werden.

Wenn Sie nach dem Preis eines bestimmten Bildes suchen, geben Sie »Bildrecherche« ein. Es erscheint eine Suchleiste mit einer Kamera. Wenn Sie diese anklicken, können Sie entweder ein Foto des Bildes, das Sie suchen, hochladen, oder eine möglicherweise vorhandene URL des Bildes eingeben. Die Suchergebnisse liefern Ihnen sofort Preise oder Sie finden die Namen der Anbieter. Dort können Sie weitersuchen oder Sie können die Anbieter kontaktieren, um sich nach den Preisen zu erkundigen.

Sowohl im Primär- als auch im Sekundärmarkt sollte Ihre Recherche am Ende ergeben, dass der Preis des Werkes, das Sie kaufen möchten, überall derselbe ist. Wenn es dieses Werk nur einmal gibt und es sich also um ein *Unikat* handelt, dann sollten ähnliche Werke – bezüglich Größe, Motiv, Material, Entstehungsjahr – einen etwa gleichen Preis haben. Finden Sie größere Abweichungen, sehen Sie von einem Kauf zunächst ab und fahren Sie mit der Suche und Recherche fort. Wenn Werke bereits auf Auktionen angeboten wurden, wird es leichter: Suchen Sie einfach auf den Webseiten der Auktionshäuser (s. Anhang) weiter.

Für einen schnellen Überblick nutzen Sie Datenbanken wie Artprice oder Artnet. Diese sind allerdings kostenpflichtig. Die kleinste Gebühr ist ein Tagesticket, das aber für eine einmalige Abfrage reicht. Dort finden Sie alle erzielten Verkaufspreise und können sich so gut einen Überblick verschaffen.

Bei Käufen im Handel sollten Sie unbedingt bedenken, dass die Preise oftmals als Nettopreise ausgewiesen werden. Das hat mit der internationalen Vergleichbarkeit zu tun. Außerdem können beim Kauf ebenfalls zusätzliche Kosten wie Transport und Versicherung anfallen. Erkundigen Sie sich immer besser vorher.

Dr. Stephan Zilkens, Geschäftsführer von Zilkens Fine Art Insurance Broker GmbH, habe ich per E-Mail gefragt, was Sie zu Kunst und Versicherungen wissen müssen:

Was ist bei einer Kunstversicherung zu beachten?
Besonderes Augenmerk sollte immer auf den Versicherungsumfang einer Police gelegt werden. Potenzielle Schadenereignisse können vielfältig und bunt sein, insofern gibt es ebenso große Unterschiede bei der Deckung von Risiken. Idealerweise und im besten Fall hat sich ein Versicherungsnehmer für eine Allgefahrendeckung für seine Kunstsammlung entschieden. Transporte, bei Museen und Galerien unter dem Begriff »Nail to Nail« bekannt,

können, müssen aber nicht zwingend über eine All Risk Insurance gedeckt sein. Eine Beschränkung auf ausgewählte Risiken wie beispielsweise nur Einbruch/Diebstahl spiegelt sich letztendlich auch in einer geringeren Prämie wider.

Kunst und Versicherungswert – wie passt das zusammen?

Die Dokumentation einer Kunstsammlung, ob nun privat oder gewerblich, ist immer eine wichtige Grundlage für den Versicherungswert, der definiert und benannt sein sollte. Dieser wird insbesondere dann zugrunde gelegt, wenn sich ein Total Loss ereignet hat oder Wertminderung nach erfolgter Restaurierung im Schadenfall mit ins Spiel kommt. Der Ersatzwert eines Werkes bei Totalschaden ist in der Regel dann nicht streitbar. Neben Provenienz und klassischen Nachweisen in Form von Kaufbelegen, Auktionen oder vergleichbaren Auktionsergebnissen sollten Kunstwerke auf jeden Fall fotografisch dokumentiert sein. Inzwischen haben sich am Markt auch interessante und hilfreiche Apps etabliert, die digitale Profile inklusive relevanter Eckdaten von Kunstobjekten erstellen können. Sammlungsbewertungen gehören aber zu unseren Aufgaben, die wir gemeinsam mit dem Kunden im Rahmen unserer Maklertätigkeit übernehmen. Wir unterstützen sie dabei, angemessene Versicherungswerte zu ermitteln, die einem späteren Stresstest im Schadenfall standhalten.

Wo passieren die meisten Schäden?

Unverkennbar sind Transporte häufig die Ursache für ein Schadenereignis. Bevor Kunst bewegt wird und auf Reisen geht, sollten unbedingt einige wenige wichtige Punkte berücksichtigt werden: die Wahl des richtigen Transportmittels wie beispielsweise eines Kunstspediteurs und auch eine fachgerechte Verpackung. Wir empfehlen vor dem Einpacken, einen Zustandsbericht inklusive Fotos anzufertigen. Zeigen sich nach Ankunft des Werkes am Zielort Veränderungen am Objekt, die im Zustandsbericht nicht dokumentiert waren, dann ist in der Regel davon auszugehen, *dass ein transportbedingtes Ereignis ursächlich ist. Angemessene Verpackungen wie zum Beispiel maßgefertigte oder sogar stoßgedämpfte und klimatisierte Transportkisten können Risiken minimieren, aber nicht völlig ausschließen.*

WIE SIE AUF AUKTIONEN VORGEHEN – ANALOG UND DIGITAL

Auktionen sind neben den Galerien und Drittanbietern ein wichtiger Markt für den Kunstkauf. Denn hier haben Sie volle Preistransparenz. Wenn Sie gut recherchiert haben und die Preise kennen, können Sie hier durchaus sehr gute Käufe – beste Qualität zu fairen Preisen – tätigen.

Deshalb habe ich die wichtigsten Regeln hier für Sie zusammengestellt.

VORBEREITUNG

Auf eine Auktionsteilnahme sollten Sie sich sehr sorgfältig vorbereiten. Spontanes Mitbieten ist hier keine gute Idee! Überlegen Sie vorher ganz genau, was Sie suchen und was Sie kaufen möchten. Und vor allem legen Sie fest, welches Budget Sie zur Verfügung haben und welches Limit Sie auf keinen Fall überschreiten möchten. Denken Sie auch an die Gebühren, die zum Aufschlagspreis noch hinzukommen. Dafür sollten Sie einen Puffer mit einrechnen.

Am besten besuchen Sie Christie's, Sotheby's oder Phillips online und informieren sich dort über Ihr gesuchtes Objekt oder Ihren Lieblingskünstler.

Alternativ können Sie auch Plattformen wie Artprice oder Artnet benutzen und mit einem Tagesticket oder einem Monatsabo die Preise im Überblick recherchieren. Hier können Sie auch Preisentwicklungen einzelner Künstler abrufen.

Gebührenstruktur für Käufer

Der Hammerpreis bei Auktionen ist meistens der Nettopreis. Hinzu kommen noch Umsatzsteuer und die Gebühren für den Kauf (Aufgeld). Üblicherweise bewegt sich diese Käuferprovision zwischen zehn Prozent und 35 Prozent des Hammerpreises, wobei sie im europäischen Durchschnitt 25 Prozent beträgt. Die genauen Aufgeld-Strukturen für Käufer finden Sie auf den Websites der Anbieter.

Auf den Hammerpreis kommt außerdem noch ein **Overhead-Premium** von einem Prozent genauso wie die Kosten für Folgerecht, Transport, Versicherung, etwaige Restaurierung, Reinigung und neue Rahmung.

Damit Sie nicht unangenehm überrascht werden, sollten Sie sich daher im Vorfeld nicht nur mit den Versteigerungsbedingungen, sondern auch über den Zustand des Werkes informieren.

In einigen Ländern wie Frankreich, Italien oder Deutschland bezahlt der Käufer die sogenannte **Folgerechtsumlage**. Ist der Urheber des Kunstwerkes noch nicht 70 Jahre vor dem Ende des Kalenderjahres des Verkaufs verstorben, wird diese gesetzliche Umlage auf alle Originalwerke der bildenden Kunst und der Fotografie verrechnet. Bei einem Weiterverkauf beginnt die Beteiligung des Künstlers bei vier Prozent. Bei einem Verkaufserlös von umgerechnet 50.000 US-Dollar an aufwärts nimmt der prozentuale Anteil ab. Der Gesamtbetrag der Folgerechtsvergütung aus einer Weiterveräußerung beträgt höchstens 12.500 US-Dollar, auch wenn das Werk für mehrere Millionen US-Dollar den Besitzer wechselt. Viele Auktionshäuser haben die Folgerechtsumlage in ihren Versteigerungsbedingungen geregelt.

Gebührenstruktur Verkäufer

Wenn Sie ein Kunstwerk auf einer Auktion versteigern lassen möchten, kommen ebenfalls direkte und indirekte Kosten auf Sie zu. Das *Abgeld* macht den größten Teil der Kosten des Verkäufers aus.

Hinzu kommen noch Entgelte für Transport, Versicherung und eventuell Folgerecht.

Die Höhe dieser Gebühr beträgt bei den meisten Auktionshäusern zehn bis 25 Prozent des Hammerpreises. Dieser Betrag wird vom Hammerpreis abgezogen und verringert damit den Erlös des Verkäufers.

Bei Ketterer Kunst (kettererkunst.de 2021) wird das Abgeld nur im Erfolgsfall als ein prozentualer Betrag vom Hammerpreis des Objekts fällig.

Bei Sotheby's (sothebys.com 2021) liegt die Standardprovision bei Verkäufen bei zehn Prozent.

Christie's (christies.com 2021) gibt keine konkrete Gebührenstruktur an, jedoch eine Performance Fee, die etwaig zusätzlich fällig wird.

Seit einigen Jahren haben die führenden Auktionshäuser damit begonnen, neben dem Abgeld eine zusätzliche **Erfolgsprovision** einzuführen. Diese wird fällig, falls das Auktionsergebnis eines Werkes dessen Schätzung übertrifft. Bei Sotheby's entspricht die Erfolgsprovision dem geringeren Wert aus (a) zwei Prozent des Hammerpreises oder (b) der Differenz zwischen dem erzielten Hammerpreis und dem oberen Schätzpreis.

Kunstwerke werden unter Vorbehalt zugeschlagen, wenn das einzig vorliegende Gebot unter dem unteren Limit des Einlieferers liegt. Der Einlieferer muss dann kontaktiert und um Zustimmung gebeten werden.

DIGITALE AUKTIONEN

Wenn Sie über den Kauf auf Auktionen nachdenken, empfehle ich Ihnen, zunächst eine Online-Auktion zu probieren. Sie können hier zwischen Online-Auktionen von klassischen Anbietern mit physischer Präsenz (wie Sotheby's, Christie's oder Ketterer) oder reinen Online-Auktionsplattformen (wie Catawiki, Artnet, Artprice) wählen.

Hier lohnt sich auch ein Vergleich der Gebührenstruktur. Artprice berechnet zum Beispiel keine Gebühr für den Käufer, nur für den Verkäufer. Doch auch hier lesen Sie bitte das Kleingedruckte.

Bei Online-Only-Auktionen können Sie den Preis, den Sie für ein Werk bieten möchten, vorab als Gebot (ohne Aufgeld) abgeben. Am besten Sie denken nicht weiter darüber nach und erfahren dann in der Regel per E-Mail, ob es geklappt hat oder nicht. Sie können Ihr Gebot erhöhen, falls Sie überboten werden, aber halten Sie sich an Ihr Preislimit.

Sogenannte Aggregatoren (wie Unvaluable, Bidsquare oder Live-auctioneers) bündeln viele Auktionen auf einer Plattform. Sie geben Ihnen einen schnellen Überblick über Auktionen bei einer großen Anzahl von Häusern. So können Sie nach Ihren Wunschobjekten bei verschiedenen Anbietern mitsteigern. Das hat den Vorteil, dass Sie sich nur einmal registrieren müssen und Sie schneller einen Überblick über angebotene Werke bekommen. (Boll 2020, S. 111–112)

PHYSISCHE AUKTIONEN

Auktionen im Saal bei größeren Häusern besuchen Sie am besten zunächst nur als Besucher und verschaffen sich ein Bild von der Atmosphäre und den Bedingungen. Sie werden merken, dass dies ein riesiger Unterschied zu einer Online-Auktion ist. Sie können bei einer physischen Auktion natürlich auch Ihr Gebot vorher schriftlich abgeben (als Brief oder per E-Mail, bitte erkundigen Sie sich dazu jeweils bei den Auktionshäusern) und nicht weiter aktiv im Saal oder am Telefon teilnehmen. Damit sind Sie auf der sicheren Seite und werden nicht in Versuchung geraten, doch von Ihrem Preislimit abzuweichen.

Denn das ist es, was oftmals im Saal passiert: unter Druck und dem Wunsch »gewinnen zu wollen«, bieten viele Menschen höher, als ihnen eigentlich lieb ist. Nehmen Sie davon Abstand und behalten Sie einen kühlen Kopf.

Ort

Die Orte von Auktionen weltweit waren bislang stark den jeweiligen Kunstepochen zugeordnet: Zum Beispiel kaufen und verkaufen Sie sehr gut zeitgenössische Kunst in New York und Hongkong, Moderne Kunst in London und Alte Meister in Amsterdam. Daher ist es wichtig, wenn Sie über eine Teilnahme an einer physischen Auktion nachdenken oder ein Werk versteigern möchten, den idealen Ort zu wählen.

Nach der Corona-Pandemie und der größeren Online-Reichweite auch für hochpreisige Werke hat sich die lokale Zuordnung allerdings leicht entzerrt.

Sale Alerts

Nutzen Sie die Technik und tragen Sie sich für Künstler und Werke, die Sie interessieren, bei Auktionshäusern oder Plattformen ein und lassen Sie sich automatisch informieren, wenn ein Werk zum Verkauf steht. Erstellen Sie Ihre Wunschlisten und schaffen Sie sich so ein Bild, was auf dem Markt zu welchen Preisen angeboten wird.

Wenn Sie sich beispielsweise für ein Werk von Andreas Gursky interessieren, können Sie sich als »Follower« für ihn auf vielen Auktionshäusern oder Plattformen eintragen oder bei Datenbanken auf eine Liste für Ihren favorisierten Künstler setzen lassen. So werden Sie automatisch über neue Angebote und Auktionsergebnisse informiert.

Meine Empfehlung: Nachverkauf

In der Regel werden etwa 75 bis 85 Prozent aller Werke auf einer Auktion verkauft. (Woodham 2017, S. 101) Doch was passiert mit den Werken, die keinen Käufer gefunden haben?

Was viele nicht wissen: Nach den Auktionen findet der Nachverkauf statt. Dort werden die Kunstwerke angeboten, die nicht versteigert wurden. Hier können Sie gute Gelegenheiten ausfindig machen und über den Preis verhandeln.

In der Woche nach einer Auktion und meist bis zu sechs weiteren Monaten können die unverkauften Exponate besichtigt und zum unteren Schätzpreis zuzüglich Aufgeld erworben werden.

Im Nachverkauf können Sie in Ruhe stöbern. Sie haben dort keinen Druck und wissen, dass das Kunstwerk nicht zum aufgerufenen Preis verkauft wurde. Fragen Sie bei Auktionshäusern nach. Geben Sie ein Preisangebot an, das nicht über dem Schätzpreis liegt. Sie können sich dann immer noch im Preis steigern. Das Auktionshaus gibt Ihr Angebot an den Verkäufer weiter. Ist er einverstanden, kann der Kauf abgewickelt werden. Vergessen Sie aber auch hier nicht, nach den Gebühren und Steuern zu fragen. Der Nettopreis mag oft attraktiv erscheinen, jedoch kommen immer noch einige Prozent an Aufschlag hinzu.

SIEBEN SCHRITTE ZUM KUNSTKAUF

Sie wissen jetzt, wie man Qualität in der Kunst erkennen kann. Wenn Sie nun ein Kunstwerk suchen oder bereits eines entdeckt haben, das Sie kaufen möchten – wie gehen Sie weiter vor?

An dieser Stelle kommt das eigentliche Kernstück meiner Methode zum Tragen: Die sieben Schritte zum Kunstkauf, die Sie immer und wirklich immer befolgen sollten, um eine Fehlentscheidung zu vermeiden.

Abb. 3.4 | 7 Schritte zum Kunstkauf – nach der RPR ART® Methode

1   VORBEREITEN | Was gefällt Ihnen? Was besitzen Sie bereits? Wonach suchen Sie?

2   ZIELE SETZEN | Was möchten Sie mit Ihrer Kunst erreichen? Wieviel möchten Sie ausgeben? Soll es eine Sammlung werden? Spielt Geldanlage eine Rolle?

3   SCHAUEN | Sehen Sie sich so viel Kunst an wie möglich

4   INFORMIEREN | Lernen Sie die Künstler und ihr Werk kennen

5   ANALYSIEREN | Machen Sie eine Qualitäts- und Preisanalyse

6   PRÜFEN | Stellen Sie Provenienz, Zustand und Echtheit sicher

7   FESTLEGEN | Bestimmen Sie Ihr Preislimit

!   ENTSCHEIDEN | Stellen Sie sich die Zusatzfrage: Möchten Sie das Werk jemals wieder verkaufen?

Ich habe vor vielen Jahren selbst nicht gewusst, was ich beim Kunstkauf alles beachten muss, und aus lauter Angst, eine falsche Entscheidung zu treffen, überhaupt nichts erworben – und das als studierte Kunsthistorikerin. Daher habe ich mich auf die Suche gemacht und im Laufe der Zeit aufgrund von Recherchen, Gesprächen mit Marktteilnehmern und Kunstsammlern sowie eigenen Praxiserfahrungen sieben Schritte zum Kunstkauf entwickelt.

Sie lassen sich ganz praktisch anwenden, sodass Sie sich sicher auf dem Markt bewegen und Ihrem ersten oder nächsten Kunstkauf annähern können.

SCHRITT 1 / BESTANDSAUFNAHME UND ANALYSE: WAS GEFÄLLT IHNEN?

Fragen Sie sich, welche Art von Kunst Ihnen besonders gut gefällt, wenn Sie Ausstellungen besuchen. Sind es Gemälde, Fotografien oder Skulpturen? Welche Stilrichtung schauen Sie sich am liebsten in Büchern an? Gibt es einen Künstler, der Sie begeistert? Falls Sie bereits Kunst besitzen, machen Sie eine Bestandsaufnahme: Welche Werke gefallen Ihnen davon besonders gut? Gibt es welche, die Ihnen nicht gefallen, und warum nicht?

Leiten Sie davon ab, welche Art von Kunst Ihnen gut gefällt. Bei diesen Fragen hilft Ihnen auch meine Checkliste aus Kapitel 3 für neue Kunstkäufer weiter.

SCHRITT 2 / ZIELSETZUNG UND PLAN: WELCHES ZIEL VERFOLGEN SIE MIT IHRER KUNST?

Jetzt geht es um Ihre langfristigen Erwartungen und die Fragen: Was möchten Sie mit Ihrer Kunst erreichen? Was möchten Sie kaufen und warum? Konkreter: Möchten Sie Kunst einfach für Ihr Zuhause erwerben? Oder möchten Sie eine Sammlung aufbauen, die Sie in der Öffentlichkeit präsentieren wollen oder deren Werke Sie an Museen ausleihen? Wie viele Objekte beabsichtigen Sie langfristig zu kaufen? Welches Budget planen Sie jährlich dafür ein? Kaufen Sie Kunst auch als Geldanlage?

Das sind Fragen, die Sie sich vor einem Kauf stellen sollten. Auch wenn Sie zunächst noch zögern und sagen, dass Sie das Kunstobjekt eigentlich nur für sich kaufen und es nicht wieder verkaufen wollen: Sie möchten zumindest nicht, dass es an Wert verliert, und es schon gar nicht zu teuer einkaufen, richtig?

Deswegen sollten Sie sich vor Ihrem ersten Kauf ganz genau überlegen, was Sie oder später vielleicht Ihre Kinder und Erben mit der Kunst machen möchten: Können Sie damit leben, wenn das Werk Ihnen Freude macht, aber im schlimmsten Fall auf dem Markt nicht verkäuflich oder sogar wertlos ist und Sie das Geld, das Sie ursprünglich dafür gezahlt haben, nie wiedersehen?

All das muss auch nicht gleich bedeuten, dass es niemals einen Käufer findet, denn es kann nach wie vor wieder einen Liebhaber anziehen. Jedoch wird es für den offiziellen Kunstmarkt nicht interessant sein und dort angeboten werden können.

Aus all den genannten Gründen sollten Sie sich deswegen vor einem Kauf genau überlegen, worauf Sie abzielen:

1. Ich möchte mein Geld zumindest erhalten.
2. Ich möchte mein Geld vermehren.
3. Mir ist das Geld egal und ich kann auch damit leben, wenn das Bild an Wert verliert. Mir reicht es, Freude daran zu haben.

Wenn Sie Ihr Geld erhalten möchten (1), sollten Sie wenig Risiken eingehen und einen namhaften Klassiker wählen. Es muss sich nicht um ein Unikat handeln, für den Werterhalt reicht auch eine Edition. Damit werden Sie keine große Wertsteigerung erreichen, aber da der Künstler bekannt ist, werden Sie Ihr Geld vermutlich zurückbekommen.

Wenn Sie Ihr Geld vermehren möchten (2), sollten Sie eine der beiden folgenden Varianten wählen (mehr dazu in Kapitel 4):

a. Sie kaufen das Werk eines unbekannten jungen Künstlers für wenig Geld mit dem Ziel, dass er sich gut weiterentwickelt und es einen Markt für seine Werke gibt. Seine Kunst steigt im Wert und bei einem Verkauf bekommen Sie mehr für Ihr Bild, als Sie bezahlt haben.
Diese Variante ist mit Risiken verbunden, denn es kann auch passieren, dass der Künstler trotz guter Voraussetzungen nicht so erfolgreich wird wie gehofft. Dann haben Sie aber keine hohe Summe investiert.

b. Sie kaufen das Bild eines Blue-Chip-Künstlers. Das Bild ist ein Unikat aus der Werkgruppe eines der bekanntesten Top-Ten-Künstler. Jeder kennt diesen Künstler. Er hat einen Markt und die Nachfrage nach seinen Werken ist groß. Sie entschließen sich nach einer Preisüberprüfung, eine größere Summe für das Bild zu investieren. Die Preise für seine Werke steigen stetig. Bei einem Verkauf können Sie sich aussuchen, wo Sie es anbieten, und die besten Konditionen aushandeln. Sie bekommen das Geld zurück plus eine Rendite aus der Wertsteigerung. Ihr Geld wurde durch das Bild vermehrt.

Wenn es Ihnen auf das Geld nicht ankommt (3), finden Sie mithilfe meiner Checkliste für neue Kunstkäufer heraus, welche Kunst Ihnen gefällt, und erfreuen sich an Ihrem Kauf.

Egal für welche der drei Varianten Sie sich entscheiden, behalten Sie dabei im Kopf: der eigentliche Wert eines Kunstwerkes liegt immer im Auge des Betrachters. Denn niemand kann Ihnen wirklich garantieren, dass Sie den einmal bezahlten Preis wiederbekommen. Daher ist es auch so wichtig, dass Sie sich im Vorfeld über Ihre Ziele klar werden.

Idealerweise kaufen Sie Kunst nur dann als Geldanlage, wenn Sie auch emotionale soziale und ästhetische Aspekte damit verfolgen. Wenn Sie mehr als ein bis drei Werke kaufen möchten, sind strategische Überlegungen wichtig. Denn ab drei Werken haben Sie fast schon eine Mini-Sammlung. Suchen Sie ein Thema, entwickeln Sie ein Konzept für Ihr Sammelgebiet. Damit es kein Sammelsurium wird, sondern eine aussagekräftige Sammlung.

Häufig werden die Erwartungen an den Verkaufserlös nicht erfüllt
Leider verhält es sich oft wie im folgenden Fall: Der Onkel einer Kundin hatte jahrelang von seiner Kunstsammlung berichtet, die er ihr – seiner Nichte – schließlich vererben wollte. Sie wusste, wie viel er für die jeweiligen Bilder ausgegeben und auf welchen internationalen Reisen er die Werke erworben hatte. Nach seinem Tod sollte sie selbst entscheiden, was damit zu tun sei. Da sie über wenig Platz verfügte, wollte sie sich einige wenige Stücke aussuchen und den Rest verkaufen. Von den Erzählungen und den Unterlagen des Onkels war sie von einem größeren möglichen Erlös ausgegangen. Nach der ersten Schätzung durch ein Auktionshaus lag ein ernüchternder Vorschlag vor, der auch nur ausgewählte Werke inkludierte.
Die Kundin hat sich dann für eine neutrale Einschätzung an mich gewandt. Die niedrigen Schätzpreise konnte ich bestätigen, allerdings empfahl ich ihr, für bestimmte Werke zu warten oder einen anderen Standort zu wählen. Wir haben alle Werke neu gruppiert und nur die einzelnen Werkgruppen an Adressen gegeben, die darauf spezialisiert waren und somit die größten Erlöse erzielen konnten. Am Ende konnten so ihre Erwartungen doch noch erfüllt werden, was aber leider nicht oft der Fall ist. Meistens erhoffen sich die Erben solcher Privatsammlungen viel mehr, als bei einem Verkauf vermutlich bezahlt wird. Die Enttäuschung ist dann immer groß.

SCHRITT 3 / SCHAUEN, SCHAUEN, SCHAUEN – UND NOCH NICHT KAUFEN

Schauen Sie sich so viel Kunst an wie möglich: In Ausstellungen von Museen und Galerien, bei Vorbesichtigungen von Auktionshäusern und bei Messen. Wenn möglich, am besten vor Ort oder auch digital. Sie werden ein immer besseres Gefühl für Stilrichtungen, klassische Kunst und Trends bekommen. Blättern Sie durch Auktionskataloge mit Schätzpreisen und Ergebnislisten. Dies wird Ihnen helfen, eine Idee für das Preisgefüge für bestimmte Kunstwerke und Künstler zu bekommen.

Was Sie wissen sollten: Auf Messen muss viel verkauft werden, denn die Gebühren für Galerien sind sehr hoch. Es gibt auch viele Sammler, die sich teure Kunst leisten möchten und unbedingt bestimmte Stücke ergattern wollen. Daher sind sie oft schon vor der Eröffnung der Messe von ihren Galeristen auf ein bestimmtes Werk hingewiesen worden. Dieses eine spezielle Werk wird nur auf der Messe angeboten werden.

Den gleichen Hinweis hat der Galerist aber noch weiteren Kunden gegeben. So geht der Wettlauf los: Wer ist der Erste, der das gute Stück bekommt?

Dies bestätigt der norwegische Kunstsammler Erling Kagge: »Wenn möglich, kaufe ich auf Messen, noch bevor sie eröffnen. Auf Kunstmessen zu kaufen ist wie ein Sport, und ich mag Sport. Es geht dabei weniger um die Jagd nach dem Glück als um das Glück der Jagd.« (Kagge 2019, S. 99)

Es geht nicht um faire Preise, sondern um Wettbewerbe für Ultra-Reiche, die sich daraus ein Vergnügen machen. Viele amerikanische Kunstsammler gehen allerdings nicht selbst auf Messen, sondern schicken ihre Kunstberater, damit diese vor Ort Preise prüfen und verhandeln.

Eine Messe ist daher als aktive Handelsfläche zu verstehen, auf die man sich nur wagen sollte, wenn man das Kaufumfeld komplett im Griff hat.

Das alles passiert während der Vorbesichtigungen schon vor der offiziellen Eröffnung der Messe. An diesen Tagen werden bei großen Galerien 80 Prozent des Umsatzes gemacht. Alle anderen Tage und Besucher sind weniger wichtig. Manche Galerien schicken dann sogar die Zweitbesetzung an Personal. Alles, was jetzt passiert, ist eigentlich nur noch Show.

Egal, ob Sie zur Eröffnung oder zur Vorbesichtigung eingeladen sind: Machen Sie so eine Show ruhig einmal mit und beobachten Sie, denn es gibt viel zu sehen. Haben Sie dabei nur im Hinterkopf: Die Preise variieren, die besten Werke sind meist schon nach der Vor-Vorbesichtigung verkauft, und der Galerist von ganz großen Galerien ist zur offiziellen Eröffnung vielleicht schon nicht mehr anwesend.

Kaufen Sie niemals, wenn Sie keine Preisschilder sehen und sich nicht umfassend vorher über Preise informiert haben. Ist Letzteres der Fall, versuchen Sie einen guten Preis am letzten Tag der Messe auszuhandeln.

> *Ich empfehle Ihnen Messen vor allem für einen Besuch, um sich über den Markt zu informieren. Oftmals bieten hochkarätige Messen viele Werke auf engstem Raum in Museumsqualität, die dann wieder im Privatbesitz verschwinden. Daher: Nutzen Sie die Gelegenheit zum Schauen!*

SCHRITT 4 / LERNEN SIE KÜNSTLER KENNEN – ES WIRD IHNEN DIE AUGEN ÖFFNEN

Man muss nicht alles wissen. Aber ein Bild ist eine unglaublich individuelle und persönliche Angelegenheit. Es wird viel interessanter, wenn Sie als Käufer auch die Person dahinter kennenlernen.

Bei verstorbenen Malern können Sie Biografien lesen. Bei jungen Künstlern haben Sie die Chance, diese an den Anfängen ihrer Laufbahn zu treffen, ihnen Fragen zu stellen und sie in ihrer Entwicklung weiter zu begleiten. Es wird ihr Leben bereichern. Starten Sie mit einem **Rundgang** bei einer Akademie. Kontaktieren Sie die Künstler, deren Werke Ihnen aufgefallen sind. Vereinbaren Sie einen Atelierbesuch.

Ich selbst mache das schon seit 20 Jahren. Es hat mir die Augen geöffnet für Kunst, obwohl ich zuvor bereits Kunstgeschichte studiert hatte. Aber die Theorie zu kennen ist nur die eine Seite. Farben zu riechen, selbst zur Produktionsstätte zu gehen und zu sehen, wo Kunst entsteht, das ist die andere Seite. Dort kann der Funke überspringen und Ihnen ein Leben lang Freude und Lebendigkeit vermitteln.

In den Gängen roch es nach Ölfarbe und Terpentin. Aus einigen Räumen schien der Geruch schon unter den Türschlitzen emporzukriechen. Die Wände waren weiß gekalkt und der Boden mit Steinfliesen belegt. Meine Schuhsohlen klapperten auf dem Boden. Alle Türen waren verschlossen. Sie schienen ein großes Geheimnis zu hüten, das gelüftet werden wollte. Bilder waren nur von ihrer Rückseite zu betrachten; sie lehnten einfach an den Wänden.

Ich befand mich in der Kunstakademie Düsseldorf. Dort sollte ich eine Meisterschülerin eines weltbekannten Kunstprofessors treffen. Ich lief weiter treppauf. Endlich fand ich den Raum. Ein kleiner handgeschriebener Zettel pinnte an der Tür. Darauf waren drei Namen von Künstlern zu lesen.

Ich klopfte an. Das freundliche Gesicht der Meisterschülerin erschien an der Tür: Sie bat mich, einzutreten. Ich war endlich am Ort der Geheimnisse. Das erste Mal hinter der Tür – dort, wo Kunst produziert wird.

Der Raum war vom Sonnenlicht durchflutet. Bunte Farbkleckse in rot, blau, lila, gelb und grün bedeckten den Boden. Einige Stellen waren mit einem Tuch bedeckt, andere nicht. An den Wänden waren ebenfalls überall Farbstreifen zu sehen. Wohl Spuren, die das Bemalen der Leinwände hinterlassen hatten. Daran hingen vereinzelt Bilder. Im Raum standen einige kleine Tische und Schreinerböcke. Pinsel fanden sich überall: in unterschiedlichen Größen, mit Farben benetzt, in Gläsern, am Boden, auf den Tischchen.

»Schön, dass Sie da sind«, sagte die junge Frau. »Hier arbeite ich. Den Raum teile ich mir mit zwei anderen Künstlerinnen.« An der Wand hing ein Werk, das sie mir zeigen wollte. Es war fertig und strahlte eine Ruhe und Konzentration aus, die einen starken Kontrast zu dem Chaos in dem Raum bildete. Sie zeigte mir noch vier weitere Bilder, und nachdem wir ins Gespräch gekommen waren, auch Werke, die noch nicht ganz fertig waren. Ihre Persönlichkeit überstrahlte die Werke. Nach und nach erfuhr ich, wie sie malt, seit wann und warum. Das alles schien aus ihren Bildern heraus zu leuchten – oder auch nicht. Ich nahm eine komplexe Person wahr, die sich mutig mit verschiedenen Themen des Lebens beschäftigte und sie in ihrer Kunst verinnerlichte.

Die Bilder, die mir bereits beim Rundgang aufgefallen waren, wurden nun lebendig, erzählten eine persönliche faszinierende Geschichte. Erst viel später ging es bei unseren Gesprächen auch darum, welchen Einfluss ihr Professor, ein international bekannter Künstler, auf ihre Entwicklung hatte.

Wenn Sie den Künstler nicht persönlich kennenlernen können oder möchten, machen Sie zumindest eine ausführliche Online-Recherche: Geben Sie seinen Namen ein. Sie werden vermutlich auf seine Website stoßen, auf den Namen einer Galerie, Artikel, Kunst zum Verkauf, Videos und die Social-Media-Seiten des Künstlers.

Sie werden sehen, wie viel näher Sie dadurch seinem Werk kommen und wie viel intensiver Sie seine Kunst erleben werden.

Auch haben Sie mittlerweile viele Möglichkeiten, Künstlergesprächen online beizuwohnen. Museen, Galerien und Verkaufsplattformen bieten diese an.

Sollte Ihnen nun nach Ihren wichtigen Vorbereitungen ein Werk konkret gefallen und Sie einen Kauf in Erwägung ziehen, gehen Sie im Weiteren wie folgt vor:

SCHRITT 5 / RECHERCHIEREN SIE QUALITÄT UND PREIS – UND KAUFEN SIE NIE SPONTAN

Recherchieren Sie: alles zum Werk des Künstlers, zu seiner Person, zur Stilrichtung. Sammeln Sie alles, was Sie an Informationen bekommen können. Lassen Sie sich Zeit und beobachten Sie die Entwicklung des Künstlers. Überprüfen Sie die Qualität mithilfe der erläuterten Kriterien zu Ausbildung und Auszeichnungen des Künstlers, Originalität und Authentizität seines Werkes, Ausstellungs- und Publikationstätigkeit sowie Preis- und Marktentwicklungen. Recherchieren und überprüfen Sie die aufgerufenen Preise anhand der beschriebenen Faktorrechnung im Primärmarkt oder den vorhandenen Verkaufs- und Auktionsergebnissen im Sekundärmarkt. Immer mehr Daten im Internet machen Preisvergleiche möglich.

Und vor allem: Kaufen Sie nicht spontan, unterwegs oder im Urlaub, bevor Sie nicht Qualität und Preis überprüft haben.

SCHRITT 6 / PRÜFEN SIE ECHTHEIT, PROVENIENZ UND ZUSTAND – BEI BEDARF MITHILFE EINES EXPERTEN

Da Schätzungen davon ausgehen, dass 30 bis sogar 50 Prozent aller Werke, die am Markt sind, Fälschungen sein können, müssen Sie bereits vor dem Kauf eines Werkes die Herkunft und die Echtheit sicherstellen.

Vermutlich wird sich das mit der neuen Blockchain-Technologie, die es möglich macht, Kunstwerke mit einem digitalen Zertifikat zu versehen, ändern. Das kann jedoch noch Generationen dauern. Alle bereits mehrfach am Kunstmarkt angebotenen und verkauften Werke werden wohl nicht mehr registriert.

Wenn Sie Kunst im Primärmarkt erwerben, ist es deutlich einfacher, sie auf Originalität zu überprüfen. Sofern Sie von einem Künstler direkt kaufen, achten Sie darauf, dass das Kunstwerk signiert ist, und lassen sich zusätzlich ein Echtheitszertifikat ausstellen.

Auf dem Zertifikat ist das Kunstwerk mit einem Foto abgebildet, alle Angaben zu Titel, Masse, Material, Jahr aufgeführt und mit der Unterschrift des Künstlers versehen, der damit die Originalität bestätigt. Grundsätzlich sollten Sie auch bei allen Anbietern nach dem Zertifikat fragen, wenn es Ihnen nicht automatisch mitgeliefert wird. Dieses Zertifikat bewahren Sie zusammen mit der Rechnung gut auf.

Im Sekundärmarkt benötigen Sie zur Herleitung der Provenienz die Informationen, wo sich das Werk vor seinem jetzigen Besitzer befunden hat. Leider werden Sie in der Regel keine privaten Namen mitgeteilt bekommen, da in vielen Fällen die Verkäufer nicht möchten, dass der Verkauf publik gemacht wird. Vielfach liest sich die Provenienz wie folgt: »Besitz des Künstlers – Galerie xy – Privatsammlung xy in xy.« Sollte es ein Zertifikat des Künstlers zum Werk geben, ist das sehr hilfreich.

Besonders professionelle Künstler wie Gerhard Richter haben auch ein Werkverzeichnis auf ihrer Website, sodass dort nachgesehen werden kann, ob es das Werk wirklich gibt.

Bei verstorbenen Künstlern ist es wichtig zu wissen, welche Adresse den Nachlass verwaltet, sodass Sie dort eine Überprüfung anfragen können.

Wenn Sie trotz allem unsicher sind oder nicht genug Informationen erhalten, schalten Sie einen Experten ein und lassen Sie das

Werk begutachten. Über die Verbände der Kunsthistoriker oder der unabhängigen Kunstsachverständigen (s. Anhang) finden Sie Ansprechpartner in Ihrer Nähe. Auktionshäuser haben ebenfalls Experten zum jeweiligen Fachgebiet im Haus und bieten Ihnen eine unverbindliche Einschätzung an. Fachspezifische Tests an Kunstwerken, mit denen festgestellt werden kann, ob die Farbe wirklich so alt ist, wie es das Werk sein soll, führen dafür ausgerichtete Firmen durch (Adressen s. Anhang).

Im Sekundärmarkt gehört ebenso ein Zustandsbericht zu den Unterlagen, die Sie benötigen, insbesondere, wenn es sich um ein älteres Werk handelt, eine Edition oder ein restauriertes Werk. Bei Letzterem sollten Sie sogar nach einem Restaurierungsbericht fragen. Alle diese Unterlagen sollten Ihnen schriftlich zur Verfügung gestellt werden.

SCHRITT 7 / LEGEN SIE IHR PREISLIMIT FEST – IM HANDEL UND AUF AUKTIONEN

Auktionen sind dazu da, um einen möglichst hohen Verkaufspreis zu erzielen. Im Unterschied zu Galerien bieten Auktionen jedoch einen demokratischen und transparenten Verkaufsprozess. Während Galerien den Künstler vertreten und seine Karriere fördern möchten, ist das Ziel der Auktionshäuser ausschließlich der Verkauf. Sie müssen sich hier auf keine Warteliste setzen lassen oder mit dem Inhaber des Unternehmens bekannt sein.

Wenn Sie ein Bild entdeckt haben, das auf einer Auktion angeboten wird und das Sie interessiert, gehen Sie einfach vor wie bereits beschrieben und setzen Sie sich ein konkretes Preislimit. Dies sollten Sie auch haben, wenn Sie bei Galerien und Kunsthändlern ein Werk entdeckt haben, das laut Ihren Recherchen zu teuer ist. Hier können Sie durchaus in Preisverhandlungen gehen. Bereiten Sie sich gründlich vor, damit Sie Ihre Preisvorstellungen begründen können, und bleiben Sie dabei.

LAST BUT NOT LEAST: KAUFEN SIE EIN WERK NUR, WENN SIE ES EIGENTLICH NICHT WIEDERVERKAUFEN MÖCHTEN

Kaufen Sie nicht spontan, sondern betrachten Sie – wenn möglich – das Kunstwerk über einen gewissen Zeitraum, aus verschiedenen Perspektiven, zu unterschiedlichen Tageszeiten. Sind Sie nach wie vor fasziniert? Entdecken Sie immer wieder etwas Neues? Geht Ihnen das Bild nicht mehr aus dem Kopf? Oder sind Sie nach einiger Zeit gelangweilt, und nehmen es gar nicht mehr wahr?

Auch wenn Sie ein Werk als Geldanlage kaufen: Erwerben Sie es nur, wenn es Ihnen so gut gefällt, dass Sie sich nicht vorstellen können, es jemals wieder abzugeben.

Dies ist übrigens auch eine der Regeln von Investor Warren Buffett, die ich Ihnen als Hilfestellungen bei Kaufentscheidungen und Kunstinvestments in Kapitel 4 vorstelle.

WIE DIE NEUEN TECHNOLOGIEN IHNEN BEIM KUNSTKAUF HELFEN

Ist Kunst bislang nur im Museum zu sehen und über Galerien zu kaufen gewesen, so haben sich in der letzten Zeit aufgrund der Entwicklung neuer Technologien viele weitere Möglichkeiten ergeben: Sie können sich Kunst ungestört auf Museumswebsites ansehen, Kunst auf Plattformen erwerben und direkt Kontakt mit Künstlern aufnehmen.

Diese technischen Innovationen erweitern nicht nur den Zugang zur Kunstwelt, sondern erhöhen auch die Geschwindigkeit des Verkaufs und verändern grundlegend, wie Unternehmen in der Kunstbranche arbeiten.

Technologie hat die Art und Weise, wie Kunst gekauft und verkauft wird, in drei entscheidenden Schritten verändert: wie Kunst ausgestellt wird, wie sie bezahlt wird, bis hin zum Austausch der Eigentümerrechte durch neue Kunstgeschäftsmodelle.

Sie verändert aber auch die Produktion von Kunst und hilft bei deren Dokumentation.

HERSTELLUNG DIGITALER KUNST

Jedes Mal, wenn sich eine neue, potenzielle Möglichkeit auftut, künstlerisch tätig zu sein, können Sie sicher sein, dass Künstler nach Wegen suchen, diese auch zu nutzen. Die Technologie bietet viele neue, aufregende Wege, Kunst zu schaffen, und Künstler scheuen sich nicht, diese auch zu erforschen.

Digitale Kunst und Videokunst sind in den letzten Jahren immer beliebter geworden, und Künstler haben diese Medien eingesetzt, um viele innovative Werke hervorzubringen. Inzwischen nutzen sie aber auch neue, fortschrittliche Techniken, um Kunstwerke zu schaffen: von Virtual Reality und Augmented Reality bis hin zu digitalen Designs und 3D-Druckern wird die ganze Bandbreite bespielt.

In anderen Fällen wiederum ist die Technik selbst Teil des fertigen Kunstwerkes. Während die Besucher durch Rauch und farbige Laserstrahlen gehen, erschaffen sie selbst, als Teil des Kunstwerkes, mit Licht Strukturen und Zeichnungen. Die Technologie ermöglicht es Künstlern, Arbeiten zu produzieren, die sowohl interaktiv als auch dynamisch sind.

BEWAHRUNG UNSERES KULTURELLEN ERBES DURCH DIGITALE DOKUMENTATION UND ARCHIVIERUNG

Mit jedem neuen Eintritt eines Kunstwerkes in den Markt kann es einen digitalen Pass bekommen. Damit werden nicht nur Versicherung-, Transport- und Zollverfahren sowie Echtheitsprüfungen vereinfacht, sondern es wird auch die Provenienz sichergestellt.

Mit den neuen digitalen Möglichkeiten kann jeder Künstler eigene Werke publizieren und dokumentieren. Kein Werk muss in Vergessenheit geraten. Ob das Werk am Kunstmarkt Erfolg haben wird, ist eine andere Frage.

DIREKTER ZUGANG ZUR KUNST WELTWEIT: VIRTUELLE BESUCHE VON MUSEEN UND AUSSTELLUNGEN

Virtuelle Technologie bringt Meisterwerke näher an die Menschen heran und hilft, die künstlerische Vision und ihre Geschichte einem breiteren Publikum zu vermitteln.

Viele weltbekannte Kunstmuseen organisieren inzwischen Online-Touren, um ihre Türen für Besucher weltweit zu öffnen, für die sie sonst nicht zugänglich sind.

Viele Museen versuchen auch, ihre Sammlungen und Archive in 3D zu digitalisieren, was ein neues mächtiges Marketinginstrument darstellt. Sie werden imstande sein, Besuchern jederzeit online einen einfachen Zugang zu ihrer Sammlung zu ermöglichen.

Das bedeutet, dass Sie die Mona Lisa aus der Nähe betrachten, oder die David-Skulptur von Michelangelo im Detail untersuchen können, ohne von anderen Touristen gestört zu werden.

Immer mehr Museen und Galerien nutzen jetzt auch die App-Technologie, um den Menschen zu helfen, etwas über Kunst zu lernen und Kunst zu genießen. Mithilfe von mobilen Apps können Fragen mit nur einem Wisch beantwortet werden oder sie fungieren als eine Art virtueller Reiseführer. Diese Apps können interaktive Karten, Videos über Exponate, Audiotouren und mehr enthalten.

Mit Inka Drögemüller, Deputy Director for Digital, Education, Publications, Imaging, Libraries, and Live Arts am Metropolitan Museum of Art, New York, habe ich via Zoom über die Digitalisierung der Kunstwelt und welche neuen Möglichkeiten Kunstinteressierte nutzen können, gesprochen:

In den vergangenen Jahren haben sich die digitalen Möglichkeiten für die Präsentation und Vermittlung von Kunst rasant verbessert. Welches sind aus Ihrer Sicht die größten Chancen für die Kunst einerseits und Herausforderungen andererseits?
Zunächst einmal möchte ich betonen, dass die Betrachtung von Kunst in Realität durch nichts zu ersetzen ist. Daher ist für uns die größte Herausforderung, wie wir ein Erlebnis mit Kunst online vermitteln können.

So haben wir beispielsweise in den Met Cloisters, einem ehemaligen Kloster im Norden Manhattans, das Musikprogramm Sonic Cloisters aufgenommen. Die Serie elektronischer Musik-Performances renommierter und aufstrebender Künstler haben wir nicht nur auf unseren Kanälen auf YouTube und Facebook, sondern auch bei Twitch – einem Live-Streaming Videoportal – angeboten. Letzteres macht einen Austausch der Zuschauer untereinander möglich. Dies hat uns einen Schritt weitergebracht. Insgesamt sind aus meiner Erfahrung die Chancen weitaus größer: Vor allem bei der Vermittlung des Kontextes von Kunst bietet die Digitalisierung neue Möglichkeiten. Für unsere Videos, insbesondere die MetLivesArts Events, konnten wir einen starken Zulauf verzeichnen. Auf YouTube und Facebook ziehen wir damit bis zu 100.000 Besucher pro Event an – eine Publikumsmenge, die wir analog niemals erreicht hätten.

Seit 2019 sind Sie als Deputy Director for Digital, Education, Publications, Imaging, Libraries, and Live Arts am Met tätig. Was wird der nächste innovative Schritt im Bereich der Digitalisierung sein?
Grundsätzlich werden wir das hybride Angebot aufrechterhalten und weiter ausbauen, da es in so vielen Bereichen Vorteile bietet.
Wir erreichen mit unseren Openings, die wir im Videoformat aufzeichnen und auf unserer Website und Social-Media-Kanälen publizieren, digital ein weltweites Publikum, das wir analog nicht einladen könnten. Nun arbeiten wir daran, wie wir diese Angebote in verschiedenen Sprachen, wie beispielsweise Mandarin, und unterschiedlichen Zeitzonen online präsentieren, sodass wir mit unseren Eröffnungen Menschen in mehreren Kontinenten gleichzeitig erreichen können.
Auch unser Symposium »People« – eine dreitägige Gesprächsreihe, in der Wissenschaftler, Künstler, Schriftsteller, Performer und Aktivisten aus aller Welt ihre Ideen darüber austauschen, wie Museen mit Menschen vor Ort und auf der ganzen Welt zusammenarbeiten können – war insofern sehr erfolgreich, weil wir nicht nur viel mehr Leute erreicht haben, sondern

auch alle Wunschteilnehmer zuschalten konnten. Dies ist analog oft nicht möglich. Außerdem ist der Aufwand des Reisens einfach zu hoch. Hier werden wir sicher in dieser Form weitermachen, da sich mit wenig Aufwand sehr viel mehr erreichen lässt.

Auch AR (Augmented Reality) und AI (Artificial Intelligence) sind weitere Möglichkeiten für uns. Mit AR haben wir bereits ein Projekt über Instagram umgesetzt, bei dem man sich Kunstobjekte aus dem Met virtuell nach Hause holen konnte. Mit AI könnten wir beispielsweise die Übersetzungen unserer Angebote in andere Sprachen umsetzen.

In der Zukunft werden wir weiter an den Möglichkeiten im Bereich »Bildung« arbeiten, um auch Kindern einen Zugang zur Kunst zu verschaffen: ganz besonders Kindern, die entweder gar nicht in die Schule gehen oder nicht in den Genuss von Kunstunterricht kommen. Auch hier bieten sich digital viele Optionen an. Insgesamt ist es unser Ziel, das Metropolitan Museum of Art als Institution so »offen« und zugänglich wie möglich zu machen.

Was raten Sie Kunstmarkt-Anfängern, welche digitalen Möglichkeiten sie nutzen sollten?

Kunstliebhaber, die zum ersten Mal ein Werk kaufen möchten, sollten ihrem Bauchgefühl folgen. Es gibt immer einen Grund, warum einem ein Werk gefällt oder anspricht. Diesem Grund sollte man nachgehen, und seinem eigenen Weg folgen, immer weiter darüber lesen, lernen, anschauen und verstehen. Und sich nicht nur von einem Galeristen beraten lassen, denn dann sehen alle Sammlungen am Ende gleich aus.

Mich selbst hat es immer sehr inspiriert, wenn ich die Gelegenheit hatte, Künstler persönlich kennenzulernen. Analog ist dies oft nicht einfach, insbesondere bei etablierten Künstlern. Auch hier bietet die virtuelle Welt die Möglichkeit, zum Beispiel unsere Artist Conversations anzusehen, und sich ein Bild von einem Künstler zu machen, den man sonst nicht so einfach zu einem Gespräch treffen könnte.

RECHERCHE ZU KÜNSTLERN, KUNST UND PREISEN WIRD ERLEICHTERT

Während viele Anbieter Datenmaterial und Informationen zu unzähligen Kunstwerken kostenlos zur Verfügung stellen wie zum Beispiel Smartify, sind die bereits erwähnten Datenbanken, die alle Auktionsdaten zur Verfügung stellen, kostenpflichtig.

Dafür erhalten Sie Zugang zu Informationen, wann und wo ein Kunstwerk zum Verkauf auf einer Auktion angeboten wird, und finden ähnliche Werke, um Preisvergleiche zu ziehen. Außerdem können Sie eine Wunschliste erstellen und automatisch über neue Werke informiert werden, die zum Verkauf stehen. Die Londoner Firma ArtTactic beispielsweise hat vor 20 Jahren mit dem Aufbau von Analyse-Services begonnen.

Anders Petterson, Gründer und CEO von ArtTactic, habe ich per E-Mail zur Entwicklung seines Unternehmens befragt:

Was war Ihre Vision, als Sie vor gut 20 Jahren Ihr Unternehmen gründeten?
Unser wichtigstes Ziel war (und ist immer noch), durch Bildung, Information und Forschung mehr Transparenz auf dem Kunstmarkt zu schaffen. Ich glaubte, dass dadurch mehr Menschen bereit sein würden, sich zu engagieren, und dass sich das Vertrauen in ihre Entscheidungsfindung verbessern würde. Ich verließ 1999 eine datengesteuerte Branche, nachdem ich seit Mitte der 1990er-Jahre bei JP Morgan gearbeitet hatte, und hatte das Gefühl, dass es dem Kunstmarkt an Daten und unabhängiger Forschung mangelte. Damals war der Kunstmarkt ein geschlossener Kreis von Insidern mit weitreichendem Zugang zu Insiderinformationen und Daten. Nachdem ich mit vielen meiner ehemaligen Kollegen aus der Finanzbranche gesprochen

hatte, wurde mir klar, dass einer ihrer Hauptgründe, Kunst nicht zu kaufen oder zu investieren, darin bestand, dass sie nicht über das nötige Wissen und Vertrauen verfügten, was größtenteils darauf zurückzuführen war, dass sie nicht in der Lage waren oder nicht wussten, wie sie an Daten, Informationen und Untersuchungen über den Kunstmarkt herankommen sollten. Dies war der Ausgangspunkt von ArtTactic. Wir haben uns bewusst dafür entschieden, die Struktur und das Design der Finanzforschung nachzubilden, um eine vertraute Sprache zu gebrauchen und die Daten, Werkzeuge und Analysen an die Natur des Kunstmarktes anzupassen.

Welches war die größte Herausforderung, die Sie zu bewältigen hatten, und welches die größte Leistung bis jetzt?
Ich denke, die größte Herausforderung bestand darin, den Widerstand gegen die Verwendung von Daten und Forschung als Teil eines Entscheidungsprozesses zu überwinden. Als wir anfingen, wurden Entscheidungen nicht auf der Grundlage von Daten und Untersuchungen getroffen, sondern auf der Basis von Beziehungen, Netzwerken und Vertrauen. Die Tatsache, dass jemand von außerhalb die Kunstwelt von innen kommentiert, führte in den ersten Jahren zu großer Skepsis. Doch Konsequenz und Beharrlichkeit überzeugten die Skeptiker nach und nach. Als sich der Kunstmarkt zu einem globalen Wirtschaftszweig zu entwickeln begann, stieg die Nachfrage nach Daten und Untersuchungen, insbesondere von neuen Käufern und Sammlern sowie von neuen Unternehmen, die sich auf dem Kunstmarkt etablieren.

Wie können (angehende) Sammler von ArtTactic profitieren?
Ich glaube, dass eine gute Ausbildung für jede Art von Tätigkeit, die man aufnimmt, von grundlegender Bedeutung ist. ArtTactic informiert seit 2004 mithilfe unserer Forschung und unseres Wissens. Wir haben bereits eine Reihe von Online-Kursen ins Leben gerufen und arbeiten weiter an neuen Kursen, um auf neue Entwicklungen auf dem Kunstmarkt zu reagieren.

Im Laufe der Jahre haben wir die Bildung als Ausgangspunkt für die Aufnahme neuer Kunden genutzt, und sobald sie verstehen, wie die Dinge funktionieren, nutzen wir Informationen und Forschung als Werkzeuge, um ihr Wissen zu erweitern und ihr Interesse weiter zu steigern. ■

DER KUNSTKAUF WIRD EINFACHER UND TRANSPARENTER

Technologien wie das Internet, Virtual Reality und Augmented Reality, Blockchain, Kryptowährungen und möglicherweise auch bald künstliche Intelligenz verändern auch die Art und Weise, wo Kunst verkauft wird.

Digitale Marktplätze bieten mehr Kunstwerke an als je zuvor, denn sie ermöglichen Künstlern den Zugang zu einem Markt, der ihnen zuvor mangels Galerie verschlossen blieb.

Mit Augmented Reality und Virtual Reality wird es zukünftig möglich sein, virtuelle Verkaufsräume vom Computer aus betreten und Kunst anschauen zu können.

Auch der physische Kunstkauf wird einfacher werden. Es ist nun möglich, von jedem Punkt der Erde aus Sammlungen zu durchstöbern, bei Auktionen mitzubieten und Transaktionen schnell abzuschließen. Käufer und Verkäufer können digital interagieren, was die Anzahl der Kunstverkäufe und die Geschwindigkeit, mit der diese Transaktionen stattfinden, erhöht. Es ist nicht mehr notwendig, persönlich eine Galerie oder eine Messe zu besuchen oder an einer Auktion teilzunehmen, um Kunst zu kaufen. Auf diese Weise macht die Technologie es möglich, ein größeres Publikum zu erreichen.

Einige Funktionen auf den Anbieter-Plattformen oder eigene Apps (s. Anhang) erlauben es sogar, die von Ihnen favorisierten Werke auf der dafür vorgesehenen Wand zu simulieren und sie dort digital einzubauen. Somit ersparen Sie sich »Probehängungen« und können vor einem Kauf bereits prüfen, wie das Werk an seinem angedachten Platz aussehen wird.

Mit dem Aufkommen der Blockchain-Technologie gibt es nicht nur entscheidende Veränderungen bei Authentifizierung und Provenienz, sondern auch bei Transaktionen. Mussten diese einst aufwendig dokumentiert werden, können sie nun unveränderlich auf dezentralen Kassenbüchern (Ledgern) oder Blockchains aufgezeichnet werden. Auch Gebote können dort festgehalten und Transaktionen validiert werden, was die Geschwindigkeit von Verkäufen erhöht und gleichzeitig die Privatsphäre der Beteiligten schützt – eine wichtige Voraussetzung in der Kunstwelt.

Die Blockchain-Technologie und Kryptowährungen – die digitalen Währungen, die Blockchains überhaupt ermöglichen – stehen noch am Anfang, aber die Möglichkeiten, die sich daraus ergeben, sind erstaunlich. Sie verändern die Art und Weise, wie schnell, genau und transparent Kunstgeschäfte abgewickelt werden können.

»Digital Revolution«, 2014, London Barbican Centre
Diese digitale Kunstausstellung wurde in der Times UK als »bahnbrechende Show« bezeichnet. Der Zweck dieser künstlerischen Veranstaltung war es, »die Transformation der Kunst durch Technologie« seit den 1970er-Jahren zu feiern, indem die bedeutendsten Autoren verschiedener digitaler Kunstgenres versammelt wurden. Die Besucher konnten die Werke und Installationen von Björk, Chris Milk, Aaron Koblin oder Rafael Lozano-Hemmer und vielen anderen sehen und genießen. Die Schau blickte auch in die Zukunft und betrachtete die kreativen Möglichkeiten, die Augmented Reality, künstliche Intelligenz, tragbare Technologien und 3D-Druck bieten werden.

NEUE DIGITALE VERPACKUNGEN MACHEN KUNSTKAUF ALS INVESTMENT EINFACHER

Verschiedene Anbieter ermöglichen es inzwischen, digitale »Anteile« an einem Werk zu kaufen, wie Sie es auch bei einem Unternehmen tun können.

Da Sie nicht gleich ein ganzes Objekt erwerben müssen, wird die Investition in Kunst viel erschwinglicher. Die Transaktionen und die Wertentwicklung des jeweiligen Kunstwerkes sind über die Plattform transparent nachzuvollziehen. Oftmals werden Kryptowährungen als Zahlungsmittel akzeptiert.

Diese »ArtTech«-Investitionsplattformen stellen Kunstanteile in unterschiedlichen Formaten zur Verfügung. Mit diesen neuen Modellen wird mehr Menschen die Möglichkeit eröffnet, sich am Kunstmarkt zu beteiligen und einen Anteil an einem Meisterwerk zu besitzen. Diese Beteiligungsmodelle **(Art Fractioning)** sind eine verbesserte Fortsetzung der traditionellen Kunstinvestmentfonds, worauf ich in Kapitel 4 noch näher eingehen werde.

Auch wurden am Kunstmarkt bereits Transaktionen mit Kryptowährungen wie Bitcoin abgeschlossen. Während es noch zu früh ist, um sagen zu können, ob Kryptowährungen in ihrer jetzigen Form zum Standard der Zukunft gehören werden und Fiatgeld oder lokale Währungen ersetzen, werden die neuen Technologien, vor allem die Blockchain, die Art und Weise des Kunstkaufs und -verkaufs weiterhin beeinflussen.

Mit der technologischen Weiterentwicklung entstehen auch immer wieder neue Geschäftsmodelle für Dienstleistungen im Kunstmarkt. Neue Services vereinfachen die Prozesse besonders für Museen und Speditionen bei Versand, Zoll und Authentifizierung oder helfen bei der Dokumentation von Bestand bei Kunstsammlungen und Verkauf bei Galerien und Auktionshäusern. Zu den Anbietern, die mit Technologie Prozesse vereinfachen möchten, gehören unter anderem ArtLogic, Artgalleria und die Schweizer Firma 4ARTechnologies.

Dino Lewkowicz, Direktor von 4ARTechnologies, habe ich per E-Mail gefragt, welchen Mehrwert seine Firma für den Kunstmarkt entwickelt hat:

4ARTechnologies bietet ein ganzheitliches Ökosystem aus modernsten digitalen Technologien und beantwortet mehrere Herausforderungen der gegenwärtigen und zukünftigen Kunstwelt. Unser patentierter Fingerabdruck dient als sicherer Schlüssel zur digitalen Welt, macht Kunstwerke eindeutig identifizierbar und verbindet sie untrennbar mit ihrer Dokumentation. Die Blockchain-basierte lebendige Provenienz sichert automatisch alle Bewegungen eines Objektes. Vollständig digitale Zustandsberichte standardisieren dieses essenzielle Werkzeug und machen globales Art Handling transparent und kostengünstig. Integrierte VR-Galerien mit AR-Funktionalität ermöglichen, eine neue Art Kunstwerke aus der ganzen Welt zu erleben und mit Überzeugung zu erwerben. Mit dem NFT+ werden erstmalig physische und digitale Kunstwerke gleichermaßen zu Sammlerstücken.

Sind NFTs, Blockchain und die neuen Märkte für digitale Kunst nur ein Hype oder der Markt der Zukunft?

Die technischen Neuerungen transformieren den Kunstmarkt: Zu dem Markt für NFTs hat jeder Interessent Zugang und kann die Preise und Transaktionen gänzlich transparent einsehen. Die Künstler können ihre Kunstwerke anbieten, ohne durch das Nadelöhr der Galerien gehen zu müssen – und somit auch, ohne die Hälfte des Verkaufspreises an sie abzugeben. Der Weg ihres fälschungssicheren Kunstwerkes ist zudem lückenlos nachvollziehbar, und die Urheber können bei jedem Weiterverkauf am Umsatz partizipieren.

Der Markt für digitale Kunst ist derzeit eine kleine Nische, die ein neues, junges und technikaffines Publikum anzieht. Auch mag es sich bei Preisrekorden kurzfristig um übertriebene Spekulationen und Blasen handeln – die weitere Entwicklung ist hier schwer abzusehen. Sicher ist, dass der Markt für NFTs ein Zeichen für Transparenz und Demokratisierung im Kunstmarkt setzt. Dies könnte ein neues Kapitel in der Kunstgeschichte sein – die Voraussetzungen sind zumindest geschaffen: Mega-Player wie die Pace-Galerie in New York verkaufen NFTs über eine eigene Plattform, Christie's war das erste Auktionshaus, das NFTs in Asien versteigerte, und auch Sotheby's hat mit Metaverse eine eigene Plattform für digitale Kunst und NFTs gegründet. Etablierte Künstler wie Damien Hirst bieten selbst NFT-Kunst an. Museen haben begonnen, NFTs als zusätzliche Einnahmequelle zu entdecken. Die erste Messe für Kryptokunst (Crypto Art Fair) wurde am New Yorker Times Square mit dem etablierten Magazin »Kunstforum« als Medienpartner von der Plattform NFT Magazin organisiert.

Abb. 3.5 | **Verkäufe von NFTs für Kunst und Sammlerstücke, 2020 – 2022**

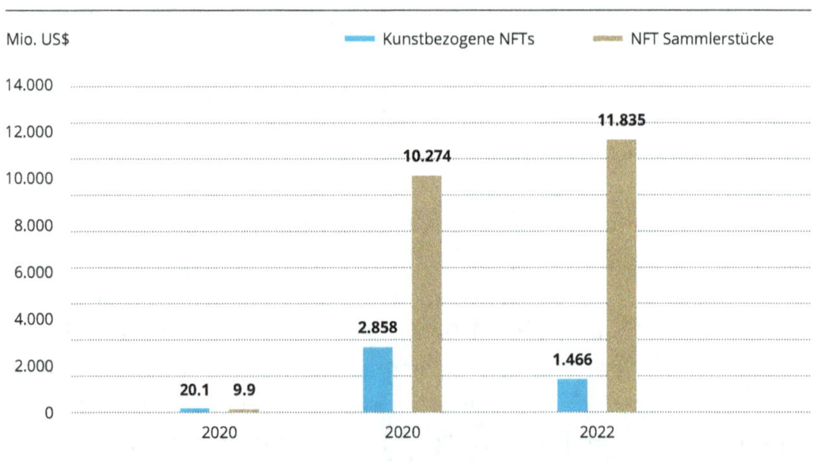

Quelle: Arts Economics (2023) mit Daten von Nonfungible.com

Der NFT-Markt hat sich rasch verändert: Anfänglich wurden in erster Linie solche von Animationen, Standbildern digitaler Werke und Standbildern physischer Werke verkauft, später code-generierte Objekte (Code Art), auch generative Kunst oder algorithmische Kunst. Dazu gehören ganze NFT-Sammlungen, wie beispielsweise CryptoPunks und Bored Ape Yacht Club, bei denen das Gefühl, Teil von etwas viel Größerem zu sein, genauso wichtig ist wie die Kunst selbst. (Read 2021, S. 27–31)

Eine weitere erstaunliche Zahl: Die Quote der unverkauften Lose bei NFTs ist die niedrigste auf dem auf dem Kunstmarkt, sie beträgt nur 6 Prozent gegenüber durchschnittlich 30 Prozent bei anderen Medien wie z. B. Malerei, Skulptur, Zeichnung, Foto und Druckgrafik. (Ehrmann 2021)

Nach dem Boom im Jahr 2021 gab es schon im Folgejahr einen deutlichen Umsatzrückgang für Kunst-NFTs. Der Markt für digitale Kunst aber hat sich etabliert und ist mittlerweile größer als der Markt für Fotografien (siehe Abb. 3.6).

Abb. 3.6 | Umsatzanteil der Kunsthändler nach Medium, 2022

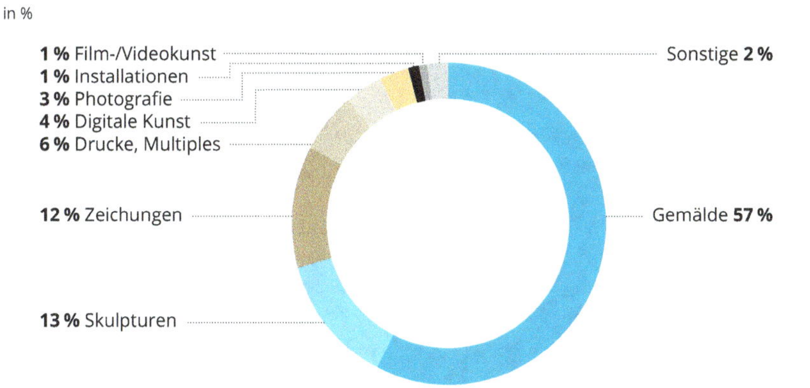

in %

Quelle: ©Arts Economics (2023)

Alles in allem haben die neuen technischen Möglichkeiten, digitale Kunst zu verpacken und zu verkaufen, ihr einen enormen Schub gegeben. Aus künstlerischer Sicht sind NFTs eher ein Nischenprodukt. Daher gilt es hier weiter zu beobachten, wie sich der Markt entwickelt. Die Blockchain aber bleibt die Technologie der Stunde zur Verbriefung für digitale und analoge Kunst, denn sie bietet viele Möglichkeiten, um Kunst in neuer Form zu kreieren, zu präsentieren und zu verkaufen und neue Kunstkäufer anzuziehen.

WAS SIE AUS DIESEM KAPITEL MITNEHMEN

Auch wenn es keine wissenschaftlich basierten Merkmale für Qualität in der Kunst gibt, lassen sich dennoch **Kriterien** für junge Künstler vor dem Einstieg in den Primärmarkt als auch für etablierte Künstler im Sekundärmarkt ausmachen, die bei der Einschätzung eines Kunstwerkes unterstützen können.

Ebenso helfen die Faktorrechnung im Primärmarkt sowie im Sekundärmarkt die Online-Recherchen dabei, Verkaufspreise im Handel und besonders auf Auktionen vergleichen können.

Sieben Schritte zum Kunstkauf ermöglichen es, Qualität zum fairen Preis zu finden: analysieren, Ziel formulieren, schauen, kennenlernen, recherchieren, prüfen, Limit setzen.

Neue Technologien erweitern die Entwicklung von Kunst mithilfe von u. a. Virtual Reality und 3D-Druckern, vor allem aber ermöglichen sie einen Zugang zu Kunst auf der ganzen Welt, schnellen Informationsaustausch sowie Preistransparenz und erleichtern durch die Blockchain-Technologie, NFT-Zertifzierung und Kryptowährung den Kauf.

QUELLEN

Adam, Georgina. 2017. *Dark Side of the Boom. The Dark Side of the Exzesses of the Art Market in the 21st Century. London: Lund Humphries Publishers Ltd.*

Avignon, Jim. 1996. *The man who got replaced. Berlin.*

Boll, Dirk. 2020. *Was ist diesmal anders? Wirtschaftskrisen und die neuen Kunstmärkte. Berlin: Hatje Cantz.*

christies.com. 2020. *21. September. Zugriff am 27. Mai 2021. https://www. christies.com/buying-services/buying-guide/financial-information/.*

christies.com. 2021. *Zugriff am 27. Mai 2021. https://www.christies.com/ selling-services/selling-guide/before-the-sale.*

Danto, Arthur C. 1984. *Die Verklärung des Gewöhnlichen. Frankfurt am Main: Suhrkamp.*

Ehrmann, Thierry. 2021. *The Contemporary Art Market Report in 2021. Lyon: Artprice.*

Gropp, Rose-Maria. 2021. *Sotheby's geht nach Köln. faz.net. 21. Mai. Zugriff am 27. Mai 2021. https://www.faz.net/aktuell/feuilleton/kunstmarkt/sotheby-s-deutschland-die-wahl-faellt-auf-koeln-als-standort-17353065.html.*

Groys, Boris. 2015. *Kunstarbeiter zwischen Utopie und Archiv. schweizermonat.ch. Februar. Zugriff am 18. Februar 2021. https://schweizermonat.ch/kunstarbeiter-zwischen-utopie-und-archiv.*

Hauskeller, Michael. 1998. *Was ist Kunst? Positionen der Ästhetik von Platon bis Danto. München: C.H. Beck.*

Holtmann, Heinz. 1999. *Keine Angst vor Kunst. Moderne Kunst erkennen, sammeln und bewahren. München: Econ.*

Kagge, Erling. 2019. *Große Kunst für kleines Geld. Berlin: Insel.*

Keith Haring Journals. *October 14, 1978*

kettererkunst.de. 2021. *31. Januar. Zugriff am 18. Mai 2021. https://www. kettererkunst.de/verkaufen/fragen-zum-verkauf.php.*

kettererkunst.de 2021. *Mai. Zugriff am 27. Mai 2021. https://www.ketterer-kunst.de/kaufen/versteigerungsbedingungen.php.*

Kräussl, Roman. 2013. *The Documenta Effect. Art + Auction, November, S. 206–207.*

Lexikon der Kunst. 1967. Frankfurt am Main: Ullstein Verlag.

Lucci, Stefanie. 2008. *Um die Ecke denken. Zur Konstruktion von Qualitätsmerkmalen und Funktionen zeitgenössischer Kunst*. Essen: Klartext.

Luckwaldt, Siems. 2020. *Linde Rohr-Bongard: Auf Möbel verzichte ich, auf Kunst nicht*. capital.de. 29. Oktober. Zugriff am 15. März 2021. https://www.capital.de/leben/linde-rohr-bongard-auf-moebel-verzichte-ich-auf-kunst-nicht.

Luckwaldt, Siems. 2021. *»Kunstkompass: Das sind die größten Künstler von 2021«*. capital.de. 20. Oktober. Zugriff am 27. Oktober 2021. https://www.capital.de/leben/kunstkompass-das-sind-die-groessten-kuenstler-von-2021.

Polleit Riechert, Ruth. 2013. *Preisentwicklung und Marketing im zeitgenössischen Kunstmarkt des 21. Jahrhunderts von 2000 bis 2007*. Hamburg: Verlag Dr. Kovac.

Pommerehne, Werner, und Bruno Frey. 1993. *Musen und Märkte. Ansätze zu einer Ökonomik der Kunst*. München: Vahlen.

Read, Robert. 2021. *Hiscox online art trade report 2021. Part one*. London, Hiscox and ArtTactic.

Ressler, Otto Hans. 2017. *Otto Hans Ressler über die Qualität der Kunst*. kunstinvestor.at/aktuell. Zugriff am 3. Januar 2021. http://www.kunstinvestor.at/aktuell/kommentar-otto-hans-ressler-ueber-die-qualitaet-der-kunst/.

Rubin, William S. *The Museum of Modern Art, MoMA Highlights*, New York: The Museum of Modern Art, revised 2004, originally published 1999, S. 196.

Saehrendt, Christian; Kittl, Steen T. 2007. *Das kann ich auch! Gebrauchsanweisung für moderne Kunst*. Köln: DuMont.

sothebys.com. 2021. 1. Februar. Zugriff am 27. Mai 2021. https://www.sothebys.com/1-february-2021-buyers-premium.pdf.

sothebys.com. 2021. Zugriff am 27. Mai 2021. https://www.sothebys.com/en/glossary.

Woodham, Doug. 2017. *Art Collecting Today*. New York: Allworth Press.

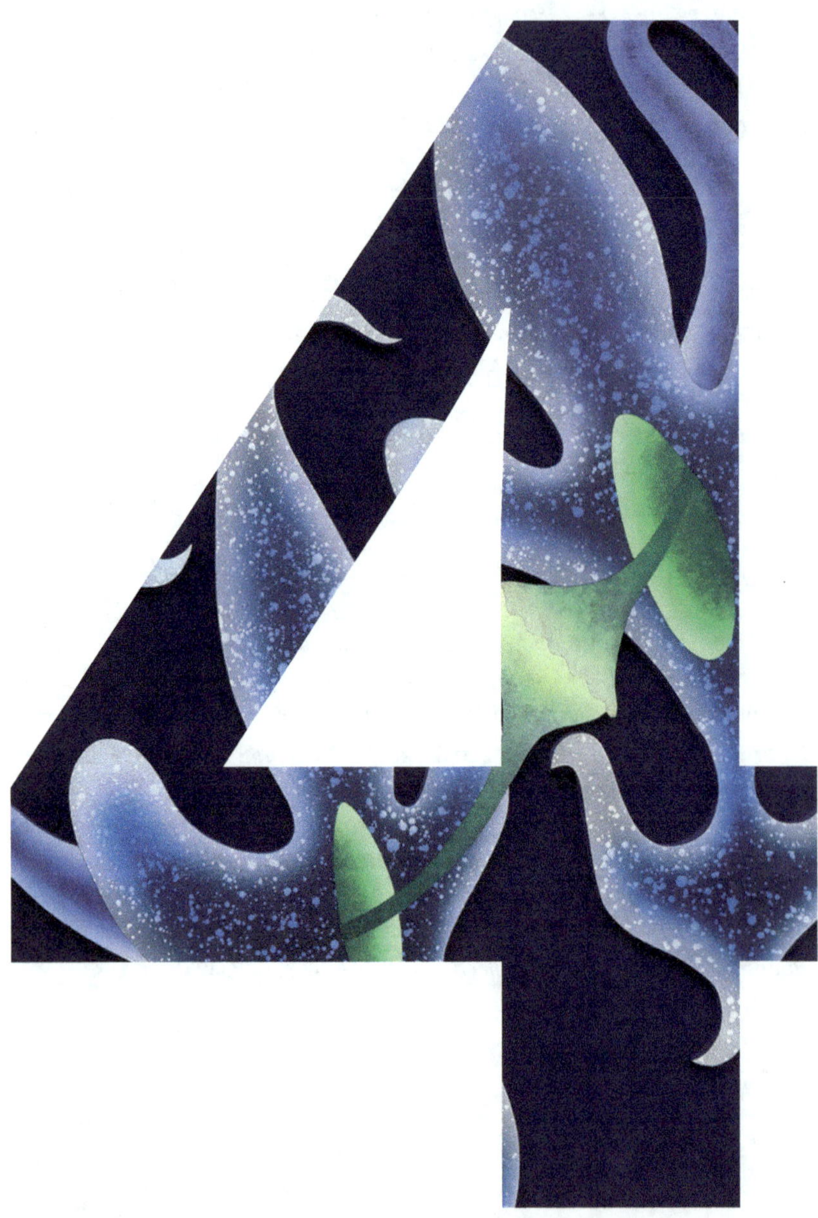

KUNST ALS GELDANLAGE

IN DIESEM KAPITEL ERFAHREN SIE

- ob es sich lohnt, in Kunst zu investieren
- was der erfolgreiche Investor Warren E. Buffett mit Kunst zu tun hat
- welche Anlagestrategien Sinn machen

Foto links: Mevlana Lipp, Nocturnal (Detail), 2020

© Springer Fachmedien Wiesbaden GmbH, ein Teil von Springer Nature 2023
R. Polleit Riechert, *Kunst kaufen*, https://doi.org/10.1007/978-3-658-40935-7_4

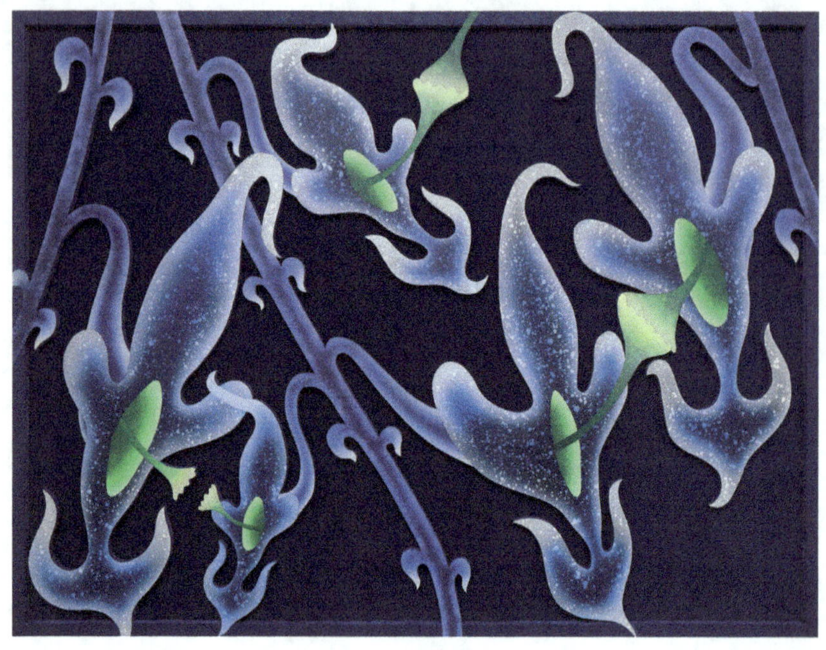

Mevlana Lipp
Nocturnal, 2020, 120 x 90 cm, Holz, Samt, Acrylfarbe, Tinte, Sand

EIGNET SICH KUNST ALS INVESTMENT?

Wenn Sie über Kunst als Geldanlage nachdenken, sollten Sie idealerweise noch einen weiteren Nutzen damit verbinden: eine emotionale, soziale oder ästhetische Bereicherung Ihres Lebens. Denn dann haben Sie nach wie vor die »schöne« Rendite, an der Sie sich erfreuen, die Aktie an der Wand, selbst wenn die tatsächliche Rendite nicht ausfällt wie erhofft. Die Wahrscheinlichkeit, dass die Investition mehr als überdurchschnittlich ausfällt, ist einfach zu gering.

Kunst als Anlageklasse weist eine Reihe von Besonderheiten auf, die sich kategorisch von den klassischen Anlagearten wie Aktien, Anleihen oder Immobilien unterscheiden. Eine der wichtigsten: Kunst erzielt keine intrinsische Rendite, sie wirft keinen laufenden Ertrag ab. Darum ist der Wert von Kunst auch nur schwer zu ermitteln. Die Beurteilung, welcher Preis für ein Kunstwerk angemessen ist, ist alles andere als ein einfaches Unterfangen und erfordert besondere Expertise.

Können daher Kunstwerke überhaupt als Investitionsobjekte angesehen werden?

Im Unterschied zu anderen Anlagemärkten wollen die Teilnehmer im Kunstmarkt oft nicht als Geldanleger oder Spekulanten angesehen werden. Der Kunst haftet die Aura eines elitären Gutes an, das nicht als Handelsobjekt und Anlage degradiert werden soll; hinzukommt, dass Kunstinvestoren meist nur ungern über Geld sprechen: »Interestingly, when you talk to most people about buying in the art market, they never want to talk about money. It's not supposed to be or have anything to do with money. It's art.« (Ackerman 2010, S. 26).

Als der Autor des Buches »Talking prices« Olav Velthuis einen Galeristen in New York befragt, wird ihm offiziell erklärt, dass Kunst nicht als »Kapital« degradiert werden dürfe. Inoffiziell rechnet derselbe Galerist ihm jedoch vor, wie viel er für seine eigene Sammlung bezahlt hat und wie viel sie jetzt wert sei. (Velthuis 2013, S. 1–2)

Auch hat es in der Vergangenheit immer wieder Beispiele für erfolgreiche Kunstinvestments auf professioneller Anlegerseite gegeben. Das bekannteste ist dabei das einmalige Experiment des British Rail Pension Fund, der Pensionskasse der britischen Eisenbahner. Die Verantwortlichen legten das Geld ihrer Mitglieder in den 1970er-Jahren aufgrund der hohen Inflation in erstklassiger Kunst an.

Zehn Jahre später gab der Fonds 25 ausgewählte Stücke von Impressionisten und aus der Moderne zu einer Auktion. In der Anschaffung hatten diese Werke 3,4 Millionen GBP gekostet. Sie wurden für 35,2 Millionen GBP verkauft. Der Gewinn belief sich auf 20,1 Prozent und nach Abzug der Inflation auf 11,9 Prozent. Aus Aktien hätte der Gewinn in diesem Zeitraum nur 7,5 Prozent ausgemacht.

Nachdem 1996 die letzten Werke aus dem Eisenbahner-Fonds verkauft wurden, verschlechterte sich allerdings die Rendite auf insgesamt 13,11 Prozent und inflationsbereinigt auf 5,33 Prozent (Holtmann 1999, S. 191–192/Boll 2020, S. 13).

Kunstökonomen schätzten in ihren ersten Untersuchungen in den 1980er-Jahren die zu erwirtschaftenden Renditen – bezogen auf alle Kunstepochen – im Durchschnitt geringer ein als bei anderen Finanzmarktanlagen.

Sie kamen damit zum Schluss, dass sich eine Investition in Kunst nicht lohne, da andere Anlageformen höhere Gewinne erwirtschafteten. (Polleit Riechert 2013, S. 49–50)

Auch hier muss berücksichtigt werden, dass die Grundlage dieser Studien nach wie vor nur auf Auktionsdaten beruht, da die Preise im allgemeinen Kunsthandel nicht veröffentlicht werden.

Aus den USA stammt der Versuch, die Wertentwicklung von Kunst anhand von Indices zu erfassen. Diese bilden die durchschnittliche Preisentwicklung aller Kunstverkäufe auf Auktionen ab und erlauben es, langfristige Trends am Markt vereinfacht nachzuvollziehen.

Sie können zeigen, welche Märkte oder Segmente im Vergleich preiswerter oder auch teurer geworden sind. So lassen sich beispielsweise die Preisentwicklungen von Kategorien wie Fotografie und Gemälde oder Epochen wie Impressionisten und Pop Art gegenüberstellen.

Die amerikanischen Ökonomen Jianping Mei und Michael Moses waren unter den Ersten, die Preise von Auktionen bis 1950 zurückverfolgt und Indices nach Gattungen entwickelt haben (Mei Moses Art Index). Um Renditen ermitteln zu können, wurden dabei nur Werke einbezogen, die mehr als einmal in New York versteigert wurden.

Inzwischen haben sich weitere Anbieter wie die Londoner Internet-Datenbank Art Market Research (AMR), Artnet oder Artprice etabliert. Die Herausforderung dabei ist nicht das Sammeln der Daten aus alten Katalogen und von den Auktionshäusern, sondern die Richtigkeit der Daten sicherzustellen. Nachträgliche Berichtigungen, Hammerpreise mit oder ohne Aufgeld oder unterschiedliche Währungen sind Fehlerquellen, die es zu berichtigen gilt.

Der Kunstökonom Roman Kräussl hat weltweit die umfangreichsten Preis-Indices für den Kunstmarkt entwickelt, u.a. den mm-Kunstindex für das deutsche Wirtschaftsmagazin manager magazin. Dazu nutzt er alle öffentlich verfügbaren Daten von mehr als 700 Auktionshäusern sowie eigenes Datenmaterial, das er bis 1970 zurückverfolgen kann. Hierbei werden auch Einmalverkäufe berücksichtigt. (www.artvaluation.io)

Mit Prof. Dr. Roman Kräussl, Kunstökonom an der Universität Luxemburg und Gastprofessor in Stanford, habe ich über seinen Ansatz gesprochen:

Wie unterscheidet sich Ihre Methode von anderen?
Das Datenmaterial, auf das ich zurückgreife, ist sehr umfassend. Wir haben alle Verkäufe auf Auktionen seit 1970 registriert. Inklusive aller JPEGs, der Provenienzen, der Repeat Sales und der Bought-Ins, also der Aufkäufe von Auktionshäusern bei Nicht-Verkäufen. In einer aufwendigen Überarbeitung wurden sämtliche Fehler in den Daten entfernt. Dazu gehören beispielsweise falsch umgerechnete Wechselkurse, ungenaue Angaben zum Medium, zur Größe eines Kunstwerkes. Für den mm-Kunstindex, den ich seit 2015 für das manager magazin erstelle, analysiere ich auch einmalig versteigerte Bilder, also nicht nur mehrfach verkaufte Arbeiten (Repeat Sales), wie es bei anderen Indices gemacht wird, wobei diese dann einen Selection Bias (also eine Verzerrung bei der Auswahl) erleiden.

Können Sie noch etwas zu den unterschiedlichen Indices sagen? Es gibt den mm-Kunstindex und dann noch weitere sortiert nach Gattungen – wo kann der Leser diese finden?
Grundsätzlich ist es mit meiner Datenbank möglich, jeden gewünschten Kunstindex zu generieren; man benötigt jedoch genügend Auktionsergebnisse. Für das manager magazin untersuche ich zum Beispiel auch verschiedene Kategorien, wie Alte Meister, Zeitgenossen, Impressionisten, aber auch die Top 100 Künstlerinnen oder die Top 50 Younger than Jesus (das heißt nicht älter als 33 Jahre).

Wie ist der Unterschied im Umsatzvolumen bei Picasso in 2020 (Artprice 245.390.299 US-Dollar, 3.396 Verkäufe; mm-Kunstindex 157.386.153, 605 Verkäufe) zu erklären: Bewerten Sie nur Gemälde, hingegen Artprice sämtliche Werke?

Ja, bis 2021 keine Prints, keine Multiples, aber auch keine Skulpturen oder Installationen, wie dem informierten mm-Leser bestimmt aufgefallen ist. Ab dem Jahre 2022 habe ich dies angepasst: Gemälde, Fotografien, Drucke, Skulpturen und Arbeiten auf Papier sind nun im Kunstindex enthalten. Bei NFTs bin ich mir aber noch nicht sicher. Ich möchte erst die Bewertungen von NFTs selbst besser verstehen.

Nach welchen Kriterien wählen Sie die »Investmentideen« aus?
*Rein quantitative. Ich lasse die Zahlen sprechen. Vielfach sind die Investmentideen schon ausreichend etabliert, also nicht mehr hochspekulativ. Wie gesagt, ich bin Wissenschaftler, kein Börsenanalyst von VC-finanzierten Techfirmen. Reputation ist wichtiger als ein schneller Anlagetipp. In meinen Analysen habe ich festgestellt, dass wenn ein(e) Künstler*in das erste Mal bei Phillips außerordentlich erfolgreich auktioniert wird, d. h. die hohe Schätzung mit 50 Prozent übertroffen wird, Christie's und Sotheby's schon bereitstehen, diese(n) Künstler*in weiter zu pushen und in neue Preissphären zu katapultieren. Zahlt sich so eine rein quantitative Anlagestrategie finanziell immer aus? Nein, natürlich nicht immer, aber ausreichend oft. Jedoch ist das Phillips-50+-Prozent-Kriterium nur eines von über 20 quantitativen Indikatoren, die ich mir anschaue.*

Welche Herangehensweise empfehlen Sie neuen Kunstkäufern?
Beschäftigen Sie sich so viel wie möglich mit Kunst, besuchen Sie so viele Ausstellungen wie möglich, erleben Sie Kunst. Lassen Sie sich vom Kunstwerk beeindrucken, aber nicht vom Galeristen oder einem Kunstberater. Das Wichtigste ist, dass Ihnen das Kunstwerk gefällt, welches Sie erwerben möchten. Ich beende meine Analysen des Kunstmarktes für gewöhnlich mit einem einfachen, aber entscheidenden Tipp: »Buy what you like!« Entscheide nach deinem eigenen Geschmack. Du lebst mit diesem Kunstwerk zusammen, dir muss es gefallen. Denke nicht immer an eine mögliche finanzielle Rendite, genieße lieber den ästhetischen Return, die »Dividende der Freude«. ■

In einer Untersuchung von 2013 kommt der Kunstökonom auf eine durchschnittliche Rendite von 6,3 Prozent brutto für Kunst im allgemeinen im Zeitraum vom 1960 bis 2013.

Kräussl hat dabei das Verhältnis von Risiko und Rendite insbesondere bei Gemälden näher betrachtet und untersucht, ob die Investition in Kunst eine sinnvolle Alternative zu anderen Anlagen darstellt.

Er kam zu dem Schluss, dass Kunst »eine niedrigere, wenn auch positive, durchschnittliche risikobereinigte Rendite bietet.« Aufgrund dessen »könnten Kunstinvestitionen eine nützliche Rolle in einem diversifizierten Portfolio erfüllen, indem sie das Finanzmarktrisiko absichern.« (Korteweg, Kräussl, Verwijmeren 2016)

> *Tipp:*
> *Prüfen Sie bei allen Analysen, die Sie für Kaufvorschläge bekommen, ob es sich bei Preisvergleichen von Auktionsergebnissen um den Hammerpreis handelt oder um den Preis inklusive Aufgeld. Da das Aufgeld je Auktionshaus variiert, ist die beste Vergleichsgrundlage der Hammerpreis.*

Ein Vergleich von Kunst mit der Entwicklung von Aktien und Gold zeigt ebenfalls, dass Kunst im Durchschnitt seit 1998 keine starke Wertentwicklung verzeichnet. Alte Meister haben sogar an Wert verloren.

Hingegen ist die Preisentwicklung bei zeitgenössischer Kunst fast so gut wie Gold – und deutlich besser als der S&P 500, also die Entwicklung der Aktien von 500 der größten börsennotierten US-amerikanischen Unternehmen.

Abb. 4.1 | Aktien, Gold und Kunst, 1998 – 2022

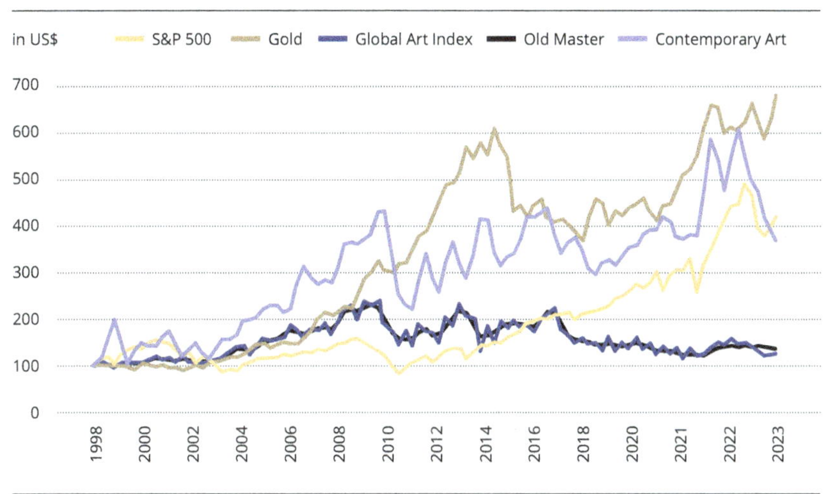

Quelle: Refinitiv, Artprice; eigene Berechnungen. Serien sind indexiert (Q1: 1998 = 100). S&P 500 ohne Dividenden

CHANCEN UND RISIKEN VON KUNST ALS GELDANLAGE

Kunst ist eine risikoreiche Investition, das ist für Sie sicher keine Überraschung. Nicht nur deswegen, weil ein Kunstwerk keinen Cashflow generiert, sondern auch, weil beispielsweise die Märkte für Kunstwerke häufig nicht liquide und die Preise für Kunst nicht transparent sind.

Kunstwerke weisen einige Unterschiede und Besonderheiten zu traditionellen Vermögenswerten auf. Letztere sind in der Regel (eher) homogen – wie zum Beispiel Werte von gleicher Art und Güte wie Gold, Aktien und Anleihen – und werden meist in hoch liquiden Märkten gehandelt. Vermögensarten wie Aktien und Anleihen können anhand von relativ wenigen, objektiven Kriterien bewertet und ausgewählt werden, haben geringere Transaktionskosten und erzielen keinen laufenden Zahlungsstrom. Dies ist bei Kunst nicht der Fall.

Die gute Nachricht ist, dass seit dem Aufkommen des Internets immer mehr Verkaufspreise von Kunstwerken für jeden Interessenten zugänglich gemacht werden und es immer mehr Werkzeuge gibt, um ähnliche Analysen vorzunehmen wie im Finanzmarkt. So können langfristige Preisentwicklungen, Umsatzvolumina für einzelne Künstler abgerufen werden. Fest steht jedoch: Nur wenige Kunstwerke eignen sich als Geldanlage. Und diese müssen Sie finden oder mit guter Beratung ausfindig machen lassen.

Als Wertspeicher bei Inflation lohnt sich jedoch ein genauerer Blick auf Kunst als alternative Anlage.

Risiken

- Kunstwerke sind einzigartig, daher nicht vergleichbar und nur schwer bewertbar (nicht fungibel)
- Der Kunstmarkt ist relativ intransparent (Marktdaten sind lückenhaft) und unreguliert. Häufig liegt die »Meinungsmacht« in den Händen weniger
- Kunst wirft keine Dividenden ab
- Kunst ist illiquide
- Kunst generiert keine Cashflows (außer durch Vermietungen und Leihgaben)
- Gefahr von Fälschungen und Betrug

Chancen

- Kunst bietet als Wertspeicher Schutz gegen Inflation und Währungsabwertung
- Keine Mindestanlagesumme erforderlich
- Kunstinvestitionen genießen eine günstige Steuerbehandlung
- Diversifikation in Portfolien: Kunst als Ergänzung zu Wertpapieren und Immobilien kann das Risiko senken
- Zusätzliche Gewinne durch Beleihung des Werkes möglich

Berücksichtigen sollten Sie, dass Kunst Nebenkosten für Versicherung und Lagerung nach sich zieht. Kunst und Künstler sind zudem Trends und dem öffentlichen Interesse oder Geschmack eines potenziellen Käufers ausgeliefert. Denn der Wert eines Kunstwerkes liegt immer im Auge des Betrachters: Man sollte stets vor Augen haben, dass es letztlich der Nachfrager, also der Käufer ist, der bestimmt, welcher Marktpreis sich für ein Kunstwerk erzielen lässt.

WELCHE KUNST SICH ALS GELDANLAGE EIGNET

Wie bereits in Kapitel 3 beschrieben, kommen Kunstwerke von bekannten Künstlern, also **Klassiker**, am ehesten als Investment infrage, denn diese sind besonders begehrt. Für die Werke bekannter Künstler gibt es einen Markt und sie finden mit größerer Wahrscheinlichkeit wieder einen Käufer als Werke von unbekannten Künstlern. Bei den Kunstwerken sollte es sich möglichst um **Unikate** handeln, also nur einmal gefertigte Werke im Unterschied zu *Editionen*. Eine Ausnahme bilden hier die Drucke von Andy Warhol. Bei allen anderen bekannten Künstlern wie Roy Lichtenstein (1923 bis 1997), Pablo Picasso, Joan Miró (1893 bis 1983) und Pierre-Auguste Renoir (1841 bis 1919) konnte Roman Kräussl in einer Untersuchung im Zeitraum von 1998 bis 2013 bei Editionen eine deutlich geringere Rendite als bei Unikaten feststellen (Kräussl 2014, S. 114–115).

Von den Unikaten sind die sogenannten **Schlüsselwerke** und die **»Signature Works«** am begehrtesten. Schlüsselwerke markieren im Werk eines Künstlers den Beginn einer neuen Stilrichtung oder sind das Erste einer neuen Werkgruppe. »Signature Works« sind typische Werke, die jeder sofort einem bestimmten Künstler zuordnen kann. Wenn Sie das Werk zu einem günstigen Preis unter dem Marktwert bekommen können, kann das Werk als langfristige Anlage infrage kommen.

Werke von jungen Künstlern eignen sich eher als Spekulationsobjekte. Hier setzt der Käufer darauf, dass sich der Künstler gut

Abb. 4.2 | Performance bei Unikaten im Vergleich zu Prints – Andy Warhol

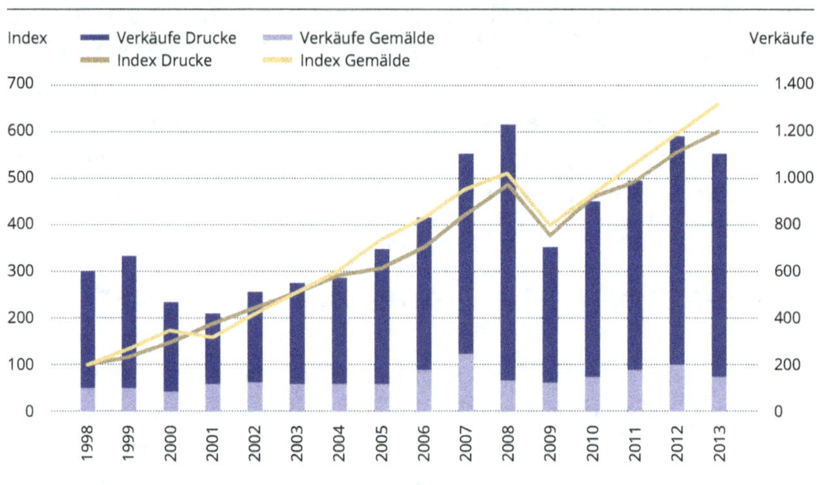

Quelle: Roman Kräussl

Abb. 4.3 | Performance bei Unikaten im Vergleich zu Prints – Pablo Picasso

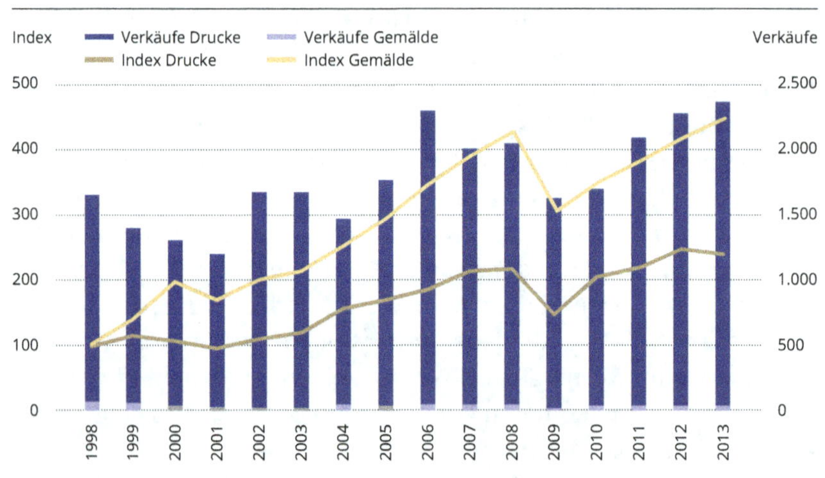

Quelle: Roman Kräussl

entwickelt und das Werk langfristig an Wert gewinnt. Allerdings sind die Risiken hoch, denn der junge Künstler hat sich noch nicht als Marke etabliert und keinen Markt für sich aufgebaut. Hier sollten Sie daher keine großen Summen ausgeben, dann mindert sich das Risiko, dass Sie zu viel Geld verlieren, wenn sich der Künstler nicht entwickelt.

WIE DER WERT VON KUNST ALS GELDANLAGE BEMESSEN UND BERECHNET WIRD

Sie wissen bereits, wie man Qualität erkennt. Bei Kunst als Geldanlage kommen zur Qualität weitere Aspekte bei der Einschätzung des Wertes hinzu:

- Echtheit (Signatur)
- Seltenheit
- Marktfrische (bei Klassikern)
- kunsthistorischer Wert (Schlüsselwerk)
- Verkäuflichkeit
- Transportfähigkeit
- Zustand (besonders bei Klassikern)
- Provenienz (bei Klassikern)
- Marktsituation
- Trends

Je mehr oder je konkreter diese Kriterien erfüllt sind, umso hochwertiger und daher auch umso teurer ist das Kunstwerk.

Der Wert eines Kunstwerkes
Unabhängig von allen Berechnungen gilt im Kunstmarkt: Der Wert des Kunstwerkes liegt im Auge des Betrachters. Es ist der Preis, den ein Käufer zu einem bestimmten Zeitpunkt bereit ist zu bezahlen.

Wie Sie in Kapitel 3 bereits erfahren haben, unterscheidet sich die Preisgestaltung im Primärmarkt und Sekundarmärkt deutlich. Mit Markteintritt im Primärmarkt ist die beschriebene Faktorrechnung eine gute Orientierung. Je mehr der Künstler verkauft, je mehr er ausstellt, umso höher steigt sein Faktor.

Sobald seine Werke weiterverkauft werden, also in den Sekundärmarkt eintreten, können Sie sich nicht mehr an der Faktorrechnung orientieren. Der Verkaufspreis richtet sich dann stark nach der Nachfrage. Da die Verkaufszahlen im Handel aber nicht veröffentlicht werden, ist eine Orientierung in diesem Bereich in der Regel sehr schwierig.

Sind Werke bereits auf Auktionen gehandelt worden, wird es wieder einfacher. Dann gelten die neuesten Verkaufspreise ähnlicher Werke als Vergleichsgrundlage, sind aber keine Garantie oder können aufgrund bestimmter Besonderheiten sehr viel höher angesetzt werden.

KUNST KAUFEN – NACH EINER ANLAGESTRATEGIE AUS DER FINANZWELT

Beim Kauf von Kunst orientiere ich mich an einer Anlagestrategie, die ich selbst durch Eigenstudium kennengelernt habe: dem Value Investing von Warren E. Buffett (geb. 1930).

Buffett gilt als einer der erfolgreichsten Investoren aller Zeiten. Sein Vermögen hat er durch Investitionen in gute Unternehmen erwirtschaftet. Dabei wählt er nach genauester Analyse nur solche Unternehmen aus, die aus seiner Sicht die größten Entwicklungschancen haben. Was dabei besonders wichtig ist: Er kauft nur dann, wenn der Preis, den er für eine Unternehmensaktie bezahlen muss, unter ihrem Wert liegt.

Entscheidend ist dabei natürlich die Bestimmung des Wertes einer Aktie. Der Wert wird ermittelt als die Summe der abgezinsten erwarteten Unternehmensgewinne auf die Gegenwart. Ihn festzustellen, ist sozusagen das Herzstück von Buffetts Value-Investing-Ansatz. Denn nur dann, wenn der Wert einer Aktie, den Buffett ermittelt hat, deutlich über dem Börsenkurs der Aktie liegt (sagen wir 20 bis 30 Prozent), würde Buffett kaufen. Seine Strategie zielt also darauf ab, nur die beste Qualität zum fairen Preis zu bekommen.

Auch bei Kunst gilt generell: Der Gewinn liegt im Einkauf.

BUFFETTS »PREIS VERSUS WERT«-REGEL HAT VOR ALLEM ZWEI VORTEILE

Erstens: Kauft man eine Aktie nur dann, wenn ihr Wert deutlich über dem Preis liegt, so trägt das dazu bei, die Investitionsrendite zu verbessern.

Denn nicht nur die Ertragskraft des Unternehmens beschert dem Anleger Wertzuwächse im Zeitablauf, sondern dazu kommt auch noch das Ansteigen des Aktienkurses, der sich früher oder später seinem Wert annähern wird.

Zweitens: Wenn der Wert der Aktie deutlich über ihrem Preis liegt – wenn also eine ausreichende »Sicherheitsmarge« vorliegt –, schützt das den Anleger tendenziell vor Verlusten.

Solche Verluste können entstehen, wenn sich nach dem Kauf herausstellen sollte, dass der Wert der Aktie überschätzt wurde. So gesehen wird also das Investitionsrisiko verringert, wenn man Sorge dafür trägt, dass die Sicherheitsmarge des Investments ausreichend hoch ausfällt.

Auch wenn Warren Buffett selbst nicht in Kunst als Finanzanlage investieren würde, können einige seiner Regeln bei der Entscheidung, Kunst strategisch zu kaufen, durchaus hilfreich sein. Interessanterweise hat Buffett von sich gesagt: »I am not a businessman, I am an artist.« (Bloch 2015, S. 50)

Ich selbst wende Buffetts Regeln bei Kaufentscheidungen an. Sie können zwar Kunst und Künstler nicht genauso wie Unternehmen analysieren, und es ist auch nicht möglich, die Zukunft fehlerfrei vorherzusagen, aber Buffetts Value-Investing-Ansatz hilft dennoch, um besser beurteilen zu können, ob es überhaupt Sinn macht, ein Kunstwerk zu kaufen.

1. Machen Sie eine Liste von Kriterien, die Sie für den Kauf anwenden möchten, zum Beispiel nur Malerei, nur Werke aus einem bestimmten Zeitraum.

2. Suchen Sie eine Künstlergruppe, einen Künstler oder eine Gattung aus, mit der Sie sich sehr gut auskennen.

3. Verschaffen Sie sich einen Überblick zur Preisspanne, indem Sie die bisher bezahlten Preise (Netto-Hammerpreise bei Auktionen) für Werke aus der ausgewählten Gruppe recherchieren.

4. Grenzen Sie anschließend Ihre Suche für ein bestimmtes Bild aus dem aktuellsten Zeitraum der vergangenen zwölf bis 24 Monate ein, indem sie in Bezug auf Größe, Motiv und Entstehungsjahr ähnliche Werke hinzuziehen und vergleichen. Errechnen Sie aus den selektierten Werten einen Durchschnittspreis.

5. Kaufen Sie ein Werk nicht, falls der Preis mit Sicherheitsmarge über Ihrem errechneten Durchschnittspreis der zuvor ermittelten Werke liegt.

6. Sobald Sie ein Werk gekauft haben, verfolgen Sie den Künstler und dessen Entwicklung.

7. Denken Sie langfristig und verkaufen Sie nur, wenn der Preis deutlich gestiegen ist.

Die entscheidende Größe für den Anlageerfolg ist letztlich die Bestimmung des Wertes eines Kunstwerkes. Dem Kunstanleger stehen dazu grundsätzlich zwei Wege offen.

Entweder er eignet sich die Fähigkeit, den Wert eines Kunstwerkes zu ermitteln, selbst an.

Oder wenn er meint, dass er das nicht kann – oder es ihm zu aufwendig ist –, dann sucht er besser die Beratung und die Zusammenarbeit mit Personen, die nachweislich gezeigt haben, dass sie es können.

Weitere Anhaltspunkte sind wichtige Aussagen von Warren Buffett, die auch bei Kunst als Geldanlage zutreffen:

Abb. 4.4 | Regeln für Kunstinvestments – inspiriert von Warren E. Buffett

1 UNTERSCHEIDEN SIE ZWISCHEN PREIS UND WERT.
»Price is what you pay. Value is what you get.«

2 INVESTIEREN SIE NUR, WENN SIE SICH AUSKENNEN.
»Never invest in a business you cannot understand.«

3 PRÜFEN SIE VERGANGENE PREISENTWICKLUNGEN.
»In the business world, the rearview mirror is always clearer than the windshield.«

4 INVESTIEREN SIE LANGFRISTIG.
»Only buy something that you'd be perfectly happy to hold if the market shut down for ten years.«

5 KAUFEN SIE MIT DER ABSICHT, NIEMALS ZU VERKAUFEN.
»Our favourite holding time is forever.«

6 KONZENTRIEREN SIE SICH AUF WENIGE WERTE.
»Diversification is protection against ignorance. It makes little sense if you know what you are doing.«

7 INVESTIEREN SIE IN SICH SELBST.
»Invest in yourself.«

Quelle: Ruth Polleit Riechert, Buffett 2009, S. 5; Buffett 1991; Buffett zitiert nach Bloch 2015, S. 3; Buffett zitiert nach Buffett, Clark 2006, S. 153; Buffett 1989; Buffett zitiert nach Buffett, Clark 2006, S. 80; Buffett 2017

1. **»Price is what you pay. Value is what you get.«** (Buffett 2009, S. 5) | Unterscheiden Sie zwischen Preis und Wert.
   Das ist eines der bekanntesten Zitate von Warren Buffett und trifft besonders auf die Kunst zu. Denn der Wert eines Kunstwerkes liegt einzig und allein im Auge des Betrachters. Wenn Sie bereit sind, einen bestimmten Preis für ein Kunstwerk auszugeben, dann ist das der Wert des Bildes. Das Werk ist Ihnen diesen Preis wert. Ob auch jemand anderes diesen Preis zahlen würde, wissen Sie nicht. Die Nachfrage kann sich in der Zukunft ändern. Deshalb ist es wichtig, genau zu schauen, welchen Wert das Bild

haben würde, auch wenn die Marktsituation schlecht ist und es kaum Nachfrage gibt.

2. **»Investment must be rational; if you can't understand it, don't do it.«** (Buffett 1991) | Investieren Sie nur, wenn Sie sich auskennen.
   Auch wenn Kunstwerke Sie fesseln können, gerade weil sie sie nicht verstehen, ist es doch wichtig, dass Sie den Künstler und seine Stilrichtung einordnen können, im Bilde über seine inhaltlichen Aussagen und Themen sind und ihn vielleicht sogar persönlich kennen..

3. **»In the business world, the rearview mirror is always clearer than the windshield.«** (Buffett zitiert nach Bloch 2015, S. 3) | Die Entwicklung der Preise in der Vergangenheit ist einfacher zu analysieren, als in die Zukunft zu schauen.
   Auch im Kunstmarkt kann niemand die Zukunft voraussehen. Werke, die hohe Preise erzielt haben, können in der Zukunft im Preis fallen.
   Wenn sich die Marktlage kurzfristig verändert und das Kapital nicht da ist oder zurückgehalten wird, können Werke unverkäuflich sein oder im Preis fallen. Die vergangene Preisentwicklung eines Kunstwerkes liefert zwar nicht notwendigerweise Informationen für die Zukunft. Dennoch kann die Analyse der langfristigen Preisentwicklung bei unterschiedlichen Marktlagen wertvolle Informationen vermitteln.

4. **»Only buy something that you'd be perfectly happy to hold if the market shut down for ten years.«** (Buffett zitiert nach Buffett, Clark 2006, S. 153) | Investieren Sie langfristig.
   Dies gilt genauso für Kunst. Sie sollten von einem Werk überzeugt sein, sich selbst dann noch wohlfühlen, wenn sie es für lange Zeit nicht verkaufen können. Wenn das der Fall ist, sollten Sie kaufen.

5. **»Our favourite holding time is forever.«** (Buffett 1989) | Kaufen Sie mit der Absicht, niemals zu verkaufen.

   Buffett geht sogar noch einen Schritt weiter: Die Werte sollten niemals mit der Absicht zu verkaufen gekauft werden. Sie sollten mit der Absicht gekauft werden, sie niemals zu verkaufen. Kunst sollte ebenfalls so gut ausgewählt werden, dass sie nicht verkauft, sondern vererbt wird und in der Familie bleibt.

6. **»Diversification is protection against ignorance. It makes little sense if you know what you are doing.«** (Buffett zitiert nach Buffett, Clark 2006, S. 80) | Großartige Investoren diversifizieren nicht.

   Investoren, die sich wirklich auskennen, legen ihr Geld konzentriert an. Sie kaufen nicht dies und das, um Risiken zu streuen, um zu diversifizieren. Gleiches gilt für Kunst: Wenn Sie den Künstler wirklich gut kennen, sein Werk studiert haben und davon überzeugt sind, dann können Sie kaufen und nachfolgend auch ruhig schlafen. Sie erwerben sein Werk und behalten es, auch wenn es Phasen der Unterbewertung gibt. Sie sollten kein Kunstwerk kaufen, das Ihnen nicht zusagt, nur um breiter zu streuen. Und noch etwas kommt in der Kunst hinzu: Je enger Sie Ihr Sammlungsthema definiert haben, umso einfacher können Sie sich zu dem Thema als Experte entwickeln.

7. **»Invest in yourself.«** (Buffett 2017) | Investieren Sie in sich selbst.
   Das Wichtigste sei letztlich, in sich selbst zu investieren. Als er jung war, so Warren Buffett, hatte er große Angst vor öffentlichen Auftritten. Er habe dann für 100 Dollar einen Dale-Carnegie-Kurs besucht – der Kurs unterstützt Einzelpersonen und Unternehmen, ihre Leistung zu verbessern. Das hat sein Leben verändert: Noch während des Kurses habe er seiner Frau einen Heiratsantrag gemacht und Aktien verkauft, obwohl er erst 21 Jahre alt war und jünger aussah. »Nobody can take away what you've got in yourself – and everybody has potential they haven't

used yet. If you can increase your potential 10 %, 20 % or 30 % by enhancing your talents, they can't tax it away. Inflation can't take it from you. You have it the rest of your life.« (Buffett 2017)

Investieren Sie in den Aufbau Ihres Wissens über Kunst und den Kunstmarkt. Mit dem Kauf dieses Buches haben Sie bereits einen wunderbaren Anfang gemacht.

Insgesamt betrachtet, erscheinen aus meiner Sicht die Investitionsregeln und -weisheiten von Warren Buffett durchaus sehr geeignet zu sein, um sie im Kunstmarkt erfolgreich anwenden zu können.

ANLAGEMÖGLICHKEITEN: JUNGE KUNST VERSUS KLASSIKER

Mit meiner Strategie empfehle ich als Investment eine Mischung von junger, zeitgenössischer Kunst und etablierten Klassikern in einem Verhältnis von etwa 20/80.

Der Grund ist, dass Sie mit dieser Kombination die Risiken eines Fall-outs bei junger Kunst minimieren, aber dennoch an einer möglichen überdurchschnittlichen Entwicklung frühzeitig partizipieren können.

Bei einer **Investition in junge Künstler** – womit ich vor allem Kunstakademie-Absolventen meine, Talente also, die noch am Anfang ihrer Karriere stehen –, gehen Sie deutlich mehr Risiken ein, da diese noch keinen Markt aufgebaut haben.

Etabliert sich ein Werk eines noch unbekannten Künstlers, und wird dieser in einem bestimmten Zeitraum international bekannt, ist davon auszugehen, dass der Wert seiner Kunst stark ansteigt. Da die Preise von Neueinsteigern in der Regel niedrig sind, können die erzielbaren Renditen entsprechend hoch ausfallen.

Gleichzeitig ist das Verlustrisiko nicht zu unterschätzen: Setzt sich der Künstler mit seinen Werken nicht durch (Flop), so kann der Verlust hoch sein (bis maximal 100 Prozent des eingesetzten Kapitals) – weitaus höher als bei Werken von bereits seit Langem im Markt etablierten Künstlern.

Dazu kommt, dass der Markt für zeitgenössische Kunst auch besonderen Preisschwankungen unterworfen ist. Denn ein zeitgenössisches Kunstwerk wird unter Umständen aus rein gewinnorientierten Motiven gekauft: indem auf kurzfristige Preiszuwächse spekuliert wird, nur um es dann, bei erfolgten Preissteigerungen, wieder zu verkaufen (Spekulation).

Und – vergleichbar mit dem Finanzmarkt – gibt es auch auf dem Kunstmarkt die Gefahr der Trends. Sobald ein Künstler gehyped wird, ist sein Werk schon zu teuer.

Deswegen empfehle ich: Laufen Sie nicht jedem beliebigen Trend hinterher, sondern versuchen Sie, gute Gelegenheiten zu finden, die preislich unterschätzt sind.

Abb. 4.5 | Entwicklung Preisindizes Zeitgenössische Kunst gegenüber Artprice Global, 1998 – 2021

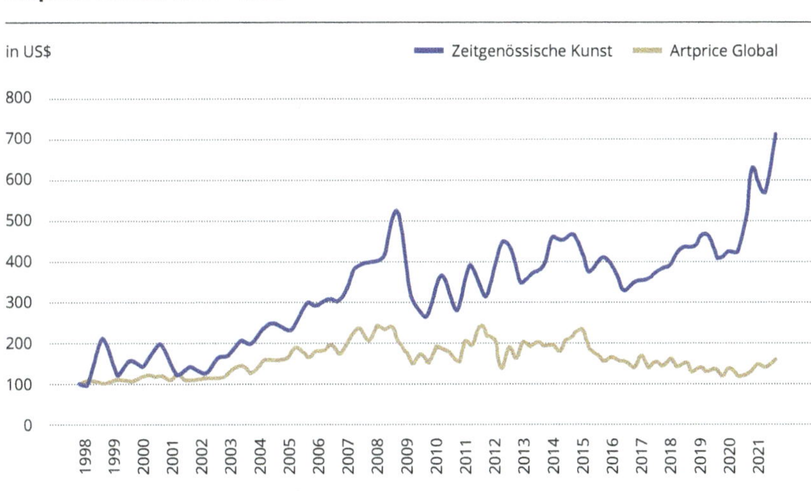

Quelle: ©Artprice by Artmarket

So gesehen stellt sich das Kauf- und Verkaufsverhalten im (zeitgenössischen) Kunstmarkt ganz ähnlich dar wie etwa an der Börse: Unterbewertete Aktien oder Aktien von neuen Unternehmen (Innovatoren), die noch nicht oder nur wenig bekannt sind, versprechen die höchsten Renditen. Gleichzeitig sind die Risiken, die mit dem Kauf neuer Unternehmen verbunden sind, in der Regel hoch.

So besteht meist Unsicherheit darüber, ob sich ein Unternehmen erfolgreich am Markt etablieren wird, oder ob es Verluste macht und dann zwangsläufig aus dem Markt ausscheiden muss.

Im Grunde kann der Erwerb eines Kunstobjekts – in analoger Weise zum Erwerb einer Aktie – in Form von erwarteten Geldströmen abgebildet werden. Bei Aktien sind die (abgezinsten) erwarteten Dividendenzahlungen die den Wert bestimmenden Faktoren. Bei Kunstwerken gibt es diese periodischen Zahlungen zwar nicht, aber der Käufer erwartet, dass der Preis des Kunstwerkes zu einem künftigen Zeitpunkt (deutlich) höher ist als der Kaufpreis. Aus dieser Wertdifferenz speist sich seine Rendite.

Auf der anderen Seite gehen Sie bei einem **Investment in Klassiker** weniger Risiken ein, da mehr bewertbares Datenmaterial vorliegt und ein Markt für den namhaften Künstler existiert.

Wie im Aktienmarkt gibt es auch auf dem Kunstmarkt einige Künstler, die in Analogie dazu als Blue Chips angesehen werden. Eine Investition in ihre Kunst erscheint als relativ sicher und gewinnbringend. Zu diesen Künstlern gehört etwa Pablo Picasso (1881 bis 1973). Sein Selbstporträt »Ich, Picasso« wurde 1981 für 5,83 Millionen US-Dollar ersteigert. Acht Jahre später, im Jahre 1989, wurde es für 47,9 Millionen US-Dollar verkauft. Dies ergab eine reale Nettorendite von 19,6 Prozent pro Jahr – was selbst für erfolgreiche Aktieninvestoren ein außergewöhnlich gutes Ergebnis ist. (Pommerehne und Frey 1993, S. 111–112)

Der Artprice 100 Index, der eigens die Wertentwicklung der Blue-Chip-Künstler abbildet, hat von 2000 bis 2022 um 405 Prozent zugelegt. Der Index umfasst die 100 umsatzstärksten Künstler des Kunstmarktes. Auch wenn er sich nur auf die durchschnittlichen Preise aller verkauften Werke auf Auktionen bezieht und daher nur einen Teil des Preisgefüges vermittelt, geben die Ergebnisse in ihrer Gesamtheit einen richtungsweisenden Hinweis von der allgemeinen Preisentwicklung für jeden dieser Künstler aus der Liste der Top 100, also der Künstler, die den größten Umsatz auf Auktionen erzielt haben.

Abb. 4.6 | **Entwicklung Artprice 100© gegenüber S&P 500, 2000 – 2022**

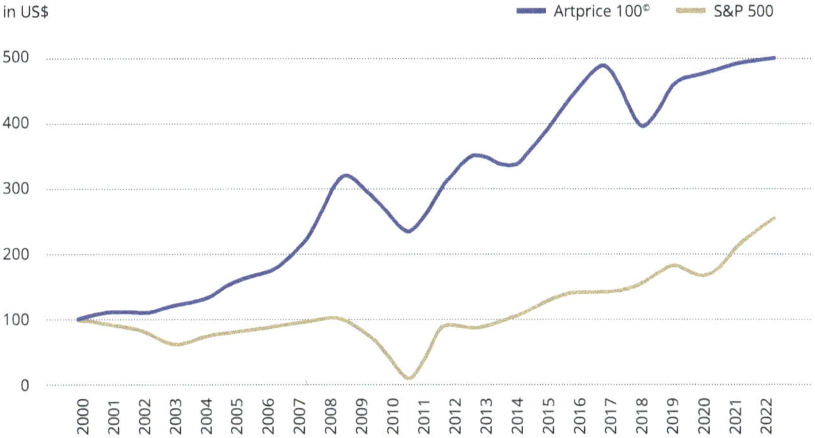

Quelle: ©Artprice by Artmarket, S&P 500

Dies bestätigen auch die einzelnen Performance-Indices für ausgewählte Künstler. So hat zum Beispiel das Werk von Albert Oehlen (geb. 1954), einer der Künstler aus der Liste der Top 100, in den vergangenen Jahren überdurchschnittlich stark an Wert zugenommen: Der Preisindex für seine Werke auf Auktionen stieg von 2000 bis 2020 um 2.775 Prozent. Auffällig ist, dass auch Oehlen wie Christopher Wool seit 2006 bei der New Yorker Galerie Gagosian vertreten ist.

Der durchschnittliche Preis für verkaufte Werke auf Auktionen von Georg Baselitz (geb. 1938) ist nicht ganz so stark angestiegen, hat sich aber doch langfristig stetig gesteigert, und zwar von 2000 bis 2020 um über 155 Prozent.

Abb. 4.7 | Durchschnittliche Entwicklung des Preises für verkaufte Werke auf Auktionen bei Albert Oehlen und Georg Baselitz seit 2000

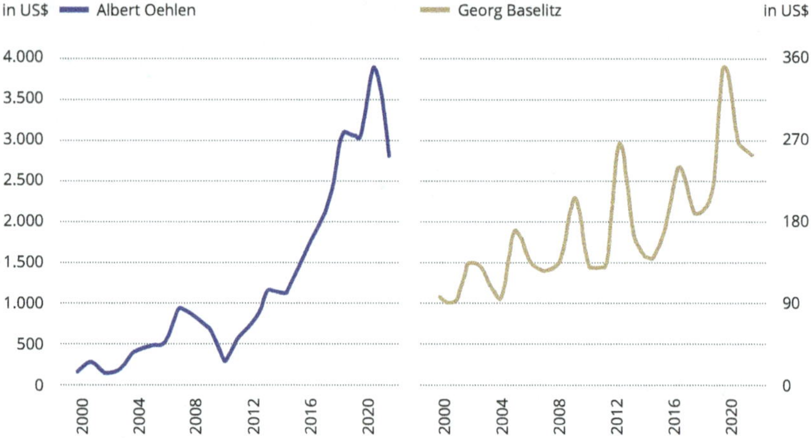

Quelle: ©Artprice by Artmarket. Werte jeweils zum 01.01.

Wenn Sie als Privatinvestor, institutioneller Anleger oder Family Office ein Kunst-Portfolio nachbilden möchten, benötigen Sie Geduld, exzellente Informationen und Kontakte im Kunstmarkt. Denn dies erfordert genaue Kenntnis über die Künstler, ihre Werke und die Marktlage, um das richtige Werk auszuwählen, zum richtigen Zeitpunkt und niedrigsten Preis einkaufen zu können.

Da es immer wieder Fälschungen gibt, ist es zudem wichtig, bewährte und unabhängige Kunstexperten hinzuzuziehen. Zudem sollte man wissen, dass nicht jedes Werk eines Künstlers gleichermaßen wertvoll ist – selbst wenn es sich um einen weltweit anerkannten Künstler handelt. Mitunter große Preisunterschiede gibt es beispielsweise zwischen Früh- und Spätwerken und zwischen Unikaten und Editionen.

Jedoch sollten Sie sich bewusst machen: Nur wenige Künstler im hochpreisigen Segment sind auch ein gutes Investment. Und diese zu finden, ist keine leichte Aufgabe. Langfristig wird es mehr Möglichkeiten geben, Preise auch für vergangene Kunstpreise abzurufen. Es wird Modelle für Investitionen bei Klassikern geben – auch mit Einstiegsummen ab 500 US-Dollar.

Immer sollten Sie jedoch Chancen und Risiken genau abwägen und überlegen, welche der beiden Anlageoptionen für Sie (und Ihr Budget) infrage kommt. Aber das Wichtigste ist: Kaufen Sie nur, was Ihnen gefällt.

VORGEHENSWEISE BEIM KAUF VON JUNGER KUNST

Etwa 37 Prozent der weltweit verkauften Werke liegen im Preissegment zwischen 5.000 und 50.000 US-Dollar, 47 Prozent liegen sogar unter 5.000 US-Dollar. Bei jungen Talenten finden Käufer Qualität zu einem fairen Preis, mit der Option auf künftige Wertsteigerung. (Boll 2020, S. 90)

Ich selbst kaufe junge Kunst von Künstlern möglichst am Anfang ihrer Karriere. Sie haben nicht nur die Aufnahmebedingungen von den besten Kunstakademien erfüllt, sondern auch bei den bekanntesten Künstlern aus den Bereichen Malerei, Fotografie und Bildhauerei studiert. Dazu haben sie bereits einen eigenen, einzigartigen, visuellen Stil entwickelt.

Diese Kunst kann im Wert steigen – und wenn sie nicht steigen sollte, haben Sie keinen überhöhten Preis für etwas bezahlt, das Ihnen jeden Tag, wenn Sie es betrachten, große Freude bereitet. Die Hoffnung auf einen höheren Marktpreis ist im Bereich der jungen Kunst eher Spekulation als ein solides Investment.

Schauen Sie sich viel Kunst an, in Museen, Galerien, an Ausstellungen von Kunstakademien und online. Beschäftigen Sie sich mit dem Werk einzelner Künstler, die Ihnen aufgefallen sind und recherchieren Sie so viel Informationsmaterial wie Presseartikel, Bildbände und Filmdokumentationen wie möglich. Finden Sie heraus, was Ihnen gefällt. Nutzen Sie dafür meine Checkliste in Kapitel 3, um Ihre Suche einzugrenzen. Und dann überlegen Sie sich Folgendes:

1. Wie viel möchten Sie ausgeben? Legen Sie Ihr Budget fest.

2. Suchen Sie ein Gemälde, eine Skulptur oder eine Fotografie? Wählen Sie Ihre Stilrichtung und Kunstform aus, die ich Ihnen in Kapitel 2 vorgestellt habe.

3. Planen Sie Ihr Kunstwerk für einen bestimmten Platz oder eine Wand? Legen Sie die maximale Größe fest.

4. Möchten Sie nur ein Werk oder langfristig mehrere kaufen? Sollten Sie letzteres in Betracht ziehen, macht es Sinn, frühzeitig ein konkretes Thema für eine Sammlung auszuwählen. Sie könnten auch für Ihre Kinder, Patenkinder oder Enkel eine Sammlung mit Ihrer Kunstauswahl als persönliches Vermächtnis und Abbild der Zeit, in der sie groß geworden sind, starten.

Wenn Sie für sich diese Rahmenbedingungen abgesteckt haben, nutzen Sie die Möglichkeit, Künstler, die Ihnen gefallen, bei Abschlussausstellungen von Kunstakademien oder digital auf vielen Plattformen oder Instagram, ausfindig zu machen. Wenn Ihnen ein Werk zusagt, finden Sie so viel wie möglich über den Künstler heraus.

Prüfen Sie dann nach den in Kapitel 3 beschriebenen Schritten die Qualität und Preise. Sofern der Künstler seine Werke auch über dritte Anbieter vertreibt, erhoffen Sie sich besser keinen Preisvorteil zum Handel. Denn arbeitet der Künstler professionell, sind die Preise überall gleich.

Wenn Sie bei Künstlern direkt oder bei Galerien kaufen, rechnen Sie damit, dass Sie einwilligen müssen, das Kunstwerk nicht auf einer Auktion anzubieten und nicht vor einer Haltedauer von fünf Jahren zu veräußern. Der Künstler oder die Galerie erbitten sich in der Regel ein Vorkaufsrecht.

Halten Sie sich außerdem an die beschriebenen sieben Regeln bei Ihrer Kaufentscheidung, prüfen Sie Signatur, Maße und Zustand des Werkes und achten Sie auf vollständige Unterlagen inklusive Fotoaufnahme, Zertifikat und Rechnung. (Buck und Greer 2006, S. 123–124)

VORGEHENSWEISE BEIM KAUF VON BLUE-CHIP-KUNST

Mittlerweile gibt es eine Reihe von Bestenlisten, Umsatzlisten und Preisübersichten, die bei Kunst- und Wirtschaftsmagazinen oder über Datenbanken wie Artprice, Artnet oder Blouin Art Sales Index veröffentlicht werden. Dort können Sie zunächst einmal selbst die umsatzstärksten Klassiker ermitteln. Die Listen variieren leicht, da sie auf unterschiedliches Datenmaterial zurückgreifen. Daher sollten Sie auch hier mehrere Umsatzlisten zu Rate ziehen und vergleichen.

Wie Sie bereits von Warren Buffett wissen, **liegt der Gewinn im Einkauf**. Nehmen Sie deswegen niemals an Auktionen teil, wenn Sie keine vorherige Preisrecherche unternommen haben und ihr genaues Preislimit kennen. Denn Auktionen sind darauf ausgerichtet, den Verkaufspreis in die Höhe zu treiben. Wer ein Kunstwerk – selbst wenn es einen hohen ästhetischen Wert hat – zu teuer kauft, wird kein gutes Investment machen. (Polleit Riechert 2021, S. 55)

Halten Sie sich außerdem an Originale und Unikate. Nehmen Sie Abstand von *Auflagenkunst*, auch wenn es sich um namhafte Künstler handelt. Je größer die Auflage, desto kleiner der potenzielle Verkaufspreis. Auch wenn hier der Einstiegspreis sehr attraktiv ist. In der Regel dürfen Sie bei Auflagenkunst nur einen Inflationsausgleich erwarten. (Kräussl 2014, S. 114–115)

Auch wenn ich, wie bereits erwähnt, gerade im Hochpreissegment eine unabhängige Beratung durch ausgewiesene Experten empfehlen würde, habe ich hier eine Anleitung für die ersten Schritte zusammengestellt:

1. Wenn Sie ein Werk suchen, wählen Sie nicht ausschließlich nach den Bestsellerlisten aus. Hierüber freuen sich die Besitzer der hochbewerteten Kunstwerke, die potenziellen Käufer werden jedoch zur Zahlung teurer Preise verlockt. Ziehen Sie die Listen daher nur zur groben Orientierung zu Rate. Ihr Ziel sollte es sein, ein Werk eines namhaften Klassikers zu einem unterbewerteten Preis zu finden. Dazu können Sie Auktionsangebote durchforsten, professionelle Anbieter von Blue-Chip-Werken kontaktieren und sich im Markt vernetzen. Kontakte und Informationen sind hier ganz entscheidend, damit Sie langfristig eine Auswahl an seriösen Angeboten vorliegen haben.

2. Wenn Ihnen ein Werk zusagt, recherchieren Sie Informationen zum Urheber des Kunstwerkes, wie in Kapitel 3 in den sieben Schritten zum Kunstkauf beschrieben. Lesen Sie alles, was Sie über ihn finden können. Finden Sie sein gesamtes Werk ansprechend? Welche inhaltlichen Aussagen stehen dahinter? Können Sie sich damit anfreunden? Wo werden seine Werke ausgestellt – in Museen oder Sammlungen? Nutzen Sie die in Kapitel 2 aufgelisteten Kriterien für Qualität. Was hat der Künstler bis jetzt erreicht? Welche Publikationen finden Sie? Falls es um ein bestimmtes Werk geht – ist dieses Werk in einem Katalog abgebildet? Würden Sie das Werk am liebsten niemals verkaufen wollen? (Bamberger 2018, S. 115)

3. Wenn Ihnen ein Werk angeboten wird, überprüfen Sie den Preis in den Datenbanken. Suchen Sie nach ähnlichen Größen und Ausführungen am besten aus demselben Jahr. Wenn Sie Werke suchen, richten Sie entsprechende Suchfunktionen auf Verkaufsplattformen oder Auktionshäusern ein und lassen sich automatisch informieren, wenn ein Werk zur Auktion kommt. Erstellen Sie sich Preisverläufe über Datenbanken wie Artprice. Dort können Sie genau sehen, wie sich der Künstler

und seine Werke preislich in den vergangenen zehn bis 20 Jahren – sofern sie auf Auktionen gehandelt wurden – entwickelt haben.

4. Mittlerweile gibt es auch immer mehr Anbieter, die Ihnen eigens für eine Preisüberprüfung Analysen anfertigen, wie zum Beispiel ArtTactic. Bevor Sie eine hohe Summe ausgeben, ist es in jedem Fall ratsam, die Kosten für eine solche Analyse zu investieren.

5. Informieren Sie sich vorab über alle zusätzlich anfallenden Kosten wie Versicherung, Folgerechtsumlage, Transport oder Zoll, und lassen Sie sich sämtliche Kosten unbedingt schriftlich bestätigen.

6. Lassen Sie die Echtheit des Werkes mithilfe eines Zweitgutachtens von einem Experten bei einem der großen Auktionshäuser oder einem unabhängigen Experten, der auf den von Ihnen ausgewählten Künstler spezialisiert ist, bestätigen (Liste über den Verband Unabhängiger Kunstsachverständiger s. Anhang). Anbieter, die dies professionell mittels Infrarotstrahlung durchführen, ist zum Beispiel die erwähnte Firma Fine Art Expert Institute (FAEI) in der Schweiz. Hilfreich ist auch, wenn das Kunstwerk mit dem internationalen Dokumentationsstandard »Object ID« erfasst ist oder eine Inventar-Nummer vorliegt. Von einigen Künstlern gibt es Werkverzeichnisse, die Sie zur Überprüfung hinzuziehen können. Hier können die Ateliers der Künstler oder deren Galerien Auskunft geben. Bei verstorbenen Künstlern sollten Sie herausfinden, wer den Nachlass verwaltet.

7. Auch der Zustand des Werkes sollte tadellos sein. Sofern eine Restaurierung vorgenommen wurde, lassen Sie sich einen Restaurierungsbericht geben.

8. Überprüfen Sie die Maßangaben des Werkes.

9. Kontaktieren Sie die Galerien, die den entsprechenden Künstler vertreten oder seinen Nachlass verwalten, sollte er schon verstorben sein. Fragen Sie nach verfügbaren Werken und Preisen. Sie werden bei den Ergebnissen von Hammerpreisen vergangener Auktionen und den Preisen für Werke im Handel in den meisten Fällen einen deutlichen Unterschied feststellen können. Wenn Sie an die bereits erwähnte »Sicherheitsmarge« denken, dann sollten Sie auf Folgendes achten: Je niedriger der Preis für das angebotene Werk im Vergleich zum Netto-Verkaufspreis ähnlicher Werke, desto größer Ihre mögliche Rendite.

An dieser Stelle möchte ich nochmals auf das Value Investing verweisen: Die Investorenlegende Benjamin Graham (1894 bis 1976), »Vater des Value Investing«, hat sich intensiv mit dem Unterschied zwischen Spekulieren und Investieren beschäftigt. Scherzhaft sagte er, erfolgreiches Spekulieren sei Investieren, und erfolgloses Investieren sei Spekulieren.

Doch ganz so einfach ist es Graham zufolge nicht. Er verweist vielmehr auf die »Sicherheitsmarge«. Sie bezeichnet den Unterschied zwischen dem Kaufpreis eines Wertpapiers und seinem eigentlichen (»intrinsischen«) Wert.

Wenn eine Aktie an der Börse 60 US-Dollar kostet und sie aus Ihrer Sicht als Investor eigentlich 100 US-Dollar wert ist, beträgt Ihre Sicherheitsmarge 40 US-Dollar oder 40 Prozent (40 US-Dollar dividiert durch 100 US-Dollar). Um diesen Preis (Prozentsatz) kann der Wert für die Aktie fallen, ohne dass Sie ihr investiertes Kapital verlieren. (Polleit 2017/Graham 2003)

Sorge dafür zu tragen, dass man nicht »zu teuer« kauft, ist auch für den Kunstanleger ratsam. Deswegen sollten Sie sich vor dem Kauf eingehend Gedanken machen, welchen Wert das Kunstwerk hat, und in welcher Relation dazu der Kaufpreis steht.

Mit Dr. Arne Freiherr von Neubeck, Geschäftsführer von The Global Fine Art, habe ich über Fotokunst als Geldanlage gesprochen:

Welche Vorteile sehen Sie bei Fotokunst als Geldanlage?
Das Medium der Fotografie eignet sich sehr gut für Neueinsteiger. Auch renommierte Fotografinnen und Fotografen sind vergleichsweise für erschwingliche Preise erhältlich und so kann man bereits für vierstellige Beträge museale Kunst von internationaler Bedeutsamkeit erwerben. Bei Gemälden ist das zu einem solchen Preisniveau nicht möglich und auch bei Papierarbeiten sind es eher fünf- bis sechsstellige Summen, die aufgebracht werden müssen, um Werke mit internationaler Relevanz zu kaufen. Das vergleichsweise geringe Preisniveau von Fotografien ermöglicht also ein hohes Maß an Streuung beim Kauf. Hinzu kommt ein im Vergleich zu anderen Kunstrichtungen geringer Transport- und Lageraufwand, bedingt durch Material und Größe von fotografischen Arbeiten.

Wie gehen Sie bei der Auswahl vor?
Während das 20. Jahrhundert von der analogen Fotografie geprägt war, erst schwarz-weiß, ab den 60ern und 70ern vermehrt auch color, dominiert im 21. Jahrhundert die digitale Fotografie. Damit einhergehend ist zu unterscheiden zwischen den alten fotografischen Meistern einerseits, die früher grundsätzlich und später zumeist mit analogen Abzügen gearbeitet haben, und den zeitgenössischen Fotografinnen und Fotografen, bei denen die Digitalkamera, der PC und der Drucker als wesentliches Medium Einsatz finden. Freilich ist der Übergang bei vielen Fotokünstlerinnen und -künstlern fließend. Beim Aufbau einer Sammlung ist demnach zu definieren, in welches Segment man einsteigen möchte. Chancen und Risiken bestehen über die verschiedenen Bereiche hinweg. Deswegen könnte, wie bei anderen Anlageformen auch, eine Streuung sinnvoll sein.

Worauf sollten Käufer achten?

Eine wesentliche Unterscheidung bei Käufen ist Herkunft und Alter der Prints. Sogenannte Vintage Prints sind im nahen zeitlichen Bezug zu ihrer Entstehung abgezogen worden, wohingegen Later oder Lifetime Prints zu einem späteren Zeitpunkt entwickelt worden sind. Nach dem Ableben von Fotografinnen und Fotografen ist es nicht selten üblich, dass über eine Stiftung Posthume Prints herausgegeben werden. Nachvollziehbarerweise haben die »alten« Originale (Vintage), die späteren Originale (Later/Lifetime) und nach dem Tod herausgegebene Abzüge (Posthume) ein unterschiedliches Niveau an Bedeutung und Preis. Und auch die Technik spielt eine erhebliche Rolle. Sowohl bei Schwarz-Weiß als auch bei der Color-Fotografie werden verschiedene Entwicklungsverfahren angewandt, die wiederum Auswirkungen auf den Preis haben. Dazu kommt das Editionswesen: Während früher häufig ohne Limitierung publiziert wurde, ist das Editionswesen, also die Verknappung von Werken durch eine fest definierte Zahl, heute übliche Praxis. Aufgrund dieser Komplexität ist es deswegen für Einsteiger sinnvoll, den Rat von Experten einzuholen. ■

NEUE INVESTMENT-OPTIONEN: TOKENISIERTE KLASSIKER, DIGITALE KUNSTFONDS (ART FRACTIONING) UND BÖRSEN FÜR KUNST-AKTIEN

Neben dem Direkterwerb von Kunstwerken gibt es noch eine andere Möglichkeit, um sich Kunst als Anlageklasse zu erschließen, und zwar über den Erwerb von Anteilen an einem Klassiker oder Kunstfonds.

Um Privatanlegern ein Investment in hochpreisige Klassiker auch mit niedrigen Beträgen zu ermöglichen, wurde bislang eine Auswahl an physischen Werken gekauft. Ähnlich wie bei einem geschlossenen Immobilienfonds konnten Anleger Anteile erwerben. Nach einer Haltedauer von mindestens fünf Jahren wurden die Kunstwerke im Idealfall gewinnbringend verkauft und die Rendite an die Anleger verteilt.

Von diesen herkömmlichen Fondslösungen sind jedoch nur noch wenige am Markt. Der Anlageerfolg blieb vielfach aus: Die Kosten für die Aufsetzung und den laufenden Betrieb (Echtheitsprüfung, Kauf und Verkauf, Lagerung, Versicherung, Managementgebühr) waren vergleichsweise hoch und haben die Rendite gesenkt. Zudem waren die Fonds vielfach intransparent: Der Anleger wusste nicht, welche Werke zu welchen Preisen gekauft oder verkauft wurden. (Horowitz 2011, S. 143–187)

Neue Technologien lösen nun einige dieser Probleme. Abgesehen von der bereits beschriebenen Blockchain, die mit einem digitalen Pass für Kunstwerke Echtheit, Herkunft und Abfertigung für Transport und Zoll vereinfacht, ist eine weitere Innovation die digitale Form des herkömmlichen physischen Kunstfonds, auch Tokenisierung oder Art Fractioning genannt. Sie erlaubt es, digitale Anteile von einem Kunstwerk oder ganzen Sammlungen anzubieten, diversifizierte Portfolien aufzubauen und damit zu handeln. Entsprechende Angebote gibt es bereits von einigen Unternehmen, wie masterworks in New York, Finexity in Hamburg oder Artemundi in der Schweiz. Diese Plattformen ermöglichen es Ihnen, mit geringen Beträgen in Kunst zu investieren (Adressen im Anhang).

Paul Huelsmann, Gründer und CEO FINEXITY AG, habe ich gefragt, welche Vorteile und Sicherheiten das Unternehmern Anlegern bietet:

Wir bieten Anlegern die Möglichkeit, sich bereits ab 500 US-Dollar 100 Prozent digital und flexibel an Blue-Chip-Kunstwerken zu beteiligen. Sie profitieren wie Eigentümer von der Wertsteigerung und steueroptimierten Lagerung des Kunstwerkes, wir übernehmen die Selektion, inklusive Provenienzprüfung, den Kauf sowie die Versicherung der Werke. ■

Diese Art des Investments ist spannend und eröffnet Interessierten die Möglichkeit, mit geringen Beträgen in namhafte Kunst zu investieren.

Doch sollten Sie auch hier genau die Preise kennen und analysieren. Prüfen Sie die Unterlagen zum Kunstwerk oder Fonds genau. Zu welchem Preis ist das Werk gekauft worden? Handelt es sich beim angegebenen Preis sowie bei Vergleichspreisen um Brutto- oder Nettopreise (Hammerpreis)? Ist das Werk zu einem Preis gekauft worden, der Potenzial für eine Preissteigerung lässt? Oder ist das Werk bereits teuer eingekauft worden? Hier reicht oft das vorhandene Datenmaterial nicht aus und die Analyse durch einen ausgewiesenen Experten ist ratsam.

Darüber hinaus ist die Prüfung der Höhe der Managementgebühren wichtig, wer und wann über Einkauf und Verkauf entscheidet, und ob der Anbieter zur Wertsteigerung durch Ausstellungen der Werke beispielsweise mit Ausstellungen beiträgt.

Recherchieren Sie, wer das Kunstwerk rechtlich besitzt und wie das Kunstwerk abgesichert ist.

Bringen Sie in Erfahrung, was passiert, wenn sich das Kunstwerk als Fälschung entpuppt, es abhandenkommt oder ein Betrug stattfindet.

Lesen Sie wie immer das Kleingedruckte ganz genau, insbesondere, wenn Ihnen das Angebot zu gut erscheint und nehmen Sie eine sorgfältige Prüfung vor (Due Diligence).

Scott Lynn, CEO von Masterworks in New York, einem der ersten Anbieter von Investment-Anteilen in Blue-Chip-Kunst, habe ich per E-Mail zu seiner Unternehmensidee befragt:

Was war das erste Kunstwerk, das Sie gekauft haben und warum? Wann und wie haben Sie die Idee für Masterworks entwickelt?
Unser erstes Kunstwerk war ein »Marilyn«-Gemälde von Andy Warhol. Ich habe in den letzten 20 Jahren Content-, Werbe- und Fintech-Unternehmen gegründet. Aber ich habe auch angefangen, Kunst zu sammeln, als ich etwa 20 Jahre alt war, und besitze eine Top-100-Sammlung in den USA. Ich fand schon immer, dass diese Anlageklasse überzeugende Performance-Eigenschaften hat (zum Beispiel hat zeitgenössische Kunst seit 1995 eine Wertsteigerung von 13,6 Prozent erfahren), aber es ist im Grunde genommen unmöglich, in sie zu investieren, außer man kauft selbst ein Gemälde im Wert von mehreren Millionen US-Dollar.

Da Sie über Ihre Plattform Kunstinvestitionen für jedermann zugänglich machen, was sind die Vorteile für Privatkunden und insbesondere für institutionelle Investoren? Können diese täglich kaufen und verkaufen?

Bis zu Masterworks gab es keine Möglichkeit, in Kunst zu investieren, ohne ein Gemälde im Wert von mehreren Millionen US-Dollar zu kaufen. Der eigentliche Vorteil besteht also einfach darin, dass Investoren zum ersten Mal die Möglichkeit haben, in eine unkorrelierte, sich überdurchschnittlich entwickelnde Anlageklasse zu allokieren.

Es ist erwähnenswert, dass Kunst eine Anlageklasse mit einem Wert von über 1,7 Billionen US-Dollar und einem Jahresumsatz von über 60 Milliarden US-Dollar ist. Im Vergleich dazu ist der Markt für Venture Capital und Private Equity doppelt so groß wie der Kunstmarkt (3,4 Billionen US-Dollar) und umfasst mehr als 9.000 verschiedene Firmen, die viele verschiedene Anlegertypen bedienen – Einzelpersonen, Berater, Family Offices und Institutionen. Wir befinden uns in einem sehr frühen Stadium der Verbriefung und Schaffung von Investmentprodukten rund um diese Anlageklasse.

Was Ihre Kauf- und Verkaufsstrategie betrifft, wie finden Sie Kunstwerke, die unter dem Einzelhandelspreis angeboten werden, wenn Sie bedenken, dass der Gewinn im Kauf liegt? An welchem Punkt wissen Sie, dass es an der Zeit ist, ein Kunstwerk zu verkaufen?

Unser Investmentprozess beginnt mit der von unserem hauseigenen Research-Team entwickelten Analyse, um zu definieren, welche Marktsegmente und Künstler die attraktivsten historischen Wertsteigerungsmerkmale aufweisen. Heute konzentriert sich diese Analyse auf zeitgenössische Kunst und Kunst des 20. Jahrhunderts, die im Allgemeinen die attraktivsten historischen Preissteigerungen und die größte Marktliquidität aufweisen. Innerhalb der zeitgenössischen Kunst und der Kunst des 20. Jahrhunderts konzentrieren wir uns auf den Erwerb von Werken von rund 45 Künstlern, darunter Werke von Basquiat, Picasso, Banksy, Kusama und Warhol.

Auf der Grundlage dieser Erkenntnisse ist unser Akquisitionsteam jeden Tag aktiv mit Kunstverkäufern in Kontakt, um Gemälde zu Preisen zwischen einer und 30 Millionen US-Dollar zu erwerben. Derzeit haben wir mehr als 2.100 Gemälde im Angebot und kaufen zwischen ein bis zwei Prozent von dem, was wir sehen.

Kunstrenditen neigen dazu, ereignisgesteuert zu sein, was bedeutet, dass es am besten ist, einen Künstler zu verkaufen, wenn ein ähnliches Gemälde öffentlich verkauft wird, ein Künstler einen Preisrekord aufstellt, es eine Museumsretrospektive gibt usw.

Die Verschmelzung von Teilen des Kunstmarkts mit dem Finanzmarkt wird auch durch das Angebot von Handelsplattformen vorangetrieben, bei denen ausschließlich mit Kunst-Aktien gehandelt wird. So hat die Artex MTF AG Anfang 2023 eine Lizenz für den Betrieb eines Multilateralen Handelssystems erhalten. Das Unternehmen ist im europäischen Wirtschaftsraum ansässig und wird von der Finanzmarktaufsicht in Liechtenstein reguliert. Als eine der ersten Börsen ihrer Art lässt sich über Artex in Kunst-Aktien als neue alternative Anlageklasse investieren sowie mit ihr handeln – und das schon im dreistelligen Bereich pro Aktie.

KUNST UND RECHT

So inspirierend Kunst auch ist, der Kunstmarkt ist dennoch ein Geschäft – mit Rechten und Pflichten der verschiedenen Beteiligten. Diese zu kennen ist essenziell, wenn in Einzelfällen kein böses Erwachen passieren soll.

Besonders im internationalen Kunsthandel gibt es rechtliche Risiken, die durchaus komplex sein können. Denn die Rechtssysteme unterscheiden sich von Land zu Land und insbesondere in Art und Umfang etwaiger Gewährleistungsrechte, Garantien oder Rücktrittsmöglichkeiten. So gibt es kein allgemein anwendbares internationales Privatrecht, auf das man sich bei rechtlichen Konflikten stützen könnte.

Entscheidend ist daher, schon beim Kauf eine sogenannte Rechtswahl vorzunehmen und damit zu bestimmen, welchem Recht der Vertrag unterliegt sowie den Gerichtsstand, der im Streitfall zuständig ist. Diese Vereinbarung kann beiden Parteien – Käufer und Verkäufer – helfen, Sicherheit zu gewinnen. Ohne sie begeben sie sich dagegen in die Hände desjenigen Gerichts, das im Streitfall angerufen wird und sodann über seine Zuständigkeit und das anwendbare Recht entscheidet. Ein Käufer in Deutschland wird dann eher davor zurückschrecken, in Japan, Tansania oder auch den USA ein Gerichtsverfahren mit unbekannten Kosten und Erfolgsaussichten anzustrengen.

Mit einer sorgfältigen Ausarbeitung der Vertragsbestimmungen können Sie gerade bei internationalen Käufen schon im Vorhinein die Gefahr von auftretenden Konflikten begrenzen.

Weitere wichtige Punkte hat die Rechtsanwältin Eva Dzepina für Sie zusammengestellt:

- Achten Sie auf Beschreibungen der Kaufobjekte: Eigenschaften, die Ihnen wichtig sind (Alter, Urheber, Editionsumfang, Provenienz usw.), sollten Sie sich vertraglich, zumindest schriftlich, zusichern lassen.
- Achten Sie auf versteckte Preistreiber: umgelegte Folgerechtsabgaben, Steuern, Provisionen. Diese Bestandteile müssen von Anfang an schriftlich offengelegt werden.
- Achten Sie auf eventuelle Weiterverkaufsbeschränkungen. Manche Künstler lassen sich zusichern, dass ihre Werke einen bestimmten Zeitraum im Eigentum des Käufers bleiben müssen und sie ein Wiederkaufsrecht haben.
- Beachten Sie, dass Sie nicht alle Rechte an einem Kunstwerk erwerben, nur weil Sie es kaufen. Kopien, egal in welchem Medium, Vermarktung, Vernichtung, andere Aufstellung, Veränderung – all dies ist in der Regel nicht erlaubt.
- Beachten Sie, dass ein Auftragskünstler im Wesentlichen frei in der künstlerischen Gestaltung sein will. Halten Sie Ihre Grundanforderungen an das Auftragswerk schriftlich fest.
- Beachten Sie die besonderen Anforderungen digitaler und multimedialer Kunst: Sicherung gegen unberechtigte Kopien, Sicherung der Authentizität und Integrität, mögliche Sicherung gegen Untergang und Zerstörung.

Rechtsanwältin Eva Dzepina, LL.M. (UK) habe ich gefragt, wie es zu ihrer Spezialisierung auf Kunst kam und worauf neue Kunstkäufer aufgrund ihrer Erfahrungen achten sollten:

Wie hat bei Ihnen alles angefangen, wie sind Sie zum Thema Kunst und Recht gekommen?
Während des Jurastudiums hat mir etwas gefehlt, vielleicht die visuelle

Ästhetik und Fantasie. Recht ist manchmal sehr mathematisch. Als Ausgleich und aufgrund meines ohnehin vorhandenen Interesses für geschichtliche Zusammenhänge und Kunst lag es nahe, parallel ein paar Semester Kunstgeschichte zu studieren. Meine Leidenschaft für das Sammeln von Antiquitäten hat auch gut dazu gepasst. Es machte Spaß, die unterschiedlichen Perspektiven der Kunst und Rechtswissenschaft zu vergleichen, und ich wollte beides auch beruflich verfolgen. Als Rechtsanwältin für Kunstrecht wurde dies möglich. Wobei man sagen muss, dass die philosophischen Fragen, die diese Gebiete verbinden, doch sehr selten etwas mit der Praxis zu tun haben. Der Kunstmarkt ist definitiv nicht romantisch.

Welches sind die häufigsten Anliegen, mit denen Klienten an Sie herantreten?
Oft geht es um falsche Zuschreibungen von Kunstwerken im Auktionswesen. Bei den Beschreibungen der Lose sind Auktionshäuser gelegentlich – nennen wir es einmal – zu optimistisch. Das führt dann zu Enttäuschungen bei den Kunden. Kunstvermittler oder Händler, die die Folgerechte (die in einigen Ländern wie Frankreich oder Deutschland berechnet werden) ignorieren, finden sich auch sehr häufig, was meiner Meinung nach recht überraschend ist. Denn das Folgerecht ist definitiv kein unbekanntes Neuland, sondern ein Evergreen. Immer wieder kommen auch Beschwerden darüber, dass originale Werke eines Künstlers trotz ausreichender Nachweise einfach nicht in die Werksverzeichnisse aufgenommen werden. Ob dies immer nur an Authentizitätsbedenken der Verzeichnisführer liegt oder manchmal auch Marktregulierungsinteressen mitspielen, ist dann die Frage. Die meisten Streitigkeiten im Kunstrecht resultieren daraus, dass die Beteiligten im Grunde alle wichtigen Fragen offengelassen haben und keine schriftlichen Verträge schließen. Es ist sehr frustrierend, wenn man für einen Mandanten vor Gericht auftritt und mangels Vertrags allein darauf angewiesen ist, dass ein Zeuge sich nach fünf Jahren noch an eine Kleinigkeit erinnern soll, die dann aber entscheidend ist. Gerade arbeite

ich an einem Fall, bei dem eine Leihgabe spurlos aus einem Museumsdepot verschwunden sein soll. Das wird bestimmt noch sehr spannend!

Was empfehlen Sie aus Ihrer Erfahrung neuen Kunstkäufern, worauf sollten sie achten?

Der Abschluss einer Rechtsschutzversicherung kann grundsätzlich nicht schaden. Das Kostenrisiko von Rechtsstreitigkeiten kann nämlich abschreckend wirken, die eigenen Rechte zu verfolgen, und eine Versicherung, die Streitigkeiten rund um Kunstkäufe abdeckt, trägt zur Schadensbegrenzung bei. Dann sollten Sie sich als Käufer auch selbst auf Ihrem Sammelgebiet bilden und nicht allein auf Aussagen von Experten und anderen Akteuren verlassen. Kaufen Sie Kunst maßgeblich deshalb, weil sie Ihnen gefällt und nicht hauptsächlich deshalb, weil sie glauben, damit ein gutes Geschäft zu machen. Wenn das schiefgeht, haben Sie wenigstens eine schöne Skulptur im Wohnzimmer, die Sie gerne anschauen. Halten Sie alles im Zusammenhang mit dem Kauf oder der Auktion vertraglich, schriftlich fest und lassen Sie sich von den Verkäufern oder Vermittlern die Eigenschaften, Urheberschaft und den Marktwert beziehungsweise das Marktpotenzial schriftlich zusichern. Dies gilt insbesondere auch für Antiquitäten, Werksverzeichnisse und Provenienz. Je weniger ein Verkäufer zusichern möchte, je ausweichender er formuliert, desto nachdenklicher sollten Sie werden. Bei Auftragskunst gilt: Auch wenn der Künstler sich möglichst frei entfalten können soll, vereinbaren Sie schriftlich Ihre Mindestanforderungen und das, was für Sie überhaupt nicht geht. Da sollte – bei aller Begeisterung – wirtschaftlicher Pragmatismus über Bewunderung und Ehrerbietung gehen. Ein Kunstwerk ist nur so viel wert, wie diesem von außen zugemessen wird. Und dabei ist letztendlich Ihre Meinung am wichtigsten. ∎

WAS SIE AUS DIESEM KAPITEL MITNEHMEN

Wenn Sie Kunstwerke nicht nur erwerben wollen, um sich an ihnen zu erfreuen, sondern auch, um mit ihnen Gewinne zu erzielen, gibt es einige Dinge, die Sie vor dem Kauf beachten sollten. Kunstinvestment ist mit dem Aktienmarkt vergleichbar und es lassen sich hierfür auch bestimmte Anlagestrategien übernehmen. Allerdings wirft ein Kunstwerk keine jährliche Dividende ab, unentdeckte Fälschungen bergen Risiken, ebenso besteht die Gefahr, dass das Werk abhandenkommt oder zerstört wird. Zudem gibt es keine Garantie für den Wiederverkauf, der mitunter Jahre dauern kann, denn der Preis für Kunst liegt im Auge des Betrachters.

Es hat sich erwiesen, dass sich sowohl zeitgenössische Werke als auch Klassiker, besonders sogenannte Blue Chips, am ehesten als Investment eignen. Während die Rendite insbesondere bei jungen, zeitgenössischen Künstlern durchaus hoch ausfallen kann, ist das Risiko groß, dass der Künstler nicht den erhofften Erfolg erzielt und sein Werk damit auch keine Wertsteigerung erfährt.

Klassiker, insbesondere Blue Chips, bieten dagegen sehr gute Chancen, ihren Marktwert zu halten und sogar zu steigern. Hier empfiehlt es sich jedoch immer, Expertenmeinungen einzuholen - eine detaillierte Markt- und Preisanalyse erstellen zu lassen und vom Wissen und den Kontakten des Experten im Kunstmarkt zu profitieren. Denn vor allem die Undurchsichtigkeit der Preise macht es schwierig, als Kunstinteressierter ohne Expertenwissen die richtigen Entscheidungen bezüglich Kunstinvestments zu treffen. Neben der Preisrecherche ist die Überprüfung der Echtheit eines Werkes unumgänglich, außerdem sollten Sie mögliche zusätzliche Kosten im Blick haben und sich ausreichend über den Künstler informieren.

Als weitere Möglichkeit für Kunstinvestment bieten sich Kunstfonds an, die durch das Art Fractioning – die digitale Form des herkömmlichen physischen Kunstfonds – revolutioniert wurden. Das Art Fractioning erlaubt es, digitale Anteile von einem Kunstwerk oder sogar ganzen Sammlungen anzubieten. Auch bei Kunstfonds muss u. a. auf den Nachweis der Authentizität des Kunstwerkes und die Absicherung bei Fälschung oder Betrug geachtet werden.

Vor dem Kauf sollten Sie sich mit den Rechten und Pflichten der verschiedenen Beteiligten auseinandersetzen.

QUELLEN

Ackerman, Martin. 2010. Smart money and art, investing in fine art. New York: Barrytown.

Bamberger, Alan. 2018. The Art of Buying Art. London: Robinson.

Bloch, Robert L. 2015. My Warren Buffett Bible. New York: Skyhorse Publishing.

Boll, Dirk. 2020. Was ist diesmal anders? Wirtschaftskrisen und die neuen Kunstmärkte. Berlin: Hatje Cantz.

Buck, Louisa, und Judith Greer. 2006. Owning Art. London: Cultureshock Media Ltd.

Buffett, Mary und David Clark. 2006. The Tao of Warren Buffett. New York: Scribner.

Buffett, Warren. 1989. Berkshire Hathaway Letters to Shareholders. 28. Februar. Zugriff am 27. Oktober 2021. https://www.berkshirehathaway.com/letters/1988.html.

Buffett, Warren. 2009. Berkshire Hathaway Letters to Shareholders. 27. Februar. Zugriff am 27. Oktober 2021. https://www.berkshirehathaway.com/letters/2008ltr.pdf.

Buffett, Warren. 2017. My greatest investing advice and the investment everyone should make. Forbes.com, 27. September. Zugriff am 27. Oktober 2021. https://www.forbes.com/sites/randalllane/2017/09/20/warren-buffett-my-greatest-investing-advice-and-the-investments-everyone-should-make/?sh=f34918a593ea.

Graham, Benjamin. 2003. The Intelligent Investor. Harper Business.

Holtmann, Heinz. 1999. Keine Angst vor Kunst. Moderne Kunst erkennen, sammeln und bewahren. München: Econ.

Horowitz, Noah. 2011. The Art of the Deal. Princeton University Press.

Korteweg, Arthur; Kräussl, Roman; Verwijmeren, Patrick. 2016. Does it Pay to Invest in Art? A Selection-Corrected Returns Perspective. In: Review of Financial Studies, Vol. 29, No. 4, 2016.

Kräussl, Roman. 2014, Medium Matters. In: Art + Auction, September 2014, S. 114–115.

Polleit Riechert, Ruth. 2013. *Preisentwicklung und Marketing im zeitgenössischen Kunstmarkt des 21. Jahrhunderts von 2000 bis 2007. Hamburg: Verlag Dr. Kovac.*

Polleit Riechert, Ruth. 2021. *Kunst-Investments – die Pandemie als Chance für Investoren. In: Deutsche Pensions- und Investmentnachrichten (dpn), April/Mai. S. 52–57.*

Polleit, Thorsten. 2017. *wiwo.de. 27. September. Zugriff am 31. Mai 2021. https://www.wiwo.de/finanzen/geldanlage/intelligent-investieren-spekulierst-du-noch-oder-investierst-du-schon/20382384.html.*

Pommerehne, Werner, und Bruno Frey. 1993. *Musen und Märkte. Ansätze zu einer Ökonomik der Kunst. München: Vahlen.*

Velthuis, Olav. 2013. *Talking prices. Symbolic Meanings of Prices in the Contemporary Art Market. Princeton: University Press.*

Warhol, Andy. *THE philosophy of Andy Warhol. From A to B and back again. New York: Houghton Mifflin, 1975, loc. 916, kindle edition.*

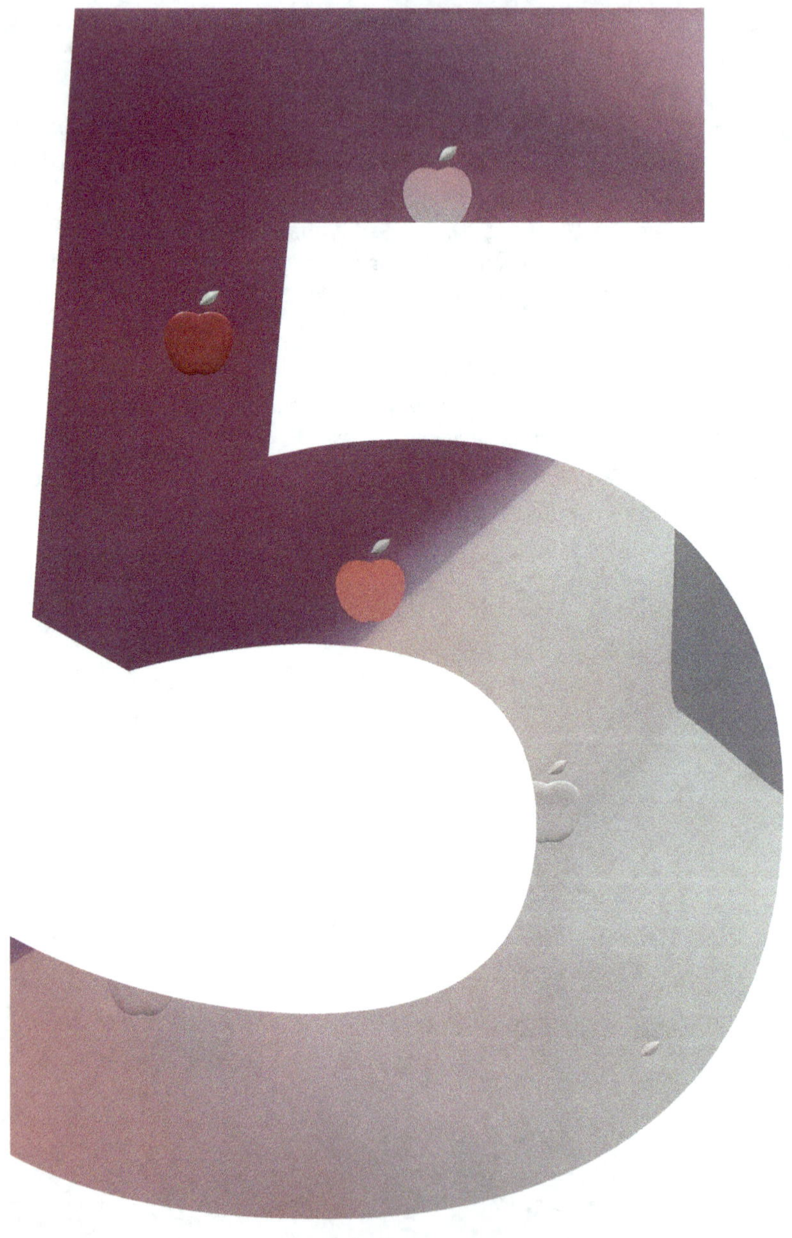

SO GEHT ES WEITER

IN DIESEM KAPITEL ERFAHREN SIE

- wie Sie Ihr Leben mit Kunst bereichern
- welche Literatur Sie weiter bringt
- welche Adressen nützlich sind

Foto links: Vivian Greven, APL (Detail), 2020

© Springer Fachmedien Wiesbaden GmbH, ein Teil von Springer Nature 2023
R. Polleit Riechert, *Kunst kaufen*, https://doi.org/10.1007/978-3-658-40935-7_5

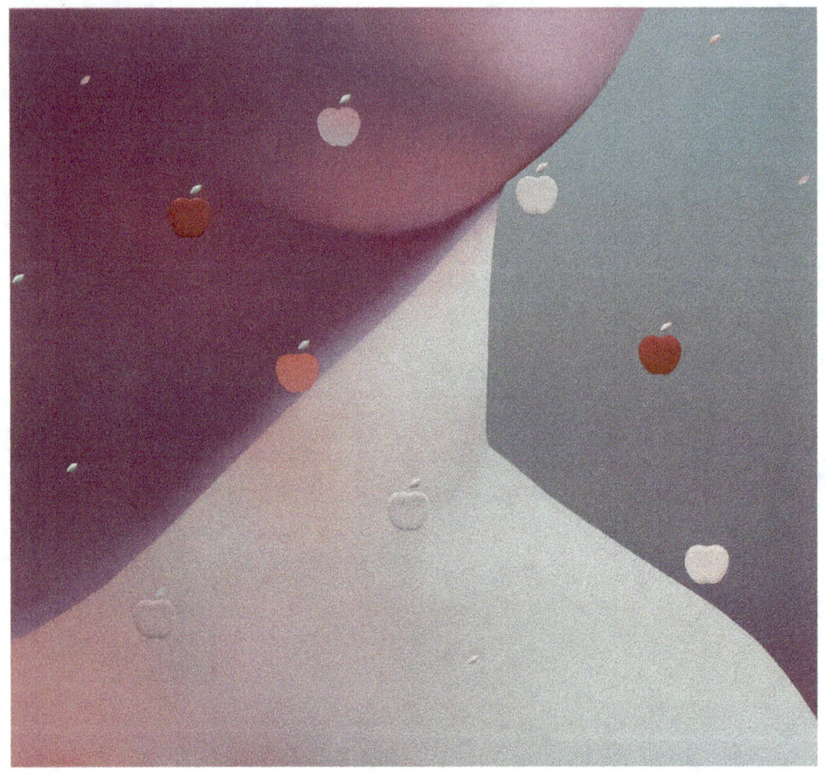

Vivian Greven, APL, 2020, Öl auf Leinwand, 200 × 220 cm. Foto: Ivo Faber, mit freundlicher Genehmigung Fundación MEDIANOCHE0, Kadel Willborn, Düsseldorf

WIE SIE IHR NEUES WISSEN NUTZEN KÖNNEN

Lassen Sie sich von Investorenlegende Warren Buffett inspirieren: Investieren Sie in sich selbst.

Beginnen Sie noch heute und planen Sie für sich selbst einmal die Woche eine regelmäßige kreative Stunde ein oder täglich fünf Minuten. Denn wenn man länger als drei Tage damit wartet, etwas Neues umzusetzen, sinken erwiesenermaßen die Chancen erheblich, dass man es jemals tut. Starten Sie also besser gleich und erschließen sich eine neue Welt!

Nutzen Sie Ihre Pausen oder richten sich kleine Unterbrechungen ein, um visuell aufzutanken. Versuchen Sie, sich jeden Tag fünf Minuten mit etwas für Sie optisch Ansprechendem zu beschäftigen. Das bedeutet nicht, dass Sie einen Text lesen müssen. Sie können auch nur Bilder anschauen. Probieren Sie aus, was passiert, wenn Sie einige Minuten ein einziges Bild betrachten. Können Sie sich das Dargestellte merken? Haben Sie es auch am nächsten Tag noch im Kopf? Was passiert, wenn Sie das Bild gemeinsam mit einem Kind anschauen?

Wenn Sie am Wochenende mehr Zeit haben, nutzen Sie die neuen Technologien: Bauen Sie Ihr Grundwissen auf und integrieren Sie Kunst in Ihren Alltag. Wählen Sie ein Medium aus, das Ihnen am meisten zusagt und das für Sie am einfachsten zu nutzen ist.

Schauen Sie gern Filme, suchen Sie sich eine Dokumentation über einen Künstler heraus; sind Sie auf Instagram unterwegs, folgen Sie Künstlern, die Sie interessant finden; blättern Sie am liebsten in Büchern, beschaffen Sie sich Literatur zum Thema, lesen Sie in der Bibliothek oder zu Hause.

Bevorzugen Sie es, Kunst in Museen zu betrachten, informieren Sie sich über das digitale Vermittlungsangebot Ihres Museums vor Ort oder besuchen Sie die größten Museen weltweit online.

Sie werden feststellen, je mehr Raum Sie Kunst in Ihrem Leben geben, desto leichter wird es Ihnen auch fallen, herauszufinden, welche Kunst Sie gerne zu Hause um sich hätten und welche Kunst für Sie als Käufer infrage kommt.

MEIN ZIEL: SIE ZU ERMUTIGEN, SICH MIT KUNST ZU BEFASSEN – KUNST IST FÜR ALLE DA

Die Kunstwelt muss für Sie kein exklusiver Klub mehr sein. Je mehr Sie sich aktiv mit Kunst befassen, umso stärker können Sie die Kunstwelt selbst ein klein wenig mitgestalten und zur Auswahl der Kunst, die gezeigt und produziert wird, beitragen: Wenn Sie eine Ausstellung besuchen, erhöht das die Besucherzahl … Wenn Sie Kunst online betrachten und recherchieren, tragen Sie zu mehr »Traffic« auf den entsprechenden Seiten bei … Wenn Sie die Kunst eines jungen Künstlers kaufen, unterstützen Sie ihn und fördern seine weitere Entwicklung … Wenn Sie das Werk eines bekannten Künstlers erwerben, wird auch dieser Kauf zur entsprechenden Fortsetzung der Entwicklung des Marktes dieses Künstlers führen. Mit Ihrer Auswahl erhöhen Sie dessen Relevanz, sodass diese Kunst-richtung mehr Aufmerksamkeit bekommt und fortgeführt wird.

Aber auch abseits der Marktentwicklung tragen Sie Ihre Auswahl und Ihre Begeisterung an Ihr Umfeld weiter. Ihre Familie, Freunde und Bekannten werden Ihr Interesse bemerken und möchten vielleicht ebenfalls daran teilhaben oder mehr darüber erfahren.

Kunst kann Freude und Begeisterung vermitteln, die ansteckend ist! Freuen Sie sich darüber und machen Sie weiter. Denn das kann Ihnen keiner nehmen: Ihre Leidenschaft und Weiterentwicklung, die Sie Ihr Leben lang begleiten werden. Immer wenn Sie ein wenig Erholung vom Alltag benötigen, widmen Sie sich Ihrem neuen Themenfeld und Ihrer Inspirationsquelle. Die Möglichkeiten sind riesig.

Das Thema ist nie ausgeschöpft. Es gibt immer wieder neue Kunst und neue Künstler. Kunst hält lebendig und den Geist jung! Sie können auch nie zu alt oder unerfahren sein, um sich damit zu befassen. Ich möchte die Auseinandersetzung mit Kunst jedem ans Herz legen. Mein Wunsch ist, dass sich jeder unbefangen und neugierig mit Kunst beschäftigt und sich von ihr begeistern lässt, sich mit Kunst umgibt und sein Leben dadurch bereichert. Ich hoffe, dazu mit diesem Buch beitragen zu können. Denn ich habe allzu viele Menschen kennengelernt, die aus falschem Respekt unnötig viel Zurückhaltung beim Thema Kunst gezeigt und sich nicht getraut haben, sich damit zu befassen und Kunst zu kaufen. Auch wenn sich nur wenige Kunstwerke als Geldanlage eignen, wartet eine Fülle von Kunst auf Sie, um Ihr Leben zu verschönern. Wenn Sie sich für Arbeiten junger Künstler entscheiden, leisten Sie darüber hinaus einen nachhaltigen Beitrag für unsere Gesellschaft.

Ich hoffe, dass ich Ihnen mögliche Ängste nehmen und Ihnen Wege aufzeigen konnte, wie Kunst auch Teil Ihres Lebens wird, und ich Sie ermutigen kann, Kunst zu kaufen.

Und damit sind wir auch schon fast am Ende meines Buches angelangt. Ich lasse Sie jedoch nicht allein: Um immer auf dem Laufenden zu bleiben und von meinen Veröffentlichungen und innovativen Projekten zu erfahren, melden Sie sich gern für meinen Newsletter an: **www.ruthriechert.com**

Sollten Sie Unterstützung bei der Bewertung und dem Kauf von Kunst benötigen, wenden Sie sich gerne an: **www.artvaluation.io**

WEITERE ANGEBOTE ZU IHRER UNTERSTÜTZUNG

VERÖFFENTLICHUNGEN UND INTERVIEWS MIT DER AUTORIN (AUSWAHL)

- Preisentwicklung und Marketing im zeitgenössischen Kunstmarkt des 21. Jahrhunderts von 2000 bis 2007, Schriften zur Kunstgeschichte, Dissertation, Verlag Dr. Kovac, 2013..

- Kunst-Investments: Die Pandemie als Chance für institutionelle Investoren, Autorenbeitrag in den Deutsche Pensions- und Investmentnachrichten (dpn), April/Mai 2021, S. 52–57

- NFTs am Kunstmarkt – Der Beginn einer neuen Epoche, Interview mit Frank Doll von der WirtschaftsWoche, wiwo.de vom 19. Mai 2021: https://www.wiwo.de/my/finanzen/boerse/nfts-am-kunstmarkt-der-beginn-einer-neuen-epoche/27196684.html?ticket=ST-635504-ubCHc4y45rASykRJD4r5-cas01.example.org

- Das neue Gold – So finden Sie gute Kunstinvestments, Artikel von Frank Doll über junge Kunst als Investment in der WirtschaftsWoche 49 vom 27. November 2020, S. 88–92

- Das macht Kunst noch attraktiver als Geldanlage, Interview mit Frank Doll von der WirtschaftsWoche, wiwo.de vom 5. Dezember 2021: https://www.wiwo.de/my/finanzen/geldanlage/kunstmarkt-2-0-das-macht-kunst-noch-attraktiver-als-geldanlage/27854936-all.html?

KUNST KAUFEN – MIT DER RPR ART® METHODE

Mehr Informationen finden Sie auf meiner Website. Melden Sie sich hier gerne zu meinem Newsletter an und erfahren Sie, was ich zum aktuellen Kunstmarkt publiziere.

Website:
www.ruthriechert.com

Presseartikel:
Weitere Presseartikel finden Sie hier:
www.ruthriechert.com/presse

Kontakt:
Sie können mich unter contact@ruthriechert.com erreichen.
www.ruthriechert.com

Social Media:
Folgen Sie mir gerne auf Social Media. Auf den meisten Kanälen finden Sie mich unter meinem Namen.

LinkedIn: Scannen Sie einfach nebenstehenden QR-Code ein oder gehen Sie auf www.ruthriechert.com/linkedin

Die Marke RPR ART® ist beim Deutschen Patent- und Markenamt unter der Registernummer DE 30 2021 115 190.9 eingetragen.

Die RPR ART® Methode unterliegt dem Urheberrecht für Dr. Ruth Polleit Riechert.

WORAUF SIE BEI DER KUNSTBERATUNG ACHTEN SOLLTEN

Wenn Sie unabhängig und neutral beraten werden wollen, planen Sie ein Budget für die reine Beratung ein. Wenn Sie mit Ihrem Kunstberater ausschließlich provisionsbasiert abrechnen, müssen Sie damit rechnen, dass ein Kunstwerk so teuer wie möglich an Sie verkauft wird, um die Provision zu erhöhen. Zudem ist es häufig üblich, dass Galerien Rabatte oder Provisionen an Berater zahlen, wenn diese Werke vermitteln. Auch das ist attraktiv für die Kunstberater, aber nicht für Sie. Denn Sie sind in beiden Fällen nicht unabhängig beraten worden und haben keine Preistransparenz erhalten. Meine Empfehlung für Sie: Vereinbaren Sie einen Stundensatz. Lassen Sie sich etwaige Margen offenlegen. Sie werden dann schnell feststellen, wie viel Ihnen der Berater wert ist.

WO SIE UNABHÄNGIGE KUNSTBERATER FINDEN

Ich empfehle Ihnen, sich auf der Seite des Verbandes Deutscher Kunsthistoriker oder des Verbandes Unabhängiger Kunstsachverständiger nach einem unabhängigen Experten in Ihrer Nähe umzuschauen, falls Sie in Deutschland leben. International können Sie sich an die Association for Art History oder die Association of Professional Art Advisors wenden. Die Adressen finden Sie am Kapitelende.

ZUM WEITERLESEN: LITERATUREMPFEHLUNGEN

Adam, Georgina. 2017. Dark Side of the Boom.
London: Lund Humphries.

Bamberger, Alan. 2018. The Art of Buying Art. London: Robinson.

Boll, Dirk. 2020. Was ist diesmal anders? Wirtschaftskrisen und die neuen Kunstmärkte. Berlin: Hatje Cantz.

Buffett, Warren. 2016. erkshire Hathaway Letters to Shareholders 1965–2014. Bountiful: Explorist Productions.

Butin, Hubertus. 2020. Kunstfälschungen. Berlin: Suhrkamp.

Currey, Mason. 2013. Daily Rituals: How Artists Work.
New York: Knopf.

Dossi, Piroschka. 2007. Hype – Kunst und Geld. München: dtv.

Findlay, Michael. 2014. The Value of Art.
Munich, London, New York: Prestel.

Flynn, Tom. 2017. The A to Z of the International Art Market.
London: Bloomsbury Publishing.

Gaiman, Neil. 2015. Art Matters. London: Headline Publishing Group.

Gompertz, Will. 2015. Think like an artist. London: Penguin Books.

González, Thomas und Robert Weis (Hrsg.). 2000.
Kunst-Investment. Wiesbaden: Gabler.

Graham, Benjamin. 2003. The Intelligent Investor.
New York: Harper Business.

Hook, Benjamin. 2013. Breakfast at Sotheby's.
London: Penguin Books.

Kemp, Wolfgang. 2015. Der explizite Betrachter. Zur Rezeption
zeitgenössischer Kunst. Konstanz: University Press.

Kleon, Austin. 2021. Steal like an artist.
New York: Workman Publishing Company.

Snayerson, Michael. 2019. Boom. Mad Money, Mega Dealers, and
the Rise of Contemporary Art. New York: Hachette Book Group.

Thompson, Don. 2008. The $12 Million Stuffed Shark.
London: Aurum Press.

Thornton, Sarah. 2009. Seven Days in the Art World.
London: Granta Books.

Woodham, Doug. 2017. Art Collecting Today.
New York: Allworth Press.

FILMDOKUMENTATIONEN ZUM KUNSTMARKT:

BBC, The Price of Everything, 2018
Netflix, Made you look, 2020

KUNSTKAUF

Rundgänge von Kunstakademien in Deutschland
adbk.de (Akademie der Bildenden Künste München)
hfbk-hamburg.de
hfg-offenbach.de
hgb-leipzig.de
kunstakademie-duesseldorf.de
kunsthochschule.org
udk-berlin.de

Galerien und Kunsthändler in Deutschland
Bundesverband Deutscher Galerien e. V.: bvdg.de

International Art Dealer Association
i-ada.org

Online-Galerien
saatchiart.com
singulart.com

Marktplätze für den Kunstkauf
1stdibs.com
artfinder.com
artspace.com
artsper.com
artsy.net
widewalls.ch

Auktionshäuser (analog und digital)
christies.com
kettererkunst.de
phillips.com
sothebys.com

Online-Auktionsanbieter
artnet.com
artprice.com
aucart.com
catawiki.com
thirdman.auction

Marktplätze für Auktionen
bidsquare.com
invaluable.com
liveauctioneers.com

Marktplätze für digitale Kunst und NFTs
blockchain.art
niftygateway.com
opensea.io
superrare.com
frieze.com
ifema.es (Arco Madrid)
tefaf.com

HILFREICHE ADRESSEN: EINE AUSWAHL

INFORMATIONEN

Kunstgeschichte und Künstler
khanacademy.org
moma.org
tate.org.uk
theartstory.org

Kunstnews
artdaily.com
artforum.com
artnews.com
frieze.com
theartnewspaper.com

Kunstnews, deutsch
art-magazine.de
Frankfurter Allgemeine Zeitung: Samstag/faz.net
Handelsblatt: Dienstag und Freitag/handelsblatt.de
monopol-magazin.com
weltkunst.de

Rahmen für digitale Kunst und NFTs
nftframes.de
The Frame, Samsung
tokenframe.com

Messen
artbasel.com
affordableartfair.com
artcologne.com
frieze.com
ifema.es (Arco Madrid)
tefaf.com

RESEARCH

Datenbanken
artnet.com
artprice.com
artory.com
askart.com

Künstler-Ranglisten
artfacts.net
Artnet Index Top 100
Artprice Top 100
Capital Kunstkompass
mm-Kunstindex (manager magazin)

Kunst-Indices
Artprice 100 Index
Mei Moses Fine Art Index

Kunstmarktanalysen
artmarket.com
artmarketmonitor.com
artmarketresearch.com
arttactic.com

Apps für Kunsterkennung etc.
Artguide (Ausstellungen, Events in Ihrer Nähe)
Limna (Preisüberprüfung)
Smartify (Datenmaterial zu Kunstwerken)

KUNSTBERATUNG

Unabhängige Kunstberater und Kunstsachverständige, Deutschland
Bundesverband der Kunstsachverständigen e. V.
    bv-kunstsachverstaendiger.de
Bundesverband Deutscher Kunsthistoriker
    kunsthistoriker.org/expertisen-schaetzungen/
Verband unabhängiger Kunstsachverständiger e. V.
    vuks.de

Kunsthistoriker und Kunstberater
Association for Art History
    forarthistory.org.uk
Association of Professional Art Advisors
    artadvisors.org

Unabhängige Kunstbewertung für Kunst als Investment
artvaluation.io

Echtheits- und Zustands-Prüfstellen
articheck.com
Fine Art Expert Institute (FAEI): Jetzt Geneva Fine Art Analysis
    Genevafineartanalysis.ch

SONSTIGES

Kunstversicherungen
helvetia.com
hiscox.de
zilkensfineart.com

Kunsttransporteure, Deutschland
delfineart.de
hasenkamp.com
mkneiptransporte.de

Art Loss Register
artloss.com

Stand: 05.2023

Alles zum Buch:
Jetzt auf alle Links zu »Kunst kaufen« zugreifen.

Scannen Sie einfach nebenstehenden QR-Code ein oder gehen Sie auf www.ruthriechert.com

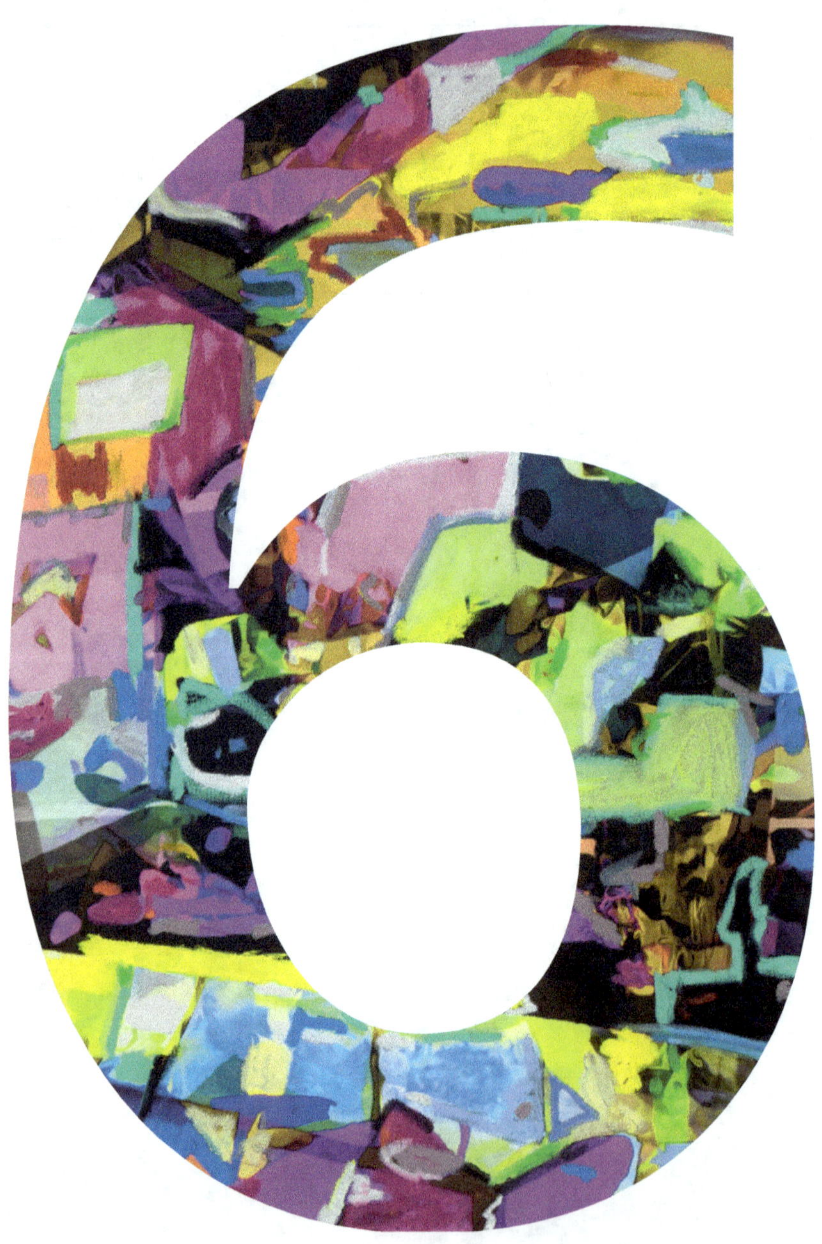

ANHANG

AUF DEN NÄCHSTEN SEITEN FINDEN SIE

- Glossar
- Dank

Foto links: Raphael Brunk, Aquazoo, 2023

© Springer Fachmedien Wiesbaden GmbH, ein Teil von Springer Nature 2023
R. Polleit Riechert, *Kunst kaufen*, https://doi.org/10.1007/978-3-658-40935-7

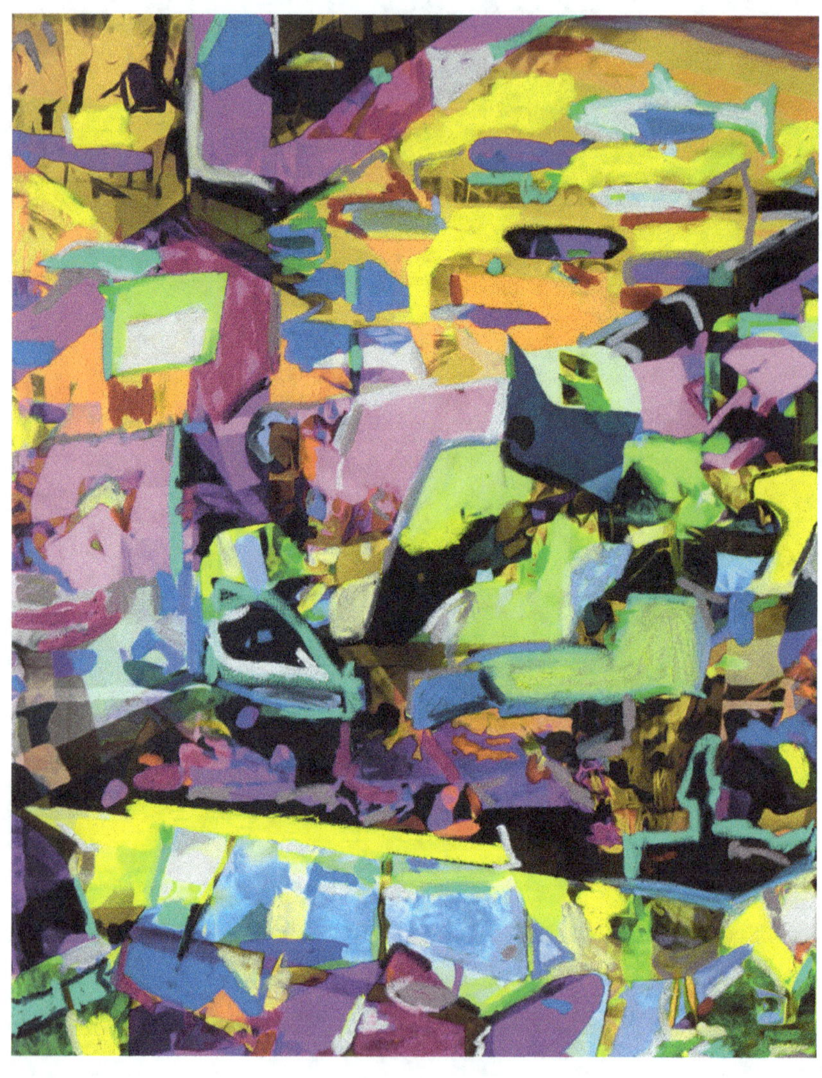

Raphael Brunk, Aquazoo, 2023
Digital mit Text zu Bild KI kreiert, algorithmisch weiterverarbeitet, auf Leinwand
gedruckt und analog bemalt: Hybrid zwischen Digitalkunst und Malerei

THERE IS NO MUST IN ART BECAUSE ART IS FREE.
Wassily Kandinsky

GLOSSAR

Abgeld
Das Abgeld, auch Einlieferungsprovision, Verkäuferprovision oder Seller's Premium genannt, ist die Provision, die der Verkäufer beim erfolgten Verkauf als Vermittlungszahlung an das Auktionshaus abtritt. Das Abgeld gehört zu den wichtigsten Einnahmequellen des Auktionshauses und beläuft sich meist zwischen zehn Prozent und 25 Prozent des Hammerpreises.

Akademieausbildung
s. Kunstakademie

Art Fractioning
Das Art Fractioning ist die digitale Form des herkömmlichen physischen Kunstfonds, mit der digitale Anteile von einem Kunstwerk oder ganzen Sammlungen angeboten werden.

Aufgeld
Aufgeld, auch Buyer's Premium oder Käuferprovision genannt, ist eine Provision, die der Käufer eines Kunstwerkes zusätzlich zum Hammerpreis an das Auktionshaus begleichen muss. Im europäischen Durchschnitt beträgt das Buyer's Premium 25 Prozent des Hammerpreises.

Auflagenkunst
s. Editionen

Augmented Reality (AR)

Mit Augmented Reality wird die Erweiterung der Realitätswahrnehmung bezeichnet. Durch hauptsächlich visuelle Ergänzungen liefert die AR Zusatzinformationen zu Bildern oder kann z. B. nicht fertig gestellte Kunstwerke virtuell vollenden.

Auktionshaus

Auktionshäuser spielen eine wichtige Rolle als Vermittler von Kunst im Sekundärmarkt. Sie bieten eine breite Vielfalt an Kunstwerken an und versteigern diese in ihrem Haus, wobei sie vor allem durch die Zahlung des Aufgelds und des Abgelds finanziell profitieren.

Blue-Chip-Kunst

Der Begriff Blue Chip kommt ursprünglich aus der Finanzwelt und steht dort für Aktien von sehr bekannten Unternehmen, die eine hohe Ertragschance versprechen. Im Kunstmarkt wird Blue Chip für Künstler wie Picasso, Monet oder Warhol verwendet, also, in Anlehnung an die Bedeutung im Finanzwesen, für sehr bekannte Künstler, deren Werke regelmäßig Rekordpreise erzielen.

Buyer's Premium

s. Aufgeld

Differenzbesteuerung

Im Sekundärmarkt ist es gestattet, die Sonderregelung der Differenzbesteuerung anzuwenden. Dabei wird nur die Differenz zwischen Einkaufs- und Verkaufspreis, also die Marge, besteuert, nicht der gesamte Umsatz. Diese Vorgehensweise muss auf der Rechnung angegeben und die Umsatzsteuer darf nicht gesondert ausgewiesen werden.

Echtheitszertifikat

Ein Zertifikat, oder auch Echtheitszertifikat, zu einem Kunstwerk wird zumeist von Galerien ausgefüllt, beinhaltet alle wichtigen Angaben wie u. a. Titel, Entstehungsjahr, Größe, Medium und bestätigt die Authentizität des Werkes. Mithilfe der Blockchain-Technologie können Kunstwerke auch digitale Zertifikate erhalten, um Fälschungen vorzubeugen.

Editionen

Als Editionen oder auch Auflagenkunst werden Werke bezeichnet, die nicht nur einmal, sondern in größerer, aber limitierter Auflage auf den Markt gegeben werden. Das heißt, das Werk ist nicht einmalig wie ein Gemälde, sondern es gibt davon eine bestimmte Anzahl an Drucken. Auch namhafte Künstler, zum Beispiel Picasso, haben solche Editionen erstellt.

Erfolgsprovision

Nicht alle Auktionshäuser fordern die Erfolgsprovision vom Verkäufer. Übersteigt das Höchstgebot für ein Los dessen obere Schätzung, so kann das Auktionshaus dem Verkäufer eine Erfolgsprovision von in der Regel zwei Prozent des Hammerpreises – je nach Vertrag – berechnen.

Fälschung

Eine Fälschung ist ein vorsätzlich unter dem Namen eines bestimmten Künstlers hergestelltes Werk, das als Original angeboten wird.

Folgerechtsumlage

Ist eine Galerie oder ein Auktionshaus an einem Wiederverkauf eines Kunstwerkes beteiligt, dessen Urheber noch lebt oder vor weniger als 70 Jahren gestorben ist, so haben der Urheber oder dessen Erben einen gesetzlichen Anspruch auf eine Beteiligung am Verkaufserlös.

Der Goldene Schnitt

Der Goldene Schnitt ist eine Gestaltungslehre, die seit der Antike in Kunst, Architektur und Mathematik angewandt wird. Sie definiert das Teilungsverhältnis zweier Größen zueinander, das vom Menschen als besonders ausgewogen empfunden wird. Ihr Prinzip findet sich am menschlichen Körper und in der Natur wieder. In Leonardo da Vincis bekannter Zeichnung vom menschlichen Körper (Vitruvianischer Mensch, um 1490) ist der Goldene Schnitt angewendet.

Hammerpreis

Der Hammer- oder Zuschlagspreis ist das Höchstgebot für ein Kunstwerk, auf dessen Basis die weiteren Kosten (s. Abgeld, Buyer's Premium, Erfolgsprovision) berechnet werden.

Kopie

Eine Kopie in der Kunst entspricht einem Plagiat im Handel. Wird ein Werk kopiert und unter eigenem Namen verbreitet, handelt es sich um eine Kopie.

Kunstakademie

Eine Kunstakademie ist die angesehenste Ausbildungsstätte für Künstler, die mit ihren Werken auf dem Kunstmarkt erfolgreich sein wollen. Kunstwerke, deren Künstler ein Studium an einer Akademie genossen haben, werden meist als bessere Kunst angesehen – und erzielen höhere Preise – als solche, deren Künstler dies nicht vorweisen können. Ausnahmen bestätigen die Regel.

Kunstfonds

Kunstfonds schaffen die Möglichkeit, Kunst als Investment zu nutzen. Dabei unterscheidet man herkömmliche physische Kunstfonds von innovativen digitalen Kunstfonds, die digitale Anteile von Kunstwerken anbieten (s. Art Fractioning).

Künstlersozialabgabe in Deutschland

Die Künstlersozialabgabe finanziert zu 30 Prozent die Künstlersozialversicherung und muss von allen Unternehmen mit Sitz in Deutschland abgeführt werden, die Aufträge an selbstständige Publizisten und Künstler erteilen. Der Prozentsatz der zu zahlenden Abgabe wird jährlich neu festgelegt und auf Entgelte erhoben, die in einem Kalenderjahr an selbstständige Künstler und Publizisten gezahlt werden.

Limit

Der Verkäufer legt vor der Auktion seines Kunstwerkes zur eigenen Sicherheit ein Limit, auch Mindestpreis oder Reserve price genannt, fest, das durch den unteren Schätzpreis begrenzt ist. Solange dieses Limit nicht erreicht ist, wird das Werk nicht bzw. nur unter Vorbehalt verkauft.

Los

Los oder Lot bezeichnet ein zu versteigerndes Kunstwerk bei einer Auktion, das vorab eine Losnummer zugewiesen bekommt, anhand dessen das Objekt eindeutig identifiziert werden kann.

Marketplaces

Marketplaces sind digitale Handelsplätze, die im Falle des Kunstmarktes Werke zum Verkauf anbieten. Dabei lässt sich unterscheiden nach Plattformen, die einen zusätzlichen digitalen Verkaufskanal für Galerien anbieten, und solchen, die für Künstler und deren Kunstwerke direkt digital verkaufen. Letzteres spielt vor allem bei rein digitalen Kunstwerken (s. NFT) eine entscheidende Rolle.

Nachverkauf

Findet ein Los bei einer Auktion keinen Interessenten, was statistisch gesehen bei etwa jedem dritten Kunstwerk der Fall ist, so geht es in den Nachverkauf. Dabei bietet das Auktionshaus das Werk für eine bestimmte Zeit direkt zum Verkauf an, meist zum vorab festgelegten Mindestpreis des Verkäufers.

Oevre

Das Oevre ist eine nach wissenschaftlichen Standards erstellte Auflistung des Gesamtwerkes eines Künstlers. Es beinhaltet Titel, Datierung, Material und Technik, Maße, Signatur und Provenienz des Kunstwerkes und ermöglicht dadurch eine zuverlässige Identifikation eines Kunstwerkes.

Online Viewing Room (OVR)

Online Viewing Rooms sind von Museen und Galerien online zur Verfügung gestellte Besichtigungstouren durch die einzelnen Museums- und Galerieräume.

Overhead-Premium

Zusätzlich zum Aufgeld erhebt das Auktionshaus Sotheby's auf den Hammerpreis eine Prämie von einem Prozent.

Preview und Pre-Preview

Galerien laden bereits vor Beginn einer Kunstmesse ihre wichtigsten – heißt kaufkräftigsten – Kunden zur Pre-Preview ein, um sie auf die neusten und vielversprechendsten Kunstwerke aufmerksam zu machen. Danach findet noch eine Preview für Kunden mit einer etwas geringeren, aber dennoch hohen Kaufwahrscheinlichkeit statt, bevor die übrigen Kunden die Kunstwerke bei der Eröffnung zu sehen bekommen. Somit ist das Hauptgeschäft bereits vor Messebeginn abgeschlossen.

Primärmarkt

Der Begriff Primärmarkt bezeichnet den erstmaligen Eintritt eines Kunstwerkes in den Markt (s. auch Sekundärmarkt). Dieses Vorgehen ähnelt dem Finanzwesen, wo im Primärmarkt die Anleger erstmals ein Finanzprodukt zeichnen oder erwerben können. Im Kunstmarkt stellt ein Künstler sein neu geschaffenes Werk erstmals einer Galerie zum Verkauf zur Verfügung, die als Vermittler zwischen Sammlern, Museen oder Investoren fungiert.

Provenienz

Mit Provenienz wird die Herkunftsgeschichte von Kunstwerken bezeichnet, das heißt, es werden Eigentumswechsel dokumentiert, um die Authentizität eines Werkes zu bestätigen und den rechtmäßigen Erwerb vorweisen zu können. Die Provenienz beeinflusst auch den Wert eines Kunstwerkes, je nachdem, ob es sich zuvor im Besitz einer berühmten Persönlichkeit oder eines bekannten Verbrechers befunden hat.

Regelbesteuerung

Im Gegensatz zur Differenzbesteuerung wird bei der Regelbesteuerung die Umsatzsteuer auf der Rechnung ausgewiesen. Zuschlagspreis und Aufgeld werden als Umsatz besteuert.

Rufpreis

Der Rufpreis für ein Kunstwerk wird vor Beginn der Auktion vom Auktionshaus festgelegt und ist der Startpreis, mit dem das Werk aufgerufen wird. Meist liegt der Rufpreis unterhalb des Schätzpreises und des Limits, um von Beginn an für viele Bieter einen Anreiz zu schaffen, mitzubieten und so die Gebote in die Höhe zu treiben.

Rundgang, Akademierundgänge

Bei einem Rundgang in einer Kunstakademie haben Sie die Möglichkeit, junge Künstler persönlich kennenzulernen, Kreativität zu erleben und hautnah zu sehen, wie ein Kunstwerk entsteht. Diese Erfahrung kann beim Herausbilden von eigenen Vorlieben und bei einer Kaufentscheidung helfen.

Schätzpreis

Den Preis, den ein Kunstwerk voraussichtlich am Markt erzielen wird, nennt man Schätzpreis oder auch Taxe. Er wird in den meisten Fällen als Spanne angegeben – also mit einem unteren und einem oberen Wert –, in der sich der Verkaufspreis aller Voraussicht nach einpendeln wird. Nicht zu verwechseln ist der Schätzpreis mit dem Limit und dem Rufpreis.

Sekundärmarkt

Ist ein Kunstwerk bereits einmal verkauft und wechselt dann erneut den Besitzer, so befindet es sich im Sekundärmarkt (im Vergleich dazu s. Primärmarkt). Wichtigste Vermittler für den Wiederverkauf sind Kunsthändler und Auktionshäuser.

Vernissage

Zu einer Vernissage – der Eröffnung einer Ausstellung, die Werke eines lebenden Künstlers in einer Galerie zeigt – werden die wichtigsten Kunden eingeladen. Oft gibt es für besonders kaufkräftige Kunden bereits am Vorabend eine private Preview, ähnlich wie bei Kunstmessen (s. Preview und Pre-Preview).

Virtual Reality (VR)

Die virtuelle Realität schafft mithilfe von computergenerierter Umgebung eine interaktive und in Echtzeit erlebbare Wirklichkeit. Dazu sind Hilfsmittel wie Virtual-Reality-Brillen oder Headsets o. ä. notwendig, durch die beispielsweise ein virtueller Rundgang durch ein Museum oder eine Galerie erlebbar gemacht wird.

Zertifikat

s. Echtheitszertifikat

Zuschlagspreis

s. Hammerpreis

DANK

Ich danke all jenen, die mir auf dem Weg zu diesem Buch geholfen haben.

Insbesondere danke ich meiner Familie: meinem Mann Dr. Thorsten Polleit und meinem Bruder Matthias Riechert, meinen Eltern Siegfried und Erna Riechert geb. Mattmüller, meinen Schwiegereltern Dr. Horst Polleit und Anita Polleit geb. Veltins, meinen Großeltern Herrmann und Erna Riechert geb. Beilfuß sowie Adam und Olga Mattmüller geb. Werner.

Gott sei Dank habe ich auf meinem Weg immer Menschen getroffen, die mir wertvolle Informationen gegeben haben, mit denen ich zusammengearbeitet und von denen ich gelernt habe.

Dazu gehören: Bernhard Adams, Prof. Dr. Jean-Christophe Ammann, Dr. Sönke Bästlein, John Baldessari, Sandra Béchiche, Michael Beck, Dr. Christoph Blank, Frieda Borgelt, Holly Bowden, Prof. Dr. Horst Bredekamp, Dr. Isabel von Bredow-Klaus, Raphael Brunk, Michaela Derra, Prof. Dr. Heinrich Dilly, Peter Doig, Frank Doll, Inka Drögemüller, Eva Dzepina, Dr. Ute Eggeling, Thierry Ehrmann, Gerald und Dr. Ellen Faßbender, Malte Fischer, Dr. Sabina Fliri, Dr. Uta Grund, Siegfried Gutermann, Eugénie von Haniel, Iris Hasler, Katja Hildebrandt, Max Hollein, Prof. Dr. Andrea von Hülsen-Esch, Friedhelm Hütte, Prof. Dr. Wolfgang Kemp, Robert Ketterer, Samuel Keller, Isabel Kirschner, Gabriele Kluge, Prof. Dr. Jürgen Kluge, Prof. Dr. Roman Kräussl, Prof. Bernd Kracke, Dr. Alexander Labak, Michael Lennert, S. D. Prinz Philipp von und zu Liechtenstein, Ralf und Kathrin Lochmüller, Carolina Maertens-Gallo, Dr. Erich Marx, Jean Minguet, Wolfgang Munsche, Dr. Arne Freiherr von Neubeck, Dr. Bernhard Neuschäfer, Dr. Britta Olenyi von Husen, Anders Pettersen, Dr. Edgar Quadt, Natalie Radziwill, S. D. Stefan Prinz von Ratibor, Clas Röhl, Ulrike Rogies, Thomas Ruff, Imke Sander, Prof. Dr. Amparo Sard, Ulrike Schäfer, Antje Schiffler, Sarah Schugk, Dr. Karl Schweizer, Victoria von Specht, Petra Spiekermann, Dave Stewart, Katharina Stoodt-Neuschäfer, Susanne Veltins, Dr. Wolfgang Völger, Detmar Westhoff, Prof. Dr. Jürgen Wiener, Prof. Dr. Beat Wyss.

Ich danke allen Künstlern für die Bilder in diesem Buch und allen Interviewpartnern für ihre wertvollen Beiträge.

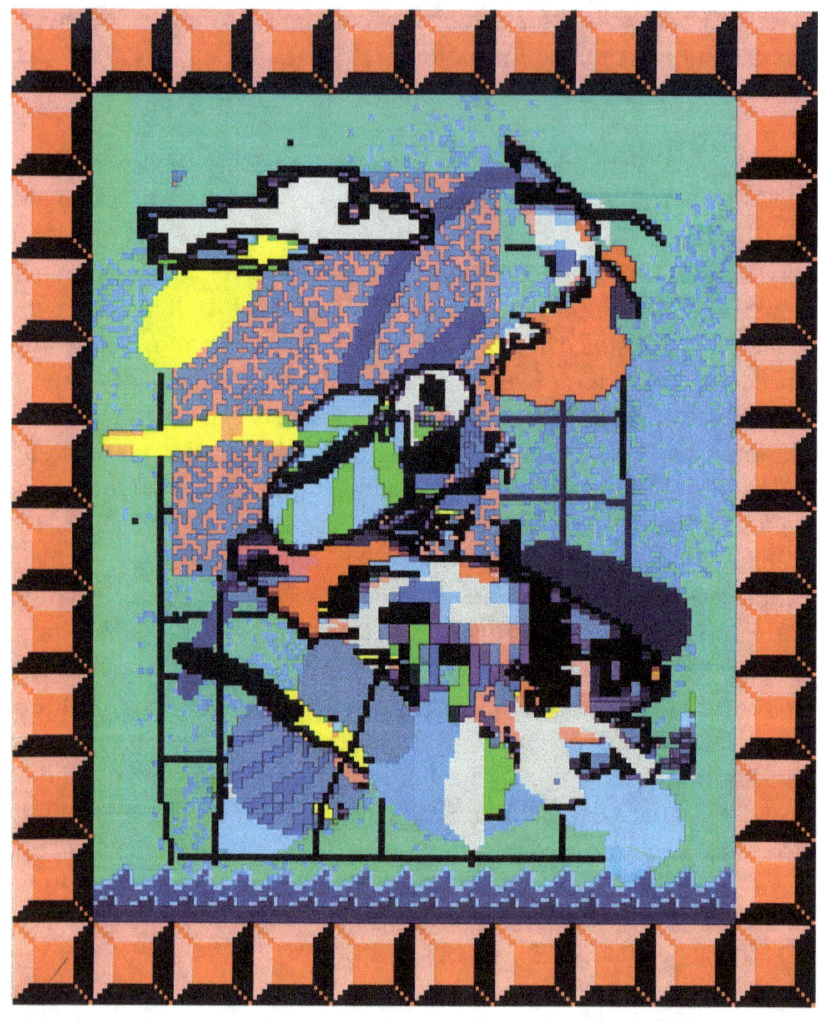

Arno Beck, Clickbait, 2021, 79,5 x 66,5 cm, Aquarellfarbe auf Aquarellpapier.
Foto: Günzel & Rademacher mit freundlicher Genehmigung Schierke Seinecke,
Frankfurt

GPSR Compliance
The European Union's (EU) General Product Safety Regulation (GPSR) is a set
of rules that requires consumer products to be safe and our obligations to
ensure this.

If you have any concerns about our products, you can contact us on

ProductSafety@springernature.com

In case Publisher is established outside the EU, the EU authorized
representative is:

Springer Nature Customer Service Center GmbH
Europaplatz 3
69115 Heidelberg, Germany